natürlich oekom!

Mit diesem Buch halten Sie ein echtes Stück Nachhaltigkeit in den Händen. Durch Ihren Kauf unterstützen Sie eine Produktion mit hohen ökologischen Ansprüchen:

- 100 % Recyclingpapier
- mineralölfreie Druckfarben
- Verzicht auf Plastikfolie
- Kompensation aller CO_2-Emissionen
- kurze Transportwege – in Deutschland gedruckt

Weitere Informationen unter www.natürlich-oekom.de und #natürlichoekom

Bibliografische Information der Deutschen Nationalbibliothek:
Die Deutsche Nationalbibliothek verzeichnet diese Publikation in der Deutschen Nationalbibliografie; detaillierte bibliografische Daten sind im Internet über http://dnb.d-nb.de abrufbar.

Gesellschaft für ökologische Kommunikation mbH
Waltherstraße 29, 80337 München

Layout und Satz: Anita Mertz
Korrektur: Elena Bruns
Umschlaggestaltung: Mirjam Höschl, oekom verlag
Umschlagabbildung: Wüste: © beau van beerendonk/Shutterstock.de, Eisberg: © Romolo Tavani/Shutterstock.de

Druck: CPI books GmbH, Leck

ISBN 978-3-96238-278-0

FSC www.fsc.org RECYCLED Papier aus Recyclingmaterial FSC® C083411

Klimaneutral Verlag ClimatePartner.com/53585-1805-1001

Inhaltsverzeichnis

Einleitung 11

1 Konditionierung des Menschseins 16

1.1 Das Eisbergmodell und die Konditionierung der Psyche 16

1.2 Die Zuspitzung der Bewusstseinskrise 21

2 Grundverständnis eines Psychotraumas 31

2.1 Persönliche Erfahrungen 31

2.2 Neurobiologische Sichtweise 39

2.3 Identität, Identifikation und Zuschreibung 41

2.3.1 Identität 42

2.3.2 Identifikation 43

2.3.3 Zuschreibung 44

2.3.4 Identität als Freiheit und Verantwortung 46

2.4 Gesunde, traumatisierte und Überlebenspsyche 47

2.5 Täter-Opfer-Traumadynamiken 51

2.6 Traumatisierte Gesellschaften 56

2.7 Trauma-Überlebensstrategien (Traumakompensation) 59

2.8 Das mechanistische Welt- und Menschenbild 65

2.9 Das Konkurrenz- und Leistungstrauma 68

3 Die vierfache Traumaspaltung 71

3.1 Die ökologische Spaltung als Abspaltung der Natur 72

3.2 Die soziale Spaltung als Abspaltung der Beziehungen 75

3.3 Die emotionale Spaltung als Abspaltung der Gefühle 78

3.4 Die spirituelle Spaltung als Abspaltung der Identität 81

4 Trauma der Verführung ... 85
4.1 Die kollektive Verführung des Geistes ... 86
4.2 Die individuelle Verführung des Geistes ... 88
4.3 Die Verführung des Geistes in der Spiritualität ... 93
4.3.1 Sacred Activism ... 94
4.3.2 Buddhismus ... 98
4.3.3 Christentum ... 103
4.4 Die Verführung des Geistes in »Der Herr der Ringe« (Exkurs) ... 105
4.5 Hierarchie, Ganzheit und Demokratie ... 108
4.5.1 Hierarchie ... 109
4.5.2 Ganzheit ... 113
4.5.3 Demokratie ... 115

5 Trauma der Wirtschaft ... 119
5.1 Soziale und ökologische Spaltung durch die Marktwirtschaft ... 119
5.2 Wirtschaftswachstum als ökologische Spaltung und kollektive Traumakompensation ... 122
5.3 Geld und Schulden ... 127
5.4 Das Menschenbild des Homo oeconomicus ... 128

6 Trauma der Nachhaltigkeit ... 133
6.1 Der Mind-Behaviour-Gap ... 133
6.2 Transformationsstufe I: von der Mainstream-Nachhaltigkeit zur ökosystemischen Nachhaltigkeit der Außenwelt ... 135
6.3 Transformation nachhaltiger Unternehmen ... 138
6.4 Transformationsstufe II: von der ökosystemischen Nachhaltigkeit der Außenwelt zur systemischen Nachhaltigkeit der Innenwelt und Außenwelt ... 140

6.5 Transformationsstufe III: von der systemischen Nachhaltigkeit der Innenwelt und Außenwelt zu einer tiefensystemischen Nachhaltigkeit und Transformation ... 144
6.6 Evolution der systemischen Nachhaltigkeit (der Innen- und Außenwelt) ... 146

7 Transformation des Menschseins ... 149
7.1 Schlüsselelemente des Systemwechsels ... 149
7.2 Persönliche Transformationserfahrungen ... 150
7.3 Systemelement I: »Quantenphysik & Materie« ... 156
7.4 Systemelement II: »Systemtheorie & Leben« ... 160
7.5 Systemelement III: »Spiritualität & Bewusstsein« ... 162
7.5.1 Der Mensch als fühlendes Wesen ... 163
7.5.2 Wahrnehmungen und Sinnesorgane des fühlenden Wesens ... 164
7.5.3 Extrospektion und Introspektion ... 165
7.5.4 Eine Kurzgeschichte über Kopf, Herz und Bauch (Exkurs) ... 167
7.6 Transformatives Welt- und Menschenbild ... 170
7.7 Ich-Entwicklungsstufen nach Jane Loevinger ... 171
7.8 Organisationsentwicklungsstufen nach Frederic Laloux ... 175

8 Anleitung für einen Transformationsprozess ... 179
8.1 Psychologische Dimension der Transformation ... 179
8.2 Die Theorie U ... 182
8.3 Integration der vierfachen Spaltung und emotionaler Hindernisse ... 187
8.3.1 Emotionale Phasen und Hindernisse ... 189
8.3.2 Kombination der emotionalen Phasen mit den innerpsychischen Spaltungen ... 192

8.4 Das Nadelöhr der Transformation:
Die Heilung des Urtraumas ... 194
8.4.1 Schöpfer, Schöpfung und Schöpferkraft ... 196
8.4.2 Angewandte Transformation:
»Durch das Nadelöhr gehen« ... 198
8.4.3 Übergabe an den Schöpfer ... 201

9 Kultivierung des Nährbodens einer gemeinsamen Transformation ... 204
9.1 Die spirituelle Praxis der Achtsamkeits- und Einsichtsmeditation ... 206
9.2 Anwendungsmöglichkeiten der Achtsamkeitspraxis ... 210
9.3 Ebenen der Alltagskommunikation ... 211
9.4 Abspaltende Alltagskommunikation ... 213
9.5 »Four Levels of Listening« ... 216
9.5.1 Übersicht der Abspaltungsebenen und Kommunikationsmodelle ... 217
9.5.2 Kommunikationsübungen zur Sachebene und zur Beziehungsebene ... 218
9.6 Heilsame Kommunikation durch Achtsamkeit, Fühlbarkeit & Transformierbarkeit ... 220

10 Transformation im gemeinsamen Handeln ... 223

Abbildungsverzeichnis ... 228
Tabellenverzeichnis ... 229
Literaturverzeichnis ... 229

Einleitung

Die Umwelt-, Nachhaltigkeits- und Klimadebatte sind seit Jahrzehnten geprägt von Forderungen an die Politik nach Veränderungen, um unsere Natur, ihre Ökosysteme und das auf ihrem Gleichgewicht beruhende Klima zu bewahren. Doch die für einen wirksamen Erhalt unserer natürlichen Lebensbedingungen zentralen Forderungen sind bis heute nicht umgesetzt worden. Die Grenzen des Wachstums für die Wirtschaft werden nach wie vor ignoriert. An der gesellschaftlichen, wirtschaftlichen und politischen Systemdynamik der Umweltzerstörung hat sich nichts Wesentliches geändert. Dennoch verharrt die Aufmerksamkeit in den Debatten weiterhin auf der Gesellschaft, ihrer Politik und Wirtschaft, in dem Glauben, dort die Ursachen für die Umweltzerstörung und daher auch ihre Lösung vorzufinden. Diesen Glauben halte ich für einen Irrglauben, dessen Ansatz so systemkonform ist wie die Umweltzerstörung in den bestehenden gesellschaftlichen, wirtschaftlichen und politischen Strukturen. Denn dieser Ansatz für unser Denken und Handeln beruht auf der Oberfläche des menschlichen Bewusstseins, das auf die Außenwelt fixiert ist. Die darunterliegenden tieferen Strukturen haben wir aus unserem Bewusstsein und den Debatten verdrängt.

In der Spaltung unseres Bewusstseins liegen die Ursachen für das Misslingen eines konsequenten Umwelt- und Klimaschutzes. Der für rational-sachliche Nachhaltigkeitsargumente zugängliche Verstand befindet sich an der Oberfläche unseres Bewusstseins und wird von unserem Unbewussten unterwandert, in das wir unsere Verlust-, Verzichts- und Existenzängste abgespalten und verdrängt haben. Das ins Unbewusste Verdrängte dominiert in kritischen Druck- und Stresssituationen aber das Bewusste. Die akute Bedrohung unserer natürlichen Lebensgrundlagen ist eine dramatische Krise, in der wir gemäß unseren Konditionierungen reagieren, z. B. durch Forderungen an die Politik, Erstarren, Verharren und Verdrängen. Solange uns diese Konditionierungen unbewusst sind und bleiben, werden sie uns aus unserem Unbewussten heraus regieren und ihrerseits den rationalen Verstand mit seinen vernünftigen Sachargumenten verdrängen.

Die Kluft zwischen unserem Wissen über Klimaschutz und Nachhaltigkeit und unserem Handeln ist eine Folge unserer Betriebsblindheit. Sie entsteht in unserer eigenen Psyche genau dort, wo wir als Menschen nicht hinschauen wollen, weil wir unsere leidvollen und schmerzhaften Erfahrungen dorthin verbannt haben. Das Resultat dieser Abspaltung und Verdrängung ist eine Reduktion der Wahrnehmung von Wirklichkeit, die unsichere Gefühle und unverarbeitete schmerzhafte Erfahrungen ausblendet. Diesen »Schutz« bietet das mechanistische Welt- und Menschenbild, das unsere Ganzheit als Menschen mit unseren sensiblen Beziehungen als Lebewesen von uns abtrennt. Die Folge ist eine vierfache Spaltung, die sich nicht nur ökologisch, sondern auch sozial, emotional und spirituell in unserem Menschsein zeigt. Ohne Überwindung dieser in uns selbst liegenden Spaltungen wird es keine wirksame Nachhaltigkeit und keinen wirksamen Klimaschutz geben. Die äußeren gesellschaftlichen, politischen und wirtschaftlichen Strukturen entsprechen exakt dieser inneren psychischen[1] Konditionierung.

Diese unbewussten Zusammenhänge zu benennen und einen Weg zu ihrer Überwindung aufzuzeigen, ist mein Anliegen zum Verfassen des vorliegenden Transformationsleitbildes. Unter Transformation verstehe ich aufgrund der innerpsychischen Spaltungen und ihrer Folgen die ursächliche Wiederherstellung unserer Ganzheit und Beziehungsfähigkeit als Mensch und Lebewesen. Erst daraus kann eine wirksame Nachhaltigkeit mit umfassendem Umwelt- und Klimaschutz hervorgehen.

Dieses ganzheitlich-systemische Transformationsleitbild hat den Anspruch, als Wegweiser für ein zukunftsfähiges Menschsein zu dienen. Es ist nicht aus meiner Einzelleistung heraus entstanden, sondern von mir aus verschiedenen Puzzlestücken systemisch zu dem vorliegenden Gesamtbild des Menschseins zusammengefügt und erweitert worden. Im Wesentlichen ist es das Ergebnis der konzeptionellen Weiterentwicklung meiner eigenen Forschung zu Nachhaltigkeit und Transformation auf der Grundlage meiner Doktorarbeit über eine »qualitative Veränderung von Bewusstsein und Verhalten im Kontext einer nachhaltigen Entwicklung und ökologischen Ökonomie« aus dem Jahr 2007 und meiner Publikation »Systemische Nachhaltigkeit« aus dem Jahr 2017. Die hier nun erfolgte Kombination mit der Theorie U von Otto Scharmer ermöglicht eine praktische Anwendung und Umsetzung als Leitbild für individuelle und kollektive Transformationsprozesse.

1 Im Folgenden verwende ich den Begriff »innerpsychisch« in Abgrenzung zu den äußerlich sichtbaren Strukturen der Psyche in der Gesellschaft, ihrer Wirtschaft und Politik.

Die Veröffentlichung fällt in eine Zeit disruptiver Veränderungen, die innerhalb der bestehenden Konditionierung der menschlichen Psyche, die vor allem von Traumatisierung geprägt ist, nicht bewältigt werden können. Nach der Klimakrise wird auch in und nach der Coronakrise weitgehend an dieser Konditionierung festgehalten, was bestenfalls eine vorübergehende Linderung einzelner Krisensymptome verschafft, aber die Ursachen durch das Auseinanderfallen von traumatisch konditioniertem Denken, Nicht-Fühlen und Handeln mit der sich radikal wandelnden Realität letztendlich nur verstärkt.

Als heilsame Alternative zu dieser Krisenkonditionierung biete ich ein vielschichtiges Bild über das menschliche Bewusstsein, seine Entwicklung und Widerspiegelung in der Außenwelt. Es beinhaltet tiefgehende Einsichten in die Zusammenhänge von Psyche, Wirtschaft und Gesellschaft, die aufdecken und erklären, warum Nachhaltigkeit innerhalb der bestehenden Konditionierung des Menschseins nicht möglich ist. Dort, wo an die Vernunft appellierende Plädoyers für ein Umdenken und Umsteuern als Forderungen von nachhaltigen Veränderungen an andere, insbesondere Wirtschaft und Politik, wirkungslos verpuffen und enden, beginnt die Arbeit der Transformation. Das Kernstück des in diesem Leitbild aufgezeigten Weges bilden das Verständnis und die Transformation der vierfachen innerpsychischen Spaltung, die unser individuelles und kollektives Menschsein ausmacht.

Die Möglichkeiten zur Heilung dieser vierfachen spirituellen, emotionalen, sozialen und ökologischen Spaltung sind vorhanden. Die aus diesen Spaltungen hervorgehende Menschheitskrise löst Unsicherheit und Instabilitäten aus, die einen inneren Entwicklungssprung zur Aktivierung heilsamer Kompetenzen erfordern, die jenseits der gegenwärtigen Konditionierung von Abspaltung und Außenweltfixierung liegen. Durch innere Transformation ist ein neuer tragfähiger äußerer Systemzustand möglich. Dafür können jetzt richtungsweisende Schritte als Mensch und Menschheit gegangen werden.

Es bietet einen dritten Weg an, der ein neuer mittlerer Weg zwischen zwei bestehenden Extremen ist. Das eine Extrem ist die auf ein einfaches mechanistisches Weltbild bezogene sachlich-logische Rationalität, die als Vernunft vorgibt, das ganze Menschsein zu erfassen. Diese Rationalität war bislang auf Kosten der Unterdrückung und Abspaltung von darüber hinausgehenden Gefühlen, Beziehungen und Identitäten zum Funktionieren und Überleben in Wirtschaft und Gesellschaft unter scheinbar stabilen mechanischen Rahmenbedingungen maßgeblich. Doch ihre Stabilität war nur die vorübergehende Illusion aufgrund eines Weltbildes und existiert in der Realität nicht. Der Klimawandel, Corona und ihre Folgen decken die Kluft dieses mechanistischen Weltbildes zur sich dynamisch verändernden lebendigen Wirklichkeit schonungslos und schmerzhaft auf.

Das macht sich das andere Extrem zunutze. Es ist der unheilsame Umgang mit den immer stärker werdenden Gefühlen von Unsicherheit, Angst und Verlust. Denn es ist längst spürbar, dass es angesichts instabiler werdender sozialer und ökologischer Rahmenbedingungen so wie bisher mit unserem Wohlstands- und Wachstumsmodell nicht mehr weitergehen kann und wird, trotz der daran festhaltenden Zukunfts- und Fortschrittsparolen in Wirtschaft und Politik. Werden diese Gefühle ignoriert, unterdrückt und abgespalten, lenken sie als unbewusste Ängste unser Denken, Fühlen und Handeln als Menschen. Dadurch erschaffen wir als Menschheit genau die Zukunft, vor der wir aus vergangenen unheilsamen Erfahrungen heraus Angst haben: angstbasierte totalitäre Systeme, in denen wir uns fürchten, gegenseitig misstrauen, überwachen und kontrollieren. Weltweit verbreiten sich diese demokratiegefährdenden Entwicklungen über das kollektive angstgetriebene Unbewusstsein, die sachlich-logische Rationalität ist dem gegenüber ohnmächtig und hilflos. Ihren überforderten Vertretern bleibt im Rahmen ihres Denksystems ohne konstruktiven Umgang mit Gefühlen nur die Abwertung als »unvernünftig« und »irrational«. Aufgrund ihrer eigenen Verlust- und Existenzängste werden sie selbst wahrscheinlich schließlich auch den Weg der Kontrolle und Unterdrückung gehen, weil genau das ihrem »rationalen« Umgang mit ihren eigenen Ängsten entspricht. Der Kopf denkt, die Angst lenkt!

Ein heilsamer dritter Weg als Individuum und Gesellschaft beinhaltet die Entdeckung und Entfaltung von Kompetenzen und Fähigkeiten als Lebewesen, die jenseits von einer die Gefühle unterdrückenden Rationalität und auf Gefühle überreagierenden Emotionalität zu suchen und zu finden sind. In unserer unbewussten Psyche, in der unsere Gefühle von Angst und Unsicherheit ihren Ursprung haben, liegen sie schlummernd als Potenziale vor uns verborgen, bis wir uns trauen hinzuschauen und hineinzufühlen, was dort ist. Wir haben als fühlende Lebewesen soziale, emotionale und spirituelle Kompetenzen und Fähigkeiten, sie weisen uns einen dritten Weg, einen Ausweg aus der selbst verursachten existenziellen Menschheitskrise, indem wir mit uns selbst, unseren Gefühlen, unseren Mitmenschen und unserem Planeten voll und ganz in Beziehung treten. Die innerpsychischen Abspaltungen dieser Beziehungen machen als individuelle und kollektive Traumatisierung das gegenwärtige Menschsein aus.

Uns über unsere eigene innerpsychische Konditionierung gegenseitig zu informieren und uns aus der Unwissenheit und Unmündigkeit dieser Konditionierung durch Transformation zu befreien, ist mein zeitgemäßes Verständnis einer nachhaltig wirksamen Aufklärung. Der äußere Einfluss der Menschheit im Zeitalter des Anthropozän, in dem wir die Entwicklung der Erde dominieren, ist mächtig und gewaltig. Diese Macht in uns zu erforschen und so zu nutzen, dass sie für uns selbst, unsere Mitmenschen und Natur Gutes bewirkt, führt uns nach innen, in die Tiefe und zurück zu unserer Ganzheit.

1 Konditionierung des Menschseins

Als Einführung dient aus aktuellem Anlass die Coronakrise, die ich als Zuspitzung der überlebenskritischen Krisenkonditionierung des menschlichen Bewusstseins wahrnehme. Wesentliche Denk- und Verhaltensmuster, die eine Lösung der Klimakatastrophe verhindern, greifen auch bei der Coronakrise. Denn je nach Krise ändert sich zwar das äußere Objekt, nicht aber zwangsläufig die eingefahrenen inneren Krisenreaktionsmuster der Subjekte.

Die Verwendung des Eisbergmodells zur Betrachtung dieser Konditionierung ermöglicht eine Differenzierung zwischen dem oberflächlichen Bewusstsein, das sich an der Außenwelt orientiert, und unbewussten Tiefenwirkungen, die aus der psychischen Innenwelt hervorgehen. Um eine bestmögliche Nachvollziehbarkeit dieser psychischen Innenwelt zu gewähren, gestalte ich den Aufbau des Eisbergmodells als Einstieg für ein innerpsychisches Grundverständnis zunächst in einfacher Form und erhöhe die Komplexität systematisch im Verlaufe dieses Buches.

1.1 Das Eisbergmodell und die Konditionierung der Psyche

Für die enormen disruptiven Veränderungen, mit denen die Menschheit konfrontiert ist, braucht es eine Aktivierung von menschlichen Kompetenzen, die in der gegenwärtigen Konditionierung unseres Bewusstseins nicht verfügbar sind. Wenn wir weiterhin rationale Entscheidungen auf der Grundlage von vergangenheitsbezogenem Wissen und Können treffen, werden diese die Natur und das Ausmaß der Herausforderungen nicht erfassen können. Die Sicht- und Herangehensweise werden nicht nur zum Problem, sie sind es längst. Das betrifft uns Menschen als Individuen ebenso wie die Organisation unseres Zusammenlebens über Wirtschaft, Wissenschaft und Politik. Der aufmerksamkeitsträchtige Wettstreit vergangenheitsbezogener Meinungen ist für die Bewältigung disruptiver Veränderungen völlig irrelevant und lenkt uns von der Erkenntnis des Wesens dieser Herausforderungen ab, solange diese Meinungen allesamt auf unzutreffenden nicht systemischen, rational-objektiven Realitätsannahmen beruhen und uns damit in die Irre führen.

Eine disruptive Gegenwart bringt durch einen nicht linearen Entwicklungssprung eine grundlegend andere Zukunft hervor, die keine modifizierte Fortsetzung der Vergangenheit ist. Sie lässt sich nicht auf berechenbare rationale Erwartungen und Verhaltensweisen reduzieren. Die Quantenphysik hat uns vor 100 Jahren deutliche Hinweise auf eine andere Wirklichkeit gegeben, als wir sie mit unserem linear-rational geprägten Bewusstsein mit unseren Sinnen und unserem Verstand wahrnehmen:

> »*Die in Raum und Zeit ausgedehnte Welt existiert nur in unserer Vorstellung.*«
> Erwin Schrödinger

> »*Die Wirklichkeit, von der wir sprechen können, ist nie die Wirklichkeit an sich, sondern eine von uns gestaltete Wirklichkeit.*« Werner Heisenberg

> »*Realität wird durch Beobachtung geschaffen!*« Niels Bohr

Diese aus Sicht des mechanistischen Weltbildes mystisch anmutenden Einsichten in die Natur der Wirklichkeit beinhalten eine Versöhnung der extrospektiven Naturwissenschaften mit der introspektiven Spiritualität, nachdem bis dahin alles Geistige aus den Naturwissenschaften verbannt war.[2] So ähnelt die zeitgenössische Aussage von Rudolf Steiner, Begründer des spirituellen Welt- und Menschenbildes der Anthroposophie durch Introspektion, der oben zitierten Erkenntnis des Quantenphysikers Niels Bohr durch Extrospektion:

> »*Was der Mensch innerlich ist, steht in Wechselwirkung mit dem, was draußen ist, und das Äußere verwandelt sich für uns, je nachdem wir klar oder trübe sehen.*«[3]

Die Gegenbewegung der Naturwissenschaften in ein von allen geistig-spirituellen Kräften befreites mechanistisches Weltbild hinein diente zwar der Befreiung aus dem kollektiven Trauma des Mittelalters, in dem die Kirche eine geistig-spirituelle Dominanz mit einem Machtmissbrauch ausübte, der

2 Zur Unterscheidung von Introspektion und Extrospektion s. Abschnitt 7.5.3

3 Rudolf Steiner, GA 118, S. 91

den Menschen die Freiheit raubte, statt sie zu schenken. Der Preis dafür war und ist aber eine tiefe Leugnung und Verdrängung der spirituellen Dimension der eigenen Identität bis hin zur Unwissenheit über innerpsychische Bewusstseinsdynamiken.

Das Wesen dieser Wirklichkeit wahrnehmen zu können, erfordert von uns Menschen eine Veränderung als wahrnehmendes Wesen. Eine disruptive nicht lineare Zukunft kann intuitiv erspürt und visionär empfangen werden, wenn wir dafür tieferliegende feinfühlige (hochsensible) menschliche Fähigkeiten und Kompetenzen zulassen und einsetzen, als es das auf die physische Außenwelt bezogene rationale Objekt-Denken vermag. Das Subjekt wird nun zum entscheidenden Faktor, also wir selbst als Menschen. Dann geht es auch nicht mehr um Nachhaltigkeit als Sachthema, sondern um unser eigenes Menschsein, aus dem sich Nachhaltigkeit ganz natürlich ergibt, oder eben nicht und über den Kopf erzwungen werden muss. Wir selbst sind das Potenzial der inneren und äußeren Transformation, die unsere mechanistische Konditionierung überwindet. Intuition, Empathie, Achtsamkeit und Präsenz sind wesentliche Schlüsselkompetenzen, die die innerpsychische Abspaltung unserer Kopf-Konditionierung überwinden und Wesensmerkmale unserer Ganzheit als Menschen sind. Als fühlende Lebewesen sind wir Menschen mit uns selbst, unserer Quelle, unseren Mitmenschen und unserer Umwelt stets verbunden, auch wenn wir dies nicht wahrnehmen (wollen). Die Wiederentdeckung unserer Ganzheit und Verbundenheit ist unser eigentliches Entwicklungsziel als Mensch, der Weg ist die Transformation unserer von ökologischen, sozialen, emotionalen und spirituellen Abspaltungen geprägten Identitäten, durch die wir uns als Lebewesen selbst in Traumatisierung gefangen halten.

Weil sich das Engagement für die Stabilisierung des Klimawandels und für die Nachhaltigkeit primär auf Verhaltensänderungen konzentriert, ohne die bestehende Konditionierung zu transformieren, wird von vielen Klimaschützern ein Druck ausgeübt, um ökologisch notwendige Verhaltensweisen jenseits dieser Konditionierung politisch zu erzwingen, woraus sich ein die Gesellschaft polarisierender Machtkampf um die Veränderung bzw. den Erhalt der umweltzerstörenden Lebensweise entwickelt hat. Im Gegensatz dazu konzentriert sich Transformation darauf, sich von einer selbst beschränkenden Konditionierung zu befreien, wozu auch die Zerstörung der eigenen Lebensgrundlagen zählt.

Kein so hochsensibel fühlendes Lebewesen wie der Mensch kann auf Kosten seiner eigenen Umwelt und seiner Mitmenschen glaubhaft Glück und Freude empfinden. Es erfordert ein enormes Ausmaß an innerpsychischen Abspaltungen, eine derartige Lebensweise nicht als Leiden wahrzunehmen und ins Unbewusste zu verdrängen.

Diese Abspaltungen sind Merkmale einer Traumatisierung, die der gegenwärtigen Konditionierung mit dem Mind-Behaviour-Gap der Nachhaltigkeit zugrunde liegt. Aufgrund des logisch-rationalen Welt- und Menschenbildes der Mechanik erkennen wir die innerpsychischen Abspaltungen und ihre Einflüsse auf unser Denken, Nicht-Fühlen und Handeln nicht bzw. zu wenig, um den Klimawandel wirksam zu bekämpfen und nachhaltig zu leben. Bewusste Bemühungen auf der logisch-rationalen Oberfläche unseres Geistes werden durch das Unterbewusstsein unterwandert, in dem ungelöste Verlust-, Verzichts- und Versagensängste aus biografischen Erfahrungen unserer Identitäten gespeichert sind, die bei kritischen Stresssituationen reaktiviert werden und die Kontrolle über das Denken, Fühlen und Handeln übernehmen. Das Unterbewusstsein ist gleichzeitig aber auch der lösungsrelevante Teil unserer Identität, den es ans Tageslicht des Bewusstseins zu bringen gilt, um subjektive Problemlösungskompetenzen zu aktivieren, wie wir in der folgenden Abbildung des Eisbergmodells sehen können. Um eine nachhaltige Veränderung von Verhaltensmustern zu erreichen, ist letztendlich das tiefe Eintauchen bis an den Grund des Eisbergs und Unterbewusstseins erforderlich, um die innerpsychischen Abspaltungen der Traumakonditionierung zu identifizieren und zu transformieren.

Das Eisbergmodell verdeutlicht als Symbol sowohl die Klimakatastrophe als auch die innerpsychische Spaltung der Menschheit. Der Journalist Bernd Ulrich bringt diese Spaltung, die als psychologisches Dilemma des Mind-Behaviour-Gaps der Nachhaltigkeit bekannt ist, in seinem Buch »Alles wird anders – Das Zeitalter der Ökologie« wortgewandt auf den Punkt:

»Doch, und das ist die kalte Wahrheit: In diesen letzten 30 bis 40 Jahren der ständig wachsenden Bewusstwerdung haben die Menschen mehr Emissionen verursacht als in der gesamten Menschheitsgeschichte zuvor, als sie noch nicht wussten, was sie taten. Das wirft nicht zuletzt einen beunruhigenden Zweifel am Wert der Aufklärung auf. Irgendetwas scheint zwischen Wissen und Handeln im Weg zu stehen, etwas, das stärker ist als jede Ein-

sicht. Und man darf angesichts der Größe des Klimaproblems, seines Tragödienformats annehmen, dass in dieser Kluft mehr wohnt als nur die ganz gewöhnliche menschliche Nachlässigkeit, sondern das seelische Betriebsgeheimnis dieser Gesellschaft, so etwas wie unsere Zentralneurose. Es ist eines der größten Rätsel unserer Tage.«[4]

Die Lösung dieses Rätsels, des seelischen Betriebsgeheimnisses und der Zentralneurose dieser Gesellschaft, ist der Gegenstand dieses Buchs. Das Eisbergmodell nimmt dabei eine Schlüsselrolle ein, weil es den vermiedenen und ins Unbewusste verdrängten Teil der menschlichen Psyche und Identität als Bild und Symbol so klar veranschaulicht.

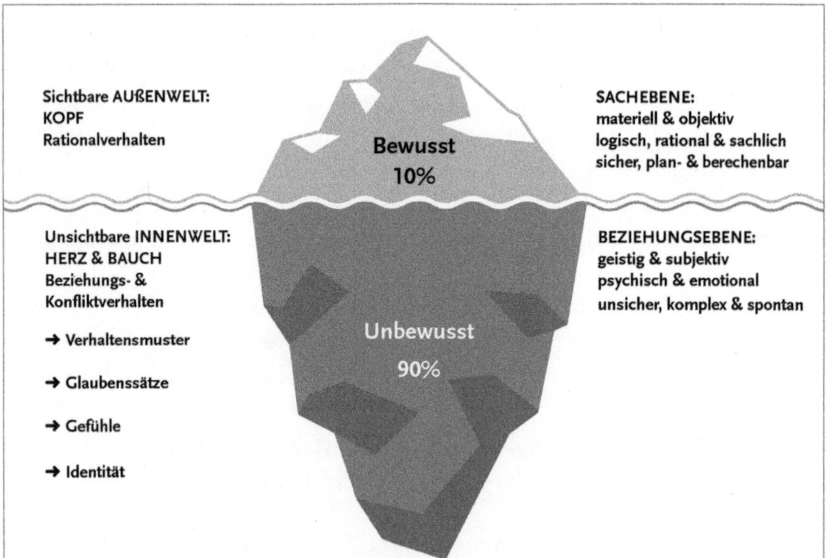

Abb. 1: Einfaches Eisbergmodell; eigene Darstellung

4 B. Ulrich, 2019, S. 30

Die Transformation des Unbewussten entscheidet über unsere Zukunft als Menschheit. Aufgrund der Verdrängungsdynamik in der menschlichen Psyche ist die Erkenntnis und Integration des Unbewussten der weitgehend ungesehene und unterschätzte Engpass in der großen Transformation. Jedoch kann ohne eine innerpsychisch heilsame Transformation keine gegenwärtige Gestaltung einer zukünftigen Gesellschaft geschehen, in der wir unsere sozialen, ökologischen und humanistisch-ethischen Wertvorstellungen gleichermaßen freiheitlich, freiwillig und eigenverantwortlich in unseren Beziehungen und Aktivitäten gemeinsam und gemeinschaftlich leben. Das wird nur gelingen, wenn wir in unserer eigenen Identität Ganzheit und Verbundenheit erfahren.

1.2 Die Zuspitzung der Bewusstseinskrise

Die innerpsychischen Verdrängungsdynamiken sind bei den kleinen Krisen des Menschseins und den großen Krisen der Menschheit allgegenwärtig. Die Menschheit hat sich selbst über die letzten Jahrzehnte hinweg perfekt konditioniert (»programmiert«), um komplexe Krisen nicht zu lösen. Sowohl das Verständnis von Realität als auch der menschlichen Psyche sind nicht im Einklang mit technischen Errungenschaften mitgewachsen, sodass die Balance von sich selbst eingeredeten Entwicklungsnarrativen und tatsächlichen Entwicklungen immer mehr in Richtung eines multiplen Organ- und Systemversagens gekippt ist. Individuelle und kollektive Psychotraumata führen zu einem kognitiven Lock-in, einem Festhalten an Vergangenheitsstrukturen im Denken und Handeln, das im Falle von Corona mit größtmöglichem Mitteleinsatz rational legitimiert wird, jedoch nicht problemangemessen und lösungsgeeignet ist. Während ein kognitiver Lock-in beim alltäglichen Einkauf unter stabilen Rahmenbedingungen noch unproblematisch ist, indem dadurch lediglich bessere Waren und Angebote verpasst werden, führt er bei einschneidenden disruptiven Veränderungen zu vergangenheitsbezogenen Entscheidungen und Handlungen, deren Rahmenbedingungen nicht mehr vorhanden sind, weil der Systemzustand sich nicht nur verändert hat, sondern das auch noch in Form eines nicht linearen evolutionären Entwicklungssprungs, wie es für komplexe Systeme charakteristisch ist, wenn ihr bisheriger Systemzustand nicht mehr haltbar ist.

Die durch einseitige Kopf-Informationen medial verbreiteten Krisen-Fakten spalten die emotionalen Wirkungen dieser Informationen ab, sodass diese unbewusst – meist als Ängste – wirken, ohne dass eine Tragfähigkeit für das Ereignis und die durch dieses Ereignis ausgelösten Ängste entwickelt werden kann. Im Falle von Corona sind dies massive Bedrohungsgefühle, Existenz- und Verlustängste insbesondere der Risikogruppe, die bezeichnenderweise ab dem typischen Alter von Politikern in hohen Führungspositionen beginnt. Diese subjektiv-emotional ausgelösten Motive werden verschwiegen und verdrängt und stattdessen eine rein objektive Bedrohung dargestellt, auf die mit scheinbar objektiven, aber komplexe Sachverhalte verfehlende, Gegenmaßnahmen reagiert wird. Umso mehr treten die verschwiegenen Angriffs- und Bedrohungsgefühle bei der Vermarktung dieser inszenierten Symbolpolitik hervor: »Bazooka-Bundesregierung« und »Wumms-Konjunkturpaket«. Eine sachliche Auseinandersetzung ist auf Basis dieser unbewussten Emotionen nicht mehr möglich. Die unbewussten Emotionen müssten für eine sachliche Auseinandersetzung mit in die Sache einbezogen werden. Der Mensch wird jedoch als Subjekt in dieser Art von Politik genauso ausgeblendet und abgespalten wie – passenderweise – bei den naturwissenschaftlichen Virologen die subjektiven Ursachen von Resilienz gegen das Virus. Die Virologin Karin Mölling sagte im Interview mit dem ZEIT-MAGAZIN, das am 20.05.2020 veröffentlicht wurde, dass man bis heute nicht genau weiß, warum die SARS-Pandemie von 2002/2003 »von allein« verschwunden ist. Man weiß heute – abgesehen von Vorerkrankungen – in Bezug auf Resilienz auch nicht, warum sich viele Menschen nicht mit Corona infizieren und warum viele Infizierte symptomfrei bleiben. Durch eine kollektive Impfung wird die Erforschung dieses – potenziell auch für andere Kontexte – wertvollen subjektbezogenen Überlebenswissens politisch und wissenschaftlich verhindert.

Die komplexe Ganzheit des Menschseins bleibt im mechanistischen Weltbild ein Rätsel ohne Zugang zu Lösungen. Viren verschwinden dann scheinbar aufgrund von objektiven Maßnahmen oder von allein. Dieser fehlende Zugang zum eigenen Menschsein löst eine emotionale Überforderung durch tiefsitzende Gefühle von Bedrohung und Existenzängste aus, die zu einer Reduzierung der Wahrnehmung (»Aufmerksamkeitsfokussierung«) auf die unmittelbare Bedrohung führen, die dann von der politischen Führung schnellstmöglich beseitigt werden soll. Für die (inszenierte) Rettung durch die Politik als starker und handlungsfähiger Staat war die spontane Bereitschaft da und groß, weitreichende Einschränkungen von Freiheitsrechten in Kauf zu nehmen, bis die Stimmung wegen fehlender innerer emotionaler und äußerer wirtschaftlicher Tragfähigkeit kippte.

Diese nun scheinbar urplötzlich handlungsfähige Politik war in den letzten Jahrzehnten stets bemüht, existenzielle Umwelt- und Verteilungsprobleme bestmöglich nicht zu lösen und auf Kosten Dritter zu verdrängen. Sie dient dem Erhalt einer Lebensweise und ihrer Interessen, sich auf Kosten Dritter einen Vorteil zu verschaffen und die lebenserhaltenden Systeme zu zerstören durch den Lebenserhalt lebenszerstörerischer Systeme. Statt Lösungen hat sie symbolische politische Erklärungen, unverbindliche Verpflichtungsabsichten der Wirtschaft und unwirksame Umwelt-Konferenzergebnisse abgeliefert. Nun soll sie ad hoc willens und imstande sein, eine aktuelle komplexe Krise zu lösen. Jedoch ist diese Symbolpolitik bestenfalls eine aktionistische Symptompolitik, die kurzfristig ein Krisensymptom aufmerksamkeitsträchtig »anpackt« und lindert, während die komplexen Ursachen andere Symptome erzeugen und verschärfen, die ungesehen und unbehandelt bleiben.

Für diese symptomatische Symbolpolitik gibt es mehrere Treiber, wie das kurzfristige Eigeninteresse von Politikern an ihrer Wiederwahl, das zu der Kurzsichtigkeit (Myopie) der Politik geführt hat, die bereits in den 90er Jahren diagnostiziert wurde. Diese zeitliche Reduktion von Komplexität entspricht dem nach wie vor in unseren Köpfen herrschenden mechanistischen Weltbild und Realitätsverständnis, das komplexe Themen in zerlegbare Einzelteile aufspaltet. In der Politik sind es die separaten Ressorts und Ministerien, die das Schubladendenken in einfachen Ursache-Wirkungs-Beziehungen widerspiegeln und eine vermeintliche Plan- und Kontrollierbarkeit suggerieren. So sollte nach Auffassung der Bundesregierung die Bereitstellung von Geld im Zuge einer enormen Neuverschuldung die selbst ausgelöste Rezession mit voraussichtlich systembedrohenden Auswirkungen die Coronakrise lösen. Ein Unterlassen von Gegenmaßnahmen, deren Wirkungen wiederum mit größeren Gegenmaßnahmen eingedämmt werden müssen, wäre wahrscheinlich besser gewesen als eine derartige Problemverstärkung.

Über die Zusammenhänge von Ganzheit, Gesundheit und Immunität herrscht fundamentale Unwissenheit. Denn die Aufmerksamkeit und Handlungen fokussierten sich auf Teilaspekte von Problemen, wie z. B. das bestehende Gesundheitswesen zu erhalten, die man kennt und die sich somit im bestehenden Denksystem einordnen und vermeintlich lösen lassen. Das Gesundheitswesen, das in vielen Bereichen Profitstreben mit Krankheit und Kranksein beinhaltet, über einen selbstwirksameren und eigenverantwortlicheren Umgang mit Ganzheit und Gesundheit zu transformieren, war und ist in der mechanistischen Konditionierung nicht möglich. Es anpassungsfähig und resilient für zukünftige Krisen neu zu organisieren, konnte aufgrund des kognitiven Lock-ins und der daraus hervorgehenden Aufmerksamkeitsfokussierung auf bestehendes mechanistisches Kennen und Können weder während noch nach dem Lock-down ernsthaft in Erwägung gezogen werden.

Über die Vereinheitlichung globaler Lebensstile, Denk-, Konsum- und Verhaltensmuster und ihre massenmediale Verbreitung machten zunächst – von unbewussten Ängsten angetrieben – fast alle mit und stimmten dieser Politik mit einer fast 100%igen Quote zu. Hier griffen die menschlichen Bedürfnisse nach Schutz und Anerkennung, dass wir von der herrschenden Gruppe geschützt und anerkannt sein wollen und nicht ausgeschlossen sein möchten. Die Erfüllung dieser Bedürfnisse durch die Inszenierung eines starken Staates, der ad hoc tägliches Homeoffice ohne lästige Arbeitswege im Berufsverkehr ermöglichte, sorgten für eine schnelllebige Euphorie ohne Tragfähigkeit. Zunächst gab es unter den politischen Parteien und den Massenmedien keine Kritik an den Maßnahmen. Niemand wollte von den Freiheitseinschränkungen abweichen und als »Mörder« gebrandmarkt werden, weil er die Risikogruppe nicht bzw. zu wenig vor dem Virus schützt. Erst als die Stimmung kippte, trauten sich Kritiker und Medien, Gegenpositionen zu äußern.

Seit der Finanzkrise ab 2008 wurde der Glauben an die Alternativlosigkeit einer einzigen Handlungsoption stark forciert, um die aufwendigen Stabilisierungsmaßnahmen eines instabilen Wirtschafts- und Finanzsystems zu rechtfertigen. Diese Alternativlosigkeit ist ein Symptom der geistigen Verarmung und Monokultur, die sich in oben erwähnten globalisierten Lebensstilen, Denk-, Konsum- und Verhaltensmustern äußert. In den Wirtschaftswissenschaften hat sich die Alternativlosigkeit seit dem Zusammenbruch des Kommunismus viral und monopolartig als neoliberale Ideologie von Marktwirtschaft und Kapitalismus verbreitet. Die Zerstörung von sozialen und ökologischen Beziehungen, also von Leben, ist darin durch die Annahme der Substituierbarkeit legitimiert und kann vermeintlich durch Geld und technischen Fortschritt kompensiert werden.

Das Zusammenwirken der aufgeführten Symptome der Krisenkonditionierung des individuellen und kollektiven Menschseins macht heilsame Alternativen innerhalb dieser Konditionierung unmöglich. Weder bei der Klimakatastrophe noch bei der Coronakrise können bzw. konnten kurzfristig oder langfristig hilfreiche und heilsame Problemlösungskompetenzen aktiviert und angewendet werden. Nimmt man noch die psychologische Dimension hinzu, die hinter diesen politischen und gesellschaftlichen Symptomen steckt, werden fundamentale innerpsychische Spaltungen einer traumatisierten Vorstellung von Identität sichtbar. Die materialistische Seite des mechanistischen Weltbildes, dass nur das Mess-, Zähl- und Berechenbare wirklich ist, beinhaltet die Verleugnung des Geistig-Immateriellen, solange es dafür keinen Ursprung in der Materie gibt. Der Verlust des Geistigen führt zur »alternativlosen« Anhaftung an die Materie, indirekt über materiellen Besitz und Konsum, direkt über die Anhaftung an den eigenen Körper. Ein Loslassen der Identifikation mit Materie würde einen Absturz in das innere und äußere Nichts bedeuten, was mit allen Mitteln vermieden werden muss. Damit wird die Chance auf ein Wiedererkennen des Geistigen in uns selbst vertan – und damit die Chance auf ein unserer Ganzheit als Menschen dienendes Gesundheitswesen. Ohne diese Ganzheit in sich wahrzunehmen, ist auch keine Gesundheit möglich, weil Psyche, Identität und Bewusstsein gespalten bleiben:

Die Vermeidung des mit dem Verlust der geistigen Dimension unserer Identität einhergehenden Traumaschmerzes bleibt zwar in der Öffentlichkeit unausgesprochen, ist jedoch hinter allen persönlichen und gesellschaftlichen Handlungen als Treiber zu vermuten, die diesen Verlust über die Anhäufung von materiellem Besitz und die Identifikation mit dem Körper kompensieren. In unseren Lebensstilen, Denk-, Konsum- und Verhaltensmustern werden wir von Existenz- und Verlustängsten dominiert, die wir in unser Unterbewusstsein verdrängt haben, und können weder erfüllt leben noch erfüllt sterben. Um diese unerfüllte Erfüllung dreht sich die Konditionierung des Menschseins. Innerhalb dieser Konditionierung ist keine Lösung möglich, sondern trotz guter Absichten und Parolen nur eine eskalierende Problemverschärfung. Wie im Folgenden aufgezeigt werden wird, haben wir uns als Menschen und Menschheit konditioniert, Krisen nicht zu lösen, sie zu vermeiden, schön zu reden, zu legitimieren und zu verdrängen. Damit dienen wir unbewussten selbstzerstörerischen Dynamiken und verstärken sie.

Übersicht der Krisenkonditionierung:

Politische Konditionierung	Versuch des Machterhalts eines lebenszerstörenden Systems:
»Rettungs-programm«	Coronakrise mit Lock-down
Wirkung	Zerstörung der lebenserhaltenden Systeme und Beziehungen: Psyche, Gesellschaft, Wirtschaft, Umwelt
Konditionierungs-merkmale	• Mechanistisches Welt- und Menschenbild mit Reduktion und Simplifizierung von Komplexität auf Symptome statt Systembetrachtungen (Bsp. Coronapolitik: Erhalt des Gesundheitswesens durch Lock-down vs. Systemfolgen des Lock-downs) • Materialistisches Welt- und Menschenbild: Leugnung und Verdrängung von innerpsychischen Vorgängen durch Menschenbild der Rationalität und Vernunft • Kognitiver Lock-in führt zu selektiver Problemwahrnehmung mit Rückzug und Reduktion auf vergangenheitsbezogenes Kennen und Können • Problemtrance der negativen Aufmerksamkeitsfokussierung führt zu Aktionismus ohne Kompetenzaktivierung • Vermarktung von Symptom- und Symbolpolitik mit emotionalisierten Erfolgsstories, Schlagwörtern und Parolen • Kurzsichtigkeit und Kurzfristigkeit von Politik durch Wahlzyklen und Eigeninteresse an Wiederwahl führt zu Problemvermeidung und -verschiebung • Wirtschaftliche & politische Durchsetzung der Machtinteressen von eigennutz- und profitorientierten Einflussgruppen auf Kosten Dritter • Ökonomisches Konkurrenzdenken in der Logik von »Survival of the Fittest« • Monetarisierungsglauben: Illusion der Substitution und monetären Kompensation der Zerstörung von sozialen und ökologischen Beziehungen • Konformismus: Globale »alternativlose« geistige Monokultur in der Politik, neoliberalen Wirtschaft, industriellen Landwirtschaft, in den Massenmedien und im Konsumverhalten • Unbewusstheit von individueller und kollektiver Traumatisierung führt zu ihrer unbewussten Verbreitung durch Kommunikation

Tabelle 1: Übersicht der Krisenkonditionierung; eigene Darstellung

Sämtliche Lösungswege der akuten multiplen Menschheitskrise erfordern eine radikale Befreiung von dieser Krisenkonditionierung, statt an ihr festzuhalten und unbewusst von ihr angetrieben zu handeln. Zwischen dem Festhalten und Transformieren gibt es einen rapide abschmelzenden Kompromissbereich. Die psychologische Digitalisierung, sich konsequent für oder gegen einen Lösungs- und Lebensweg der Transformation des Bewusstseins zu entscheiden, ist in unserer Innenwelt ebenso präsent wie als Technologie in der Außenwelt.

Die Reaktionen innerhalb der oben genannten Konditionierung haben bereits in den Anfängen der Coronakrise aus einem Virus eine Systembedrohung gemacht, die nicht kontrollierbare Kettenreaktionen auslöst, die sich mit weiteren konditionierungskonformen »Gegenmaßnahmen« dramatisch verstärkt haben und verstärken werden.

Genauso wenig wie die Kipppunkte der Ökosysteme in der Klimakatastrophe berechnet und vorhergesehen werden können, können es die soziosystemischen Kipppunkte unserer Gesellschaft. Das Bewusstsein für diese Kipppunkte scheint noch nicht mal zu existieren, es wird einfach eine neue Normalität ausgerufen, die eine von Traumatisierung geprägte Realität ist. Die Jugend hat Existenzängste um ihr zukünftiges Leben, die Älteren haben Todesängste um ihr zukünftiges Sterben. Sie haben aufgrund der traumabedingten Abspaltungen ihrer Psyche und Identität keine Alternativen zum Festhalten an den Körper und Anklammern an Besitz und Materie. Diese Abhängigkeit führt zu einer sich selbst verstärkenden Abwärtsspirale, die durch die Coronakrise massiv beschleunigt wird.

Indem bei dem Coronavirus die Aufmerksamkeit primär auf den Körper fokussiert wurde, der als bedroht angesehen wurde und über Maßnahmen geschützt werden sollte, entstand eine »Problemtrance« des Bewusstseins. Gleichzeitig wirkte das Bedrohungsgefühl tiefergehend auf die menschliche Psyche und löste in uns Menschen Existenzängste aus, die über unbewusste Reaktionen zu einer Traumaaktivierung führten.

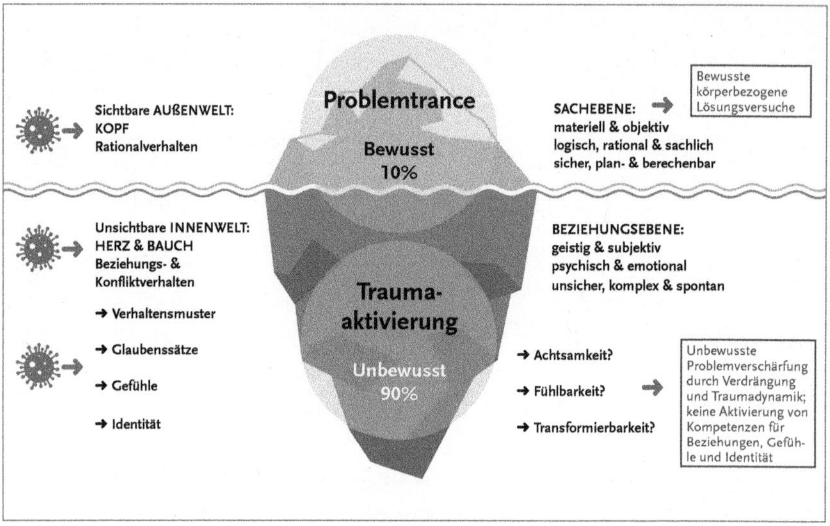

Abb. 2: Coronavirus als Traumavehikel; eigene Darstellung

Für einen heilsamen Umgang mit dieser Traumaaktivierungsdynamik gab es kein Bewusstsein und keinen öffentlichen Raum. Der politisch und medial verbreitete sachlich-rationale Umgang mit dem Coronavirus beinhaltete stattdessen den Versuch einer Verdrängung von ausgelösten Bedrohungsgefühlen und Existenzängsten. Die vermeintlich objektive Expertise von Wissenschaftlern wurde über diese Gefühle von Angst und Bedrohung gelegt, um die Menschen zu beruhigen, indem diese Gefühle abgespalten werden, sodass sie wie unter einer Betäubung unfühlbar werden. Das vermochte kurzfristig zu wirken und eine Panik zu verhindern. Gleichzeitig verursachten und verstärkten die exponentiellen Virusverbreitungsszenarien der Wissenschaftler aber selbst Gefühle von Angst und Bedrohung.

Die wissenschaftlich-politisch konditionierten Lösungsansätze fütterten dadurch unbewusste Trauma-Reaktionsmuster, die eine Traumakaskade in Gang gesetzt haben:

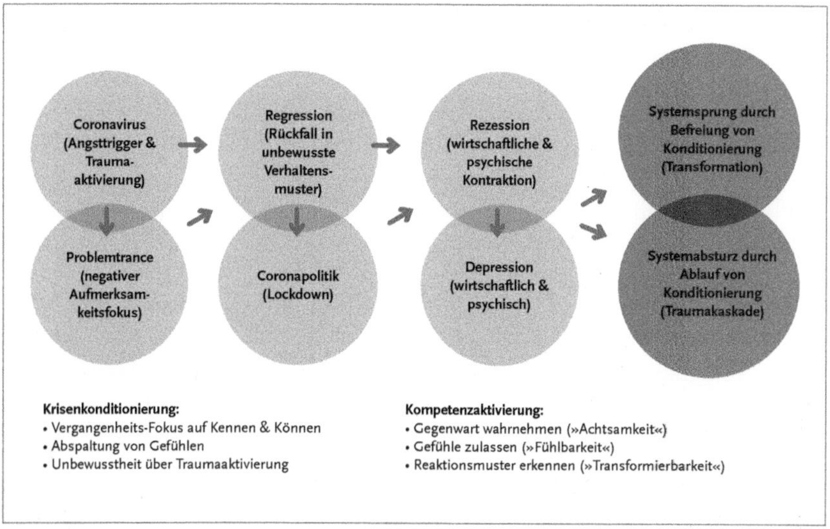

Abb. 3: Coronavirus als Auslöser einer Traumakaskade; eigene Darstellung

Die innerpsychischen und sozialen Systeme werden nun instabil und verändern ihren Systemzustand sprunghaft. Die Coronakrise wird somit zum Auslöser des großen Falls eines abgelaufenen Menschen- und Weltbildes, an dem bis heute innerlich und äußerlich weiter festgehalten wird. Es wird nun fundamental zerfallen und Vieles mit sich hinabreißen. Die auf die objektiv-materielle Realität ausgerichteten mechanistischen Strukturen in Gesellschaft, Wirtschaft, Politik und Wissenschaft mit ihrem technologischen Fortschrittsverständnis und wachstumsorientierten Wohlstandsglauben kollabieren mangels Anpassungs- und Tragfähigkeit an eine sich immer mehr davon entfernende und unterscheidende nicht lineare systemische Realität. Etwas qualitativ Neues wird daraus hervorgehen, das durch die »Große Transformation« entsteht. Diese Große Transformation ist aber primär ein innerer Entwicklungsprozess der Befreiung von Traumakonditionierung unter äußeren Zerfallsbedingungen.

Von jeglichen Hoffnungen und Utopien einer nachhaltigen, digitalen und effizienten Zukunft, die unsere Realitätswahrnehmung verschleiern und sich betäubend über die Bedrohungsgefühle und Existenzängste legen, sollten wir uns verabschieden, wenn wir eine individuelle und kollektive Anpassungs- und Tragfähigkeit entwickeln wollen für das, was tatsächlich auf den geistig-spirituellen, psychischen, mentalen, emotionalen, sozialen und physischen Ebenen des Menschseins geschieht. Ein tragfähiger Umgang damit erfordert eine bewusste Auseinandersetzung mit Aktivierung heilsamer Kompetenzen, z. B. eine Transformierbarkeit mithilfe von Achtsamkeit und Fühlbarkeit, und nicht eine Abspaltung und Verdrängung über die Fortsetzung der Krisenkonditionierung.

2 Grundverständnis eines Psychotraumas

Die im ersten Kapitel beschriebene Krisenkonditionierung kann nicht verstanden werden ohne das Verständnis eines Psychotraumas, weil es unbewusst in den inneren Strukturen unserer menschlichen Psyche und in den äußeren Strukturen unserer Gesellschaft allgegenwärtig ist. So unheilsam sie sich auf unser Menschsein auswirken, so unheilsam ist auch unser Umgang mit ihnen. Wer sich für normal hält, hält sich für psychisch gesund und hat ein Selbstbild, in dem er keine Traumatisierung in sich trägt. Psychotrauma und Normalität schließen sich scheinbar aus, doch trifft das nicht auf die Realität zu. Durch Verdrängung und Allgegenwärtigkeit des Psychotraumas werden wir betriebsblind für seine Existenz und Dynamiken in unserer Psyche, Gesellschaft, Wirtschaft und Politik.

Ein Psychotrauma zu erkennen und zu verstehen, ist der Gegenstand dieses Kapitels. Dafür habe ich einen schrittweisen Aufbau gewählt, in dem das Konzept eines Psychotraumas von Franz Ruppert, psychologischer Psychotherapeut und Professor für Psychologie, eine wesentliche Rolle einnimmt.

2.1 Persönliche Erfahrungen

Traumatisierung ist mir in ihrem historischen Ausmaß zuerst in Palästina bewusst geworden. Im Herbst 2018 nahm ich zum zweiten Mal an dem »Being Peace Retreat« der Dharma-Lehrer Zohar Lavie aus Israel und Nathan Glyde aus UK teil. In diesem Retreat, das seit 2008 jedes Jahr im Herbst stattfindet, wird innere Meditationspraxis mit äußerem Engagement (»Engaged Dharma«) zugunsten von palästinensischen Olivenbauern kombiniert. Etwa jeden zweiten Tag haben wir sie bei ihrer Ernte in einem palästinensischen Konfliktgebiet unterstützt, in dem israelische Siedlungen in der Nähe errichtet wurden und es in der Vergangenheit auch Übergriffe bei der Ernte durch Siedler gab. Zumindest war dies der ursprüngliche Gedanke, die Übergriffe sind heutzutage nicht mehr notwendig, um die palästinensische Bevölkerung zu dominieren und zu kontrollieren.

2010 war ich zum ersten Mal dabei. Wir waren knapp 20 Retreatteilnehmer aus Europa, Amerika und Israel und dienten damals bei der Ernte primär als menschliche Schutzschilder, aber auch als unentgeltliche freiwillige Helfer. Die Organisation der Vermittlung von hilfsbedürftigen palästinensischen Olivenbauern geschah in Kooperation mit der israelischen NGO »Rabbis for Human Rights«.[5] Die damaligen intensiven Erfahrungen habe ich offensichtlich abgespalten und verdrängt, denn mir ist nichts über Traumatisierung bewusst geworden. Stattdessen beschäftigte ich mich während des Retreats lieber mit alten und neuen Beziehungen zu Frauen. Ich erinnere mich jedoch gut, dass ein älterer Rabbi heftig auf mich reagierte, als ich die israelische Haltung und Siedlungspolitik kritisierte. Später erklärte er mir, dass ich mit meiner Nationalität als Deutscher, meinem blond-blauäugigen Erscheinungsbild und dem Gesagten bei ihm biografische Nazizeit-Erinnerungen und Gefühle ausgelöst habe. Seine Familie war Opfer des Holocausts gewesen. Dass ich traumatisierte Anteile in seiner Psyche getriggert hatte, konnte ich damals nicht sehen und verstehen. Es gab leider auch keine traumatherapeutische Begleitung des Retreats, unsere Verarbeitung als Teilnehmer erfolgte durch die Meditation und den Austausch untereinander. Das war und ist meines Erachtens im Nachhinein zu wenig, um das Erlebte zu verarbeiten und zu verstehen.

Wir lebten zeitweise unter einfachsten Verhältnissen mit palästinensischen Familien in ihren Häusern auf engstem Raum zusammen. Ihre Lebensberichte waren zum Teil zutiefst erschütternd und verstörend, wie sie von Israel systematisch durch die von der israelischen Armee eskortierte Besiedlung ihres Landes in die Enge getrieben, eingepfercht, abgeschnitten und isoliert wurden. Mit der von israelischen Armee-Aussteigern gegründeten NGO »Breaking the Silence« machten wir eine Busreise nach Hebron und wurden von dem Tourleiter der NGO, der selbst ein ehemaliger israelischer Soldat war, aufgeklärt, mit welchen Militärpraktiken die palästinensische Bevölkerung schikaniert und gedemütigt wurde. Ich hatte keine Ahnung, warum die Israelis an den Palästinensern so gewaltsame und grausame Handlungen wiederholten, die ihnen Jahrzehnte zuvor von den Deutschen in Täter-Opfer-Dynamiken angetan wurden. Die Opfer von damals wurden nun zu Tätern von heute. Das konnte ich nicht verstehen, nicht verarbeiten und offensichtlich nicht in meinem Bewusstsein bestehen lassen, sodass ich diese Erfahrungen erst einmal verdrängte.

5 s. https://rhr.org.il/eng/olive-harvest/

Doch 2018 kehrte ich zurück. Ich hatte in diesem Jahr einige Transformationsseminare absolviert und einen einjährigen christlich-spirituellen Selbstkurs namens »Ein Kurs in Wundern«, der die vollkommene Transformation der konditionierten Identität zum Ziel hat, zum zweiten Mal nach 15 Jahren wiederholt. In der Folge fühlte ich mich kraftvoll und berufen, in Israel Heilsames zu vollbringen. Ich wusste nicht, dass das zwar eintreffen würde, aber primär für mein Innenleben und weniger im Außen. Meine Verdrängungsleistung musste wirklich enorm gewesen sein, denn ich hatte kaum Erinnerungen an das Retreat vor 8 Jahren. Wir waren diesmal eine Gruppe von ca. 15 internationalen Teilnehmern und für die Dauer des Retreats in einem palästinensischen Dorf untergebracht, in dem wir auch schon 2010 einige Tage und Nächte gewesen waren. Diesmal bewohnten wir für die Dauer des Retreats ein verlassenes und nach deutschen Standards abrissfähiges Häuschen, das ehemals als Klinik genutzt wurde. Wir verteilten uns auf die wenigen Zimmer und unterteilten diese in einen Männer- und Frauenschlafsaal, sowie ein Zimmer für die Lehrer und einen weiteren Schlafraum. Ich selbst hatte ein Zelt dabei, um die Enge und Geräusche eines Männerzimmers zu meiden, und baute es auf der Terrasse auf. Diese grenzte an ein Feld mit Olivenbäumen, das zum nächtlichen Spektakel wurde. Wildschweine näherten sich nachts dem Dorf und fraßen in den Feldern, was die im Dorf umherstreunenden Hunderudel in hellen Aufruhr versetzte. Der nächtliche Schlaf reduzierte sich dadurch bei mir auf wenige Stunden.

Ungefähr jeden zweiten Tag halfen wir wieder bei der Olivenernte. Das Wasser zum anschließenden Duschen war knapp. Für die zum Teil üppig bewässerten, grünen und blühenden illegal errichteten israelischen Siedlungen wurden die Palästinenser unter dem Schutz der Siedler und Siedlungen durch das israelische Militär systematisch von der Wasserversorgung ihrer Quellen und Brunnen abgeschnitten. Vom Haus aus waren einige Siedlungen auf umgebenden Hügeln zu sehen und weitere, die mit sichtbaren Baukränen gegenwärtig errichtet wurden. Mit religiöser Legitimation wurde vom bereits sehr dicht besiedelten Israel palästinensisches Land in Besitz genommen, um zu expandieren und der eigenen Bevölkerung billigen Wohnraum zu ermöglichen. Wenig wohlhabende israelische Familien konnten sich dadurch in Siedlungen ein stark subventioniertes Eigenheim leisten. In perfider kapitalistischer Logik wurde von Israel nicht nur das palästinensische Land mit Militärgewalt okkupiert, sondern auch das Wohlstandsgefälle genutzt, um die

Palästinenser als billige Arbeitskräfte für den Bau und Betrieb der Siedlungen und ihrer Industriegebiete einzusetzen. Das führte zu einem deutlich sichtbaren Unterschied zu 2010: Es gab kaum noch junge palästinensische Helfer bei der Olivenernte. Wesentlich mehr Geld konnten sie in den Siedlungen verdienen, um sich den Wunsch nach einem besseren Handy oder Auto zu erfüllen. Sie waren zum Teil ausgebildete Hochschulabsolventen, doch in der unter der israelischen Besetzung dahinsiechenden heimischen Wirtschaft fanden sie keine entsprechend qualifizierte und vergütete Arbeit. Zum Beispiel betrieb daher ein Nachbar des von uns bewohnten Hauses einen Autowaschservice und hatte die meiste Zeit wenig zu tun. Andere kamen abends von der Arbeit aus den Siedlungen zurück und fuhren die größeren Autos, von denen er nur träumen konnte und die er waschen durfte.

Für die Unterwerfung eines Volkes ist solch eine wirtschaftliche Abhängigkeit eine ideale Strategie. Wenn Unruhen unter den Palästinensern ausbrechen sollten, braucht Israel nur die eigenen Siedlungen und Fabriken für sie zu schließen und kann sie darüber psychisch und ökonomisch ohne Einsatz physischer Gewalt im Alltag kontrollieren. Falls dies nicht ausreichen sollte, gibt es das Militär mit seiner starken und hochbewaffneten Präsenz in Palästina.

Diesmal waren wir also echte Erntehelfer, weil es sonst kaum mehr welche gab. Die Ernte war bei bis zu 35 Grad Hitze körperlich anstrengend und äußerst dürftig, zum Teil wegen der zunehmenden Trockenheit. Doch ich nehme an, dass die Grundwasserspiegel kontinuierlich sinken, so wie auch im Jordantal durch die intensive landwirtschaftliche Nutzung Israels. Was jedoch auffiel, war, dass die Palästinenser sich kaum beklagten, sie hatten sich weitgehend in ihr Schicksal ergeben. Sie suchten Zuflucht in Allah und ihren Kindern und hofften, dass zumindest eines der Kinder so erfolgreich sein würde, dass sie als Eltern von ihm mitversorgt werden könnten. Zum ersten Mal habe ich hautnah verstanden, warum es in Entwicklungsländern so wichtig ist, möglichst viele Kinder zu haben. Wenn es für ein Volk keine positive Entwicklungsvision als Gesellschaft gibt und für sich selbst keine Hoffnung bleibt, muss diese in andere hineinprojiziert werden. Die eigenen Kinder bekommen dann in der Täter-Opfer-Traumadynamik die Rolle von Rettern zugewiesen.

Ein Retreatteilnehmer aus England, der auch schon 2010 und seitdem jedes Jahr dabei war, stellte fest, dass er in diesem Jahr zum ersten Mal diese Hoffnungslosigkeit und Verzweiflung wahrnahm. Hinter den Fassaden gestandener Männer lagen Traumabiographien verborgen, und wenn sie in Gesprächen davon berichteten, wurden ihre Augen feucht und sie unterdrückten die aufkommenden Gefühle mit starkem Rauchen und überzuckertem Tee oder Kaffee.

Warum schildere ich das alles? Um Stimmung gegen Israel zu machen? Nein, Israel ist nur ein Beispiel, um zu verdeutlichen, dass ein Traumaopfer zum Traumatäter wird, wenn dieses Trauma nicht innerpsychisch aufgearbeitet wird. Dies gilt für individuelle Traumatisierung ebenso wie für kollektive Traumatisierung. Mit Aufarbeitung meine ich keine Symbolisierung und Politisierung durch Mahnmale und Gedenkstätten, sondern eine traumatherapeutische Aufarbeitung.

Durch das Erlebte begriff ich, dass Traumatisierung nicht nur bei den Opfern stattfindet, sondern auch bei den Tätern, in beiden Traumarollen weiterlebt und sich über Generationen fortpflanzt. So ist das Tätertrauma der Deutschen aus dem zweiten Weltkrieg über eine gesellschaftliche Wachstums- und Wohlstandsgeschichte zwar überlagert worden, aber nicht geheilt. In der Folge werden, wie bei den Palästinensern, Zukunftshoffnungen auf die Kinder projiziert (z. B. Wunschkinder, ForFuture-Bewegung) und die fehlende gesellschaftliche Vision der Gesellschaft ebenfalls über individuellen Erfolg und Wohlstand kompensiert. Die Traumatisierung wird beim Mind-Behaviour-Gap der Nachhaltigkeit besonders deutlich, sie ist die Erklärung der Lücke zwischen Wissen und Handeln, was ich in den folgenden Kapiteln noch ausführen und erläutern werde.

Nicht nur Israel und Deutschland, sondern auch die USA befinden sich in einem Zustand der ungeheilten kollektiven Traumatisierung seit der gewaltsamen Eroberung des von den Ureinwohnern bewohnten Landes. Die Gründung der USA basiert auf einer Okkupation des Landes als Traumatäter mit versuchtem Genozid der Bevölkerung. Diese grausame Tatsache wird mithilfe einer feierlich darüber ausgebreiteten Unabhängigkeitserklärung der Freiheit und Menschenrechte abgespalten und verdrängt. Im bezeichnenderweise »Sezessionskrieg« benannten amerikanischen Bürgerkrieg setzte sich die kollektive Traumatisierung fort, die zuvor gegen die Ureinwohner als gemeinsame externe Feinde gerichtet war, indem sich die siegreichen Besetzer gegenseitig als interne Feinde bekämpften. Diese Dynamik ist typisch für Traumatisierung und erfordert gemeinsame externe Feindbilder einer traumatisierten Gesellschaft, um die in sich gespaltene Gesellschaft zusammenzuhalten. Denn Traumatisierung sucht

Nahrung und will sich weiter verbreiten, im Falle der USA erfolgt dies seit dem 20. Jahrhundert offensiv und global durch Angriffskriege in anderen Ländern. Wissen, Mahnmale, Gedenkstätten und Schuldgefühle helfen und heilen also nicht.

Augenöffnend waren für mich zwei Begegnungen während des Retreats. Die erste war mit einem Traumatherapeuten für israelische Soldaten, der selbst ein ehemaliger israelischer Soldat und nun Friedensaktivist in der israelisch-palästinensischen NGO »Combatants for Peace« war.[6]

Er sagte, dass über den Militärdienst eine kollektive Traumatisierung der eigenen Jugend stattfindet. In Israel sind die Männer verpflichtet, einen dreijährigen Militärdienst zu absolvieren. Für Frauen beträgt die verkürzte Dauer zwei Jahre. Als Soldaten sind sie mit ihrer Militärkleidung und schweren Bewaffnung (Maschinenpistolen) in der Öffentlichkeit sehr präsent. Diese Präsenz dient in den besetzten Gebieten Palästinas der Einschüchterung der Bevölkerung. So fuhren wir eines Morgens aus dem Dorf zum Oliven ernten und am Ortseingang war ein Maschinengewehr von der israelischen Armee errichtet worden, das auf entgegenkommende Fahrzeuge zielte. Ich wurde in meinem Leben noch nie mit einer Waffe bedroht und fühlte einen unmittelbaren Schock. Meine Fahrer aus Israel waren selbst beim Militär gewesen und fanden diese Aktion »normal«, wie sie mir später im Austausch darüber mitteilten. Sie stoppten sogar und unterhielten sich mit den Soldaten. Für mich war diese Erfahrung fern jeglicher Normalität, aber reale »Traumanormalität« für Israelis und Palästinenser.

Gerade der Einsatz in den besetzten Gebieten ist für die jungen Menschen, die zu Beginn des Militärdienstes meist unter 20 Jahre alt sind, eine psychische Überforderung. Sie sind vielen kritischen Situationen ausgesetzt und ständig vom Gefühl des Angriffs und der Bedrohung begleitet, weswegen es auch zu gewaltsamen bis tödlichen Überreaktionen bei Patrouillen kommt. In der Folge dissoziieren sie ihre unverarbeiteten Erfahrungen und Gefühle durch innerpsychische Abspaltungen und kompensieren die traumatischen Erlebnisse durch Trauma-Überlebensstrategien. Diese Dynamik der Traumatisierung werde ich im Verlaufe dieses Kapitels noch näher erläutern. An

6 s. https://cfpeace.org/en/

dieser Stelle steht zunächst meine persönliche Erfahrung im Vordergrund, die mir im Nachhinein auch den extremen Cannabiskonsum vieler Israelis erklärt, die mir nach ihrem Militärdienst auf meinen Indienreisen begegnet sind.

Dieser Traumatherapeut machte mir also aus dem eigenen Erleben heraus klar, wie über die Weitergabe an die nächste Generation Traumata fortgepflanzt werden. Dafür spielt es keine Rolle, ob dies absichtlich oder bewusst erfolgt, denn Traumatisierung spielt sich aufgrund der Abspaltung und Verdrängung der Erfahrungen und Gefühle im Unbewussten ab.

Das Fortbestehen von lebenslanger Traumatisierung konnte ich in der zweiten Begegnung, die mit einem orthodoxen israelischen Siedler arrangiert wurde, erfahren und mit diesem Hintergrundwissen nun auch verstehen.

> Nachdem wir über eine Woche mit Palästinensern in ihrem Dorf gelebt hatten, trafen wir in der benachbarten Siedlung einen älteren Siedler zum gemeinsamen Gespräch. Im Gegensatz zum ersten Retreat, in dem wir auch schon so ein Gespräch hatten, war mir diesmal bewusst, dass ich durch die Sichtweise und Schilderungen der Palästinenser einseitig informiert und emotionalisiert war. Ich wollte eine Vorverurteilung vermeiden, unvoreingenommen in das Gespräch mit dem Siedler gehen und setzte mich direkt neben ihn. Er war so alt wie mein Vater, Jahrgang 1949, und im Nachkriegsdeutschland in München geboren. Ja, er hatte auch etwas von meinem Vater und war mir als Mensch sympathisch. Auch wenn ich seine Sichtweise nicht teilte, wollte ich sie doch verstehen und ihn dazu als Menschen intensiv wahrnehmen. Er wurde direkt verbal angegriffen, und zwar von seinen israelischen Landsleuten, die im Gegensatz zu uns anderen, insbesondere den Deutschen, keine Hemmungen hatten, ihre Kritik an dem Dasein der Siedler und Siedlungen in Palästina zu äußern. Entsprechend begab er sich direkt in eine Verteidigungshaltung und ging in Gegenangriffe über. Er sprach pauschale Meinungen über uns aus und ich äußerte daraufhin in der Runde, dass ich mich von ihm verurteilt fühlte, ohne dass er mich wahrgenommen hätte. Mein Anliegen sei ihm zuzuhören und ihn und seine Erfahrungen und Sichtweise zu verstehen. Das beinhalte jedoch nicht, dass ich sie teilen müsse. Er entspannte sich etwas, weil er spürte, dass ich keinen Angriff im Sinn hatte.
>
> Ich konnte bei ihm wahrnehmen, dass sein Glaube ihn nach Israel und auch nach Palästina in die Siedlung geführt hatte, dass er aber durch diesen Glau-

ben keine Erlösung gefunden hat, die er für sich suchte und für seine Heilung brauchte. Über diese Wahrnehmung als Menschen, nicht als Siedler, konnte ich für ihn Empathie und Mitgefühl empfinden. Dieser Mensch war auf einer Suche nach Heilung und Erlösung, die ihn zum Siedler machte. Und in diesem Menschen war etwas, das sich einem rationalen Zugang zur tatsächlichen Realität versperrte: ein Trauma, wie ich später realisierte. Besonders bewusst wurde mir das anhand seiner Äußerung, dass die arabische Welt ihre Führer umbringen würde, wenn sie Frieden mit Israel schließen würden. Dabei war es tatsächlich ein orthodoxer jüdischer Siedler gewesen, der 1995 den israelischen Ministerpräsidenten Jitzchak Rabin ermordete, weil er damals Frieden mit den Palästinensern schloss. Genauso wenig war ihm die Angst und Bedrohung auszureden, dass die arabische Welt Israel zurück ins Meer drängen würde, was angesichts der Übermacht des israelischen Militärs völlig abwegig ist. Das Gegenteil ist vielmehr der Fall, dass Israel in einem Blitzkrieg weite Teile der arabischen Welt erobern und kontrollieren könnte. Auch hier sind die anhaltenden Wirkungen von Traumatisierung offensichtlich. Die Zeit heilt eben keine Wunden.

Ich wünsche ihm Heilung und Erlösung und habe einen freundschaftlichen Kontakt mit ihm geschlossen. Nach dem Gespräch teilte ich ihm meinen Wunsch mit, in der Siedlung mit den Siedlern Sabbat zu feiern und er hat ihn mir ermöglicht und erfüllt. Trotz des Unverständnisses mancher Retreatteilnehmer und der Kritik mancher Palästinenser kehrte ich allein in die Siedlung zurück, um dort in einer Synagoge Sabbat zu feiern. Ich liebe dieses Ritual von Herzen. Anschließend war ich zum Sabbatdinner bei einem Siedler und seiner Familie eingeladen. In dem Gespräch wurden Neugier und Interesse der jugendlichen Kinder sichtbar, mehr über ihre palästinensischen Nachbarn, ihr Leben und ihre Sicht auf die Siedler zu erfahren. Ich war darüber sehr erfreut und versuchte mich in der verbalen Gratwanderung zwischen authentischer Beschreibung ohne Anklage und Schuldzuweisung. Die Tochter äußerte die zarte Hoffnung, eines Tages friedlich als Nachbarn miteinander leben zu können, ja sogar durch ein palästinensisches Dorf zu laufen, ohne Angst haben zu müssen, getötet zu werden.

Diese Angst wird genährt durch das dominierende Narrativ Israels, das viele Israelis davon abhält, nach Palästina und dort zu den Palästinensern zu reisen, um sich einen persönlichen Eindruck der Verhältnisse zu machen. Viele entnehmen ihre Informationen den Massenmedien, die die von der Regierung und vielen orthodoxen Juden propagierte Bedrohung durch die Palästinenser verbreiten.

Siedler mögen heutzutage tatsächlich noch gefährdet sein, wenn sie ein palästinensisches Dorf betreten würden. Ich habe jedoch auch schon einen Israeli gesehen, der zusammen mit einer Palästinenserin in einem palästinensischen Dorf lebt. Vielleicht haben viele Israelis aber aufgrund ihrer eigenen Traumatisierung einfach noch nicht mitbekommen, dass die Palästinenser nun durch die Okkupation ihres Landes ebenso traumatisiert sind wie sie selbst. Dabei war der Zionismus ganz anders gedacht. Nach seinem Begründer Theodor Herzl hat er den Anspruch, moralische und spirituelle Vollkommenheit zu erreichen und in Frieden mit seinen nahen und fernen Nachbarn zu leben.[7] Um diesen Anspruch zu erfüllen, sind tief sitzende Traumatisierungen zu heilen. Das wäre ein leuchtendes Vorbild für die Menschheit, das zu sein einen weiteren Anspruch des Zionismus erfüllen würde. Ich wünsche den Israelis und der Menschheit diesen kollektiven Entwicklungssprung. Er ist eine hohe Hürde, aber welcher Beitrag für die Menschheit wäre sonst angemessen für ein auserwähltes Volk? Ich bin davon überzeugt, dass, wenn das kollektive Trauma Israels heilen kann, jedes kollektive Trauma des Menschseins und der Menschheit heilen kann.

2.2 Neurobiologische Sichtweise

Wie kommt es zu solch einer tief sitzenden individuellen und gesellschaftlichen Traumatisierung, was passiert im Alltag durch zwischenmenschliche Erfahrungen und gesellschaftliche Strukturen mit uns? Gerald Hüther widmet sich diesen Fragen als Neurobiologe und beschreibt den Abspaltungsprozess von uns selbst als Lebewesen, die mit einem riesigen Potenzial von Begabungen und einer äußerst feinfühligen emotionalen Beziehungsfähigkeit auf die Welt kommen. Als diese sensiblen Lebewesen treffen wir – häufig schon als pränatale Erfahrungen vor der Geburt – auf eine von sich selbst entfremdete mechanistische Gesell-

7 vgl. World Zionist Organization, 2017, S. 41

schaft und durchlaufen in Kindheit und Jugend einen Anpassungsprozess mithilfe von Erziehung und Schule, der uns auf unser Funktionieren im gesellschaftlichen Arbeits- und Beziehungsleben vorbereitet. In seinem Buch »Was wir sind und was wir sein könnten« vergleicht er diesen Anpassungsprozess der Selbstentfremdung mit dem biblischen Bild der Vertreibung aus dem Paradies:

»Ohne es selbst zu bemerken, entfernt sich der betreffende Mensch im Verlauf dieses Anpassungsprozesses immer weiter von dem, was sein Denken, Fühlen und Handeln ursprünglich, als er noch ein kleines Kind war, primär geprägt hatte: die eigene Körpererfahrung und die eigene Sinneserfahrung. Indem er all das zu unterdrücken beginnt, was bisher der selbstverständlichste und ureigenste Teil seines Selbst war, wird er sich selbst zunehmend fremd. Sein Körper und die aus seiner Körperlichkeit erwachsenden Bedürfnisse werden – weil sie dem starken Bedürfnis nach Zugehörigkeit und Anerkennung, nach Identitätsentwicklung und Selbstentfaltung im Wege stehen – als Hindernis betrachtet und deshalb unterdrückt und abgetrennt. Zusätzlich gehen in die sich herausbildenden neuronalen Muster auch alle sogenannten Abwehrvorgänge ein, z. B. gegen schmerzvolle oder traurige oder wütende Gefühle, die in einer wenig Sicherheit bietenden Beziehung nicht gezeigt werden dürfen, unterdrückt werden müssen und schwer auszuhalten sind. Diese Abwehr von Gefühlen geht mit muskulären Anspannungen einher. Dadurch verändern sich Haltungsmuster und Atmung. Je häufiger und je früher das geschieht, desto stärker werden diese körperlichen Abwehrmuster verfestigt. Alle Sinneseindrücke, die mit den alten Erfahrungen assoziiert werden, rufen auch die alten Gefühle wieder wach. Darauf reagiert der Körper mit erneuten Anspannungen. Vor allem traumatische Verletzungen, die während der frühen Kindheit mit dem Gefühl von Ohnmacht und Hilflosigkeit, Ablehnung und Entwertung einhergehen, werden auf diese Weise sehr nachhaltig »verkörpert«. Auch wenn diese Gefühle im späteren Leben überwunden werden können oder die für das Zustandekommen dieser Gefühle verantwortlichen Personen längst gestorben sind, bleiben diese verkörperten Erfahrungen oft zeitlebens als gedrückte und verkrampfte Haltungen sichtbar. Das haben wir alle als Kinder und Jugendliche so oder so ähnlich auf mehr

oder weniger intensive Art am eigenen Leibe erfahren. In manchen Kulturen ist der Druck zu solcher Entfremdung und Instrumentalisierung des eigenen Körpers stärker, in anderen vielleicht auch geringer als bei uns. Aber gänzlich entgehen kann ihm kein Kind, das in einer Gemeinschaft von Menschen aufwächst, die bestimmte Vorstellungen davon haben, wie man als Mensch zu sein hat, um als Mitglied dieser Gemeinschaft akzeptiert zu werden. Genau das, nämlich das Bedürfnis irgendwie dazuzugehören, ist der Schlüssel zum Verständnis dieses sonderbaren Anpassungsprozesses, der Menschen dazu bringt, ihr Gefühl von ihrem Verstand und ihren Körper von ihrem Gehirn abzutrennen.«[8]

Die von Gerald Hüther genannten Veränderungen des Atems und der Körperhaltung, die mit der Abwehr und Unterdrückung von Gefühlen einhergehen, decken sich auch mit meinen eigenen traumatherapeutischen Erfahrungen. Traumatisierung kann physische Ursachen haben, muss es aber nicht. Trauma mit einem Unfall, z. B. durch ein Schleudertrauma, oder einer körperlichen Gewalt, z. B. durch einen Missbrauch, gleichzusetzen, ist ein die Normalität der eigenen Traumatisierung verdrängender Irrglaube der Gesellschaft.

Wenn Traumaerfahrungen psychisch aufgearbeitet werden, kommen die verdrängten Gefühle an die Oberfläche des Bewusstseins und rufen die eingefahrenen Abwehr-Reaktionsmuster hervor. Die sichtbaren Auswirkungen auf den Atem erklären auch das heilsame Potenzial der auf den Atem gerichteten Achtsamkeitsmeditation, insbesondere in Kombination mit der Struktur der vierfachen innerpsychischen Traumaspaltung (s. Kapitel 3).

2.3 Identität, Identifikation und Zuschreibung

Der psychologische Psychotherapeut und Professor für Psychologie Franz Ruppert bietet in seinem Buch »Wer bin ich in einer traumatisierten Gesellschaft?« ausgehend von der Identitätsgleichung »Ich = Ich« ein

8 G. Hüther, 2017, S. 55 ff.

sehr einfaches und klares, kraftvolles und wirksames Erklärungsmodell für innerpsychische Identität, Selbstentfremdung durch Abspaltungsprozesse und ihre Folgen an.

2.3.1 Identität

»Ich = Ich« lautet die Formel der Identität von Franz Ruppert. Für ihn ist die Identität eines Menschen

> *»die Summe all seiner Lebenserfahrungen, die er von Anbeginn seines Lebens bereits gemacht, und seine Art, wie er darauf reagiert hat und noch immer damit umgeht. Dieser Identitätsbegriff berücksichtigt das bisherige Leben eines Menschen und ist offen für seine weitere Entwicklung. […] Jeder neu entstandene Mensch ist von Beginn an ein Subjekt und kein bloßer Gegenstand (<Objekt>).«*[9]

Die frühkindlichen Beziehungen zur Mutter und zum Vater sind prägend für die Ich-Entwicklung, Franz Ruppert zufolge sogar bereits pränatal im Bauch der Mutter. Das habe ich auch eindrucksvoll bei meiner Teilnahme an seinem traumatherapeutischen Seminar erlebt. Mithilfe der Anliegenmethode seiner Identitätsorientierten Psychotraumatherapie (IoPT) konnten frühste traumatische Beziehungs- und Bindungsstörungen verkörpert und visualisiert werden.

Im Zuge des Eisbergmodells von bewusster und unbewusster Identität und Psyche spalten wir die ungewünschten, ungewollten und ungeliebten Anteile unserer Identität und Psyche in unser Unbewusstsein ab. Dort verschwinden sie nicht, sondern bleiben »konserviert« und wirken aus dem Unbewusstsein heraus weiter. **Die vollständige Identität umfasst die bewusste und die unbewusste Psyche.**

---

9 F. Ruppert, 2018, S. 39 ff.

2.3.2 Identifikation

»Ich = Du« lautet die Formel der Identifikation bei Franz Ruppert. Identifikationen spalten von der eigenen Identität ab. Sie sind

> *»Formen von Anpassung an die äußere Umwelt. Im Extremfall sind sie nichts weiter als Unterordnungen und Unterwerfungen unter andere Menschen und Institutionen, die mächtiger sind als man selbst.«*[10]

Darin steckt eine paradoxe Widersprüchlichkeit. Denn um die sozialen Bedürfnisse nach Anerkennung und Zugehörigkeit zu erfüllen, wird die eigene Identität aufgegeben und abgespalten. Die Identifikation kann mit Subjekten und Objekten erfolgen, z. B. mit einer berühmten Person, einer bekannten oder als wichtig empfundenen Gruppe, Personen und Rollen in der Familie, Rollen als Inhaber, Manager oder Angestellter in einem Unternehmen, einer Religion, einer Nation, einer Sache, die man besitzt, wie einem Auto oder einem Haus, einem ausgeübten Beruf oder einer sonstigen Rolle und Funktion. Die Aufgabe der eigenen Identität ist der Preis für diese Zugehörigkeit, den man selbst zu zahlen bereit ist. Er wird der sich identifizierenden Person nicht aufgezwungen, im Gegensatz zu den im nächsten Abschnitt vorgestellten »Zuschreibungen«.

Identifikationen können nach Franz Ruppert auch die Folge frühkindlicher Traumatisierungen sein, z. B. durch den Mangel und Verlust von Aufmerksamkeit und Zuwendung, die zu einer Abspaltung von Gefühlen (Angst, Wut, Schmerz, Scham) und zu einer Fixierung auf die Außenwelt geführt haben, um sich an diese anzupassen und keinen weiteren Schaden zu erleiden.

Nach der Lehre des Buddhas über die fünf Daseinsfaktoren (»Skandhas«) erfolgen in einem unerleuchteten Geisteszustand während des Wahrnehmungsprozesses ständig Anhaftung und Identifikation durch unbewusste Reaktionen. Durch den Kontakt der Sinnesorgane mit den Sinnesobjekten werden körperliche Empfindungen ausgelöst, die im Geist Begehren oder Ablehnung triggern und einen entsprechend konditionierten Bewusstseinszustand bewirken.

10 Ebd., S. 36

Identifikationen gehen also sehr tief. Sie betreffen mit der Wahrnehmung der Innenwelt und der Außenwelt sowohl die geistigen als auch die materiellen Wurzeln unseres Menschseins. Wenn Identität abgespalten wird, wird sie durch Identifikation ersetzt. Identifikation ist also immer ein nicht authentisches Ich-Sein: **Identifikation ist »freiwillige« Selbstabspaltung und Anpassung, um ein als nicht möglich erfahrenes Sein von Identität zu ersetzen.**

2.3.3 Zuschreibung

»Du = Ich« lautet die Formel der Zuschreibung bei Franz Ruppert.

> *»Durch Zuschreibungen werden Menschen von anderen Menschen oder Institutionen mit Merkmalen belegt, die deren Zielen und Zwecken entsprechen.«*[11]

Damit Zuschreibungen wirksam sind, muss es eine Machtposition zwischen dem Zuschreibenden und dem Zugeschriebenen mit einem Machtgefälle zugunsten des Zuschreibenden geben. Diese Machtposition verleiht dem Machthaber eine Autorität, der sich der Zugeschriebene nach meinem Verständnis zuvor per Identifikation unterworfen hat, sodass er diese Autorität auch akzeptiert und die von dieser Autorität ausgehende Zuschreibung.

Während die vorherige Identifikation mit der Abspaltung der eigenen Identität noch ein von Ich ausgehender freiwilliger Vorgang der Anpassung ist und das Ich die Entscheidungsmacht für eine Identifikation innehat, liegt bei der Zuschreibung diese Entscheidungsmacht bei der zuschreibenden Autorität. **Zuschreibungen sind Fremdbestimmungen als Folge der Selbstabspaltung und Identifikation.**

Lehrer machen Zuschreibungen an Schüler durch Noten, Ärzte machen Zuschreibungen an Patienten durch Diagnosen, Führungskräfte machen Zuschreibungen an Mitarbeiter durch Leistungsbeurteilungen. Die Ganzheit und Gleichheit als Menschen ist jeweils abgespalten, indem sich die Beteiligten mit ihren Rollen identifizieren, das Machtgefälle und die dadurch möglichen Zuschreibungen akzeptieren. Zuschreibungen müssen nicht per

11 Ebd., S. 37

se negativ sein, sie können auch über fachliche Kompetenz eine hilfreiche Orientierung bieten, jedoch werden sie in traumatisierten Gesellschaften von traumatisierten Personen unbewusst verwendet und missbraucht, um ihre von sich selbst abgespaltenen Identitäten durch Fremdabwertung aufzuwerten und dadurch Traumatisierung zu verbreiten.

Folgenreiche Beispiele für biologische, genetische und medizinische Zuschreibungen schildern erst Gerald Hüther und dann Franz Ruppert:

> *»Niemand kann einen anderen Menschen daran hindern, sich selbst zum Produkt seiner genetischen Anlagen zu erklären oder sein Handeln mit seinen Hirnaktivitäten und Hormonausschüttungen zu begründen. Allerdings macht sich jeder, der sich so betrachtet oder eine solche Zuschreibung übernimmt, selbst zum Objekt. In seiner eigenen Überzeugung ist er dann etwas, das von einer anderen Instanz, also von seinen genetischen Anlagen oder von seinen Genen, den Hormonen oder den Aktivitätsmustern in seinem Gehirn gesteuert wird. Er ist so, wie er ist, weil er zu dem, was er ist, gemacht worden ist.«*[12]

> *»In den westlichen Staaten herrscht die weitverbreitete Meinung, wir hätten alle ›psychischen Störungen‹ mithilfe von Psychiatern und Psychopharmaka gut im Griff. Zumindest sein wir knapp davor, für jede ›Störung‹ das passende Medikament oder die gentechnische Lösung zu entwickeln. Das ist eine große Selbsttäuschung. Wir müssen der Wahrheit ins Auge blicken, dass wir uns noch viel tiefer und intensiver mit uns selbst auseinandersetzen müssen, wenn wir nicht zum Gefangenen unserer eigenen Psyche werden wollen. Es ist ein schwerwiegender logischer Denkfehler, unsere Psyche mit dem Gehirn und den körperlichen Stoffwechselprozessen gleichzusetzen. Gehirn und Körper stellen lediglich die Hardware zur Verfügung, damit darauf viele psychische Software-Programme laufen können.«*[13]

Die gesellschaftlich als Autorität anerkannten mechanistischen Naturwissenschaften und ihre Vertreter bekommen in beiden Beispielen die Machtposition der Zuschreibenden.

---

12 G. Hüther, 2017, S. 64

13 F. Ruppert, 2018, S. 48

Diese sozio-kulturell gewachsene Autorität, Macht und Akzeptanz der Naturwissenschaften für biologische, genetische und medizinische Zuschreibungen ist meines Erachtens eine Wirkung der fehlenden Beziehung und Fähigkeit, sich selbst in seiner eigenen Identität wahrzunehmen und darin zu fühlen. Diese innere Beziehungslosigkeit betrachte ich als eine Folge der spirituellen und emotionalen Selbst-Abspaltungen, die ich im 3. Kapitel vorstellen und erläutern werde. Aufgrund der auf diesen beiden Abspaltungen folgenden sozialen Spaltung kommt es dann auch mit Bezug zu dem Beispiel von Gerald Hüther als »inverse Zuschreibungen« zu Schuldzuweisungen, dass ein Dritter, der als mächtig angesehen wird, die verantwortliche Instanz ist, die einen Menschen gegen seinen eigenen Willen zu dem gemacht hat, was er ist. Aus dieser Sichtweise und Haltung entstehen Verschwörungstheorien, die aufgrund von Selbstabspaltung und Fremdbestimmung eine Opferhaltung ohne die Möglichkeit einer Übernahme von Eigenverantwortung und Änderung der Machtverhältnisse beinhalten. Denn dies würde eine gesunde Psyche und Identität erfordern. Der Widerstand gegen Zuschreibungen drückt sich in deren Umkehr durch Schuldzuweisungen aus, jedoch ohne das Trauma des eigenen Identitätsverlustes zu heilen. Es wird durch Schuldzuweisungen sogar verstärkt, genauso wie die Macht und Autorität des Zuschreibenden.

Anwendung:
Die Schulung einer achtsamen Selbstwahrnehmung ist hilfreich und notwendig für die eigene Transformation. Daher füge ich an wichtigen Stellen konkrete Anwendungen zur Verinnerlichung der zuvor vermittelten Konzepte ein und empfehle, sich jeweils Zeit dafür zu nehmen.

Legen Sie nun bitte eine Lesepause ein, machen Sie sich Ihre eigenen Identifikationen und Zuschreibungen bewusst und schreiben Sie diese auf.

2.3.4 Identität als Freiheit und Verantwortung

Freiheit und Eigenverantwortung liegen im Menschen selbst. Es gibt keine Freiheit ohne Verantwortung hierfür. Wer seine vermeintliche Freiheit auf Kosten Dritter – gegenwärtige oder zukünftige Generationen – ausübt, macht sich was vor, redet sich Freiheit ein, kennt, fühlt und lebt sie aber nicht. Er vermarktet sich als frei, ein Verhalten, das der Werbung in den Medien und den PR-Abteilungen von Unternehmen entspricht. Die Verpackung entspricht aber nicht dem Inhalt, die kleine Oberfläche des Eisbergs zeigt das Gegenteil seines verborgenen Massivs unterhalb der Oberfläche. **Die Formel der Identität »Ich = Ich« könnte daher ebenso gut lauten: »Freiheit = Verantwortung«.**

Jegliche Vermeidung von Verantwortung für das eigene Denken, Fühlen und Handeln führt zum unweigerlichen Verlust der Freiheit hierfür:

»Ich = Ich ist meine Identität. Durch Identifikation (Ich = Du; Selbstabspaltung) öffne ich diese Gleichung und mache mich in der Folge empfänglich (angreifbar) für Zuschreibungen, um die entstandene Ungleichung wieder auszugleichen (Du = Ich; Fremdbestimmung). Der Umkehrschluss: Wenn ich mich nicht identifiziere, können mich in meiner Identität auch keine Zuschreibungen treffen. Ich bin und bleibe in meiner Identität und gesunden Psyche. Keine äußere Handlung kann mir meine Identität nehmen oder wiedergeben. Ich bin verantwortlich für meine Identität. Darin liegt meine Immunität.

2.4 Gesunde, traumatisierte und Überlebenspsyche

> *»Die Tatsache anzuerkennen, dass ein Mensch psychisch traumatisiert ist, ist in den meisten Gesellschaften nach wie vor hoch tabuisiert. Kein Mensch will es hören, dass er traumatisiert ist, schon gar nicht psychisch. Viele meinen sogar, das wäre das Schlimmste, was man ihnen sagen könnte. Gestresst, ja! Aber traumatisiert, nein! Man hat doch keinen an der Klatsche«*[14]

Jeder Mensch möchte psychisch gesund sein, für sein eigenes Leben und Erleben, sein Selbstbild und in Beziehung zu seinen Mitmenschen. Meine Einsicht aus meinen Erfahrungen von Bewusstseinsentwicklung ist, dass eine kontinuierliche und konsequente Aufarbeitung von Traumatisierung im Alltag erforderlich ist, um einen Umkehrprozess zu bewirken, durch den die Psyche mehr heilt als weiteren Schaden erleidet.

14 F. Ruppert, 2018, S. 167

Franz Ruppert benennt vier Anforderungen an eine gesunde Psyche:

> Innen und außen zuverlässig unterscheiden,
> Vergangenheit und Gegenwart differenzieren,
> Ich (meine Erfahrungen) und Du (Deine Erlebnisse) trennen,
> Realität und Illusion auseinanderhalten.

In dem Bewusstseinszustand der gesunden Psyche sind wir Menschen ihm zufolge offen für das Erleben von Realität und Gefühlen, können mit Konflikten umgehen und konstruktive Lösungen finden. Doch wenn Stresszustände aufgrund der Handlung oder unterlassenen Handlung eines anderen Menschen erlebt werden, die mit Ohnmacht und Hilflosigkeit einhergehen, subjektiv nicht bewältigt werden können und die eigene psychisch-emotionale Verarbeitung überfordern, wird die Psyche instabil und stabilisiert sich durch Dissoziieren, durch Abspaltung des inneren Erlebens, vor allem des Erlebens der Gefühle von Angst, Schmerz, Wut, Scham und dekompensiertem Stress. Die subjektiv nicht mehr zu bewältigende Realität wird psychisch ausgeblendet und verdrängt, um stattdessen eine annehmbare Ersatzrealität wahrzunehmen, die Traumablase. Kopf und Körper sind nun voneinander abgespalten.

> *»Psychotraumata bewirken, dass Traumazustände dauerhaft in der Psyche und im Körper eines Menschen gespeichert bleiben. Die unerträgliche Realität hat sich tief in sein Inneres hinein verlagert und besteht dort weiter, auch wenn die äußere Realität schon vorüber ist. Daher sind traumatisierte Menschen in einem Dauerstress-Zustand. Sie müssen enorm viel psychische Energie aufwenden, um ihre Traumaerlebnisse, die aus dem Körper immer wieder ins Bewusstsein aufsteigen, zu unterdrücken. Sie strengen sich ungeheuer an, das Eindringen der traumatischen Erinnerungen in ihre bewusste Wahrnehmung zu verhindern. Nur so können sie ihren Alltag einigermaßen bewältigen.«*[15]

Nach Franz Ruppert ist die subjektive Erfahrung für ein Psychotrauma entscheidend, es gibt keine Objektivität im Erleben eines Psychotraumas.

15 Ebd., S. 83

Daher kann es in einem mechanistischen Menschenbild nur als Defekt, als zu reparierende Funktionsstörung des Menschen angesehen werden. Eine wesentliche »Funktionsstörung« ist das Leben traumatisierter Menschen in abgespaltenen Schein-Realitäten, die er neben der Außenwelt und Innenwelt als »dritte Realitätsebene« bezeichnet.

Kollektiv traumatisierte Gesellschaften entstehen, weil Psychotraumata generationenübergreifend wirken. Ohne Heilung leben sie in die unbewusste Psyche verdrängt fort und werden unbewusst weitergegeben. Traumatisierte Gesellschaften bilden Strukturen in Familien, Schulen, Wirtschaft, Wissenschaft und Politik heraus, über die selbst erlebte und ungeheilte Traumatisierungen unbewusst weitergegeben werden. Das funktioniert wie eine Erbsünde. Doch trotz allgegenwärtiger individueller und kollektiver Traumatisierung verbleiben immer auch gesunde Anteile der Psyche, eine volltraumatisierte Psyche gibt es Franz Ruppert zufolge nicht, sodass immer auch die Möglichkeit einer Heilung des Traumas besteht.

In kollektiv traumatisierten Gesellschaften befindet sich nicht nur das Individuum in einem chronischen Übererregungsmodus, sondern die gesamte Gesellschaft ist permanent »busy« und befindet sich in einem chronischen Stresszustand. Wenn dieser Stresspegel nachlässt, kommen schnell Öde und Langeweile auf, da das innere Gefühlsempfinden abgestumpft und abgespalten ist. Zur Überlagerung dieses von den eigenen Gefühlen abgespaltenen Innenlebens ist die von sich selbst ablenkende Vergnügungssucht nach kurzfristigen, kurzlebigen und oberflächlichen positiven Gefühlsstimulationen sehr hoch und wird über soziale Medien noch weiter angetrieben. Für ein tieferes Empfinden gibt es durch die Abspaltungen der Psyche und Gefühle keine Ressourcen und keine Tragfähigkeit.

Die amerikanische Verhaltensforscherin Brené Brown teilt in dem TEDx-Vortrag »The Power of Vulnerability« die Erkenntnis aus ihren Studien über die Schattenseite der Verdrängung von Gefühlen mit: Wer negative Gefühle verdrängt, verdrängt auch die positiven Gefühle mit! Sie lassen sich also gar nicht hedonistisch selektieren und nur anteilig verdrängen, was Leiden verursacht. Sie gehören als Ganzes zum Menschsein dazu.

Der dritte Anteil der Psyche ist die Überlebenspsyche. Sie entwickelt für das Weiterleben in ihrer dissoziierten Schein-Realität, der Traumablase, Überlebensstrategien (s. Kap. 2.6) zur Bewältigung von Traumatisierung, die das erlebte Trauma ausblenden, abspalten, ins Unbewusste verdrängen und ersetzen. Schein-Realitäten kollektiv traumatisierter Gesellschaften können zum Beispiel politisch, religiös, ethnisch, technologisch oder wirtschaftlich legitimiert werden, die sich in der Realität miteinander vermischen und als Erfolgsgeschichten propagiert werden. Die Schein-Realität erfordert eine Schein-Identität als Subjekt und Akteur der Überlebensstrategien. Dies ist das »Ego«, das sich ausschließlich im Überlebensmodus befindet, für diesen gebraucht wird und von uns als Ersatz für unsere abgespaltene Identität erfunden wurde.

Mithilfe der Unterscheidung von gesunder Psyche, traumatisierter Psyche und Überlebenspsyche wird nun das im vorherigen Kapitel erläuterte Eisbergmodell noch differenzierbarer. An der Oberfläche befinden sich die materiellen Trauma-Überlebensstrategien der Überlebenspsyche, ihre außen sichtbaren Identifikationen und Zuschreibungen. Die traumatisierte Psyche wird ins Unbewusste verdrängt und mit ihr auch die gesunde Psyche, so wie bei Brené Brown die positiven Gefühle zusammen mit den negativen Gefühlen verdrängt werden. Damit ist kein bewusster Kontakt zwischen gesunder Psyche und traumatisierter Psyche mehr möglich, beide stecken im Unbewussten fest, d. h. das Trauma wird über die Überlebenspsyche, ihre Schein-Realität und Überlebensstrategien konserviert. Eine Heilung würde erfordern, dass die traumatisierte Psyche an die Oberfläche kommen darf und mit ihr die gesunde Psyche, sodass eine Heilung ermöglichende bewusste Verbindung erfolgt. Denn es ist immer die gesunde Psyche, die unversehrt von Abspaltung ist, nach Ganzheit strebt und zur Selbstheilung fähig ist.

Ich empfinde es als großen Segen und große Gnade, dass die traumatisierte Psyche nie von der gesunden Psyche ganz abgespalten werden kann. Selbst im Unbewussten bleiben sie miteinander verbunden, sodass Heilung immer möglich ist.

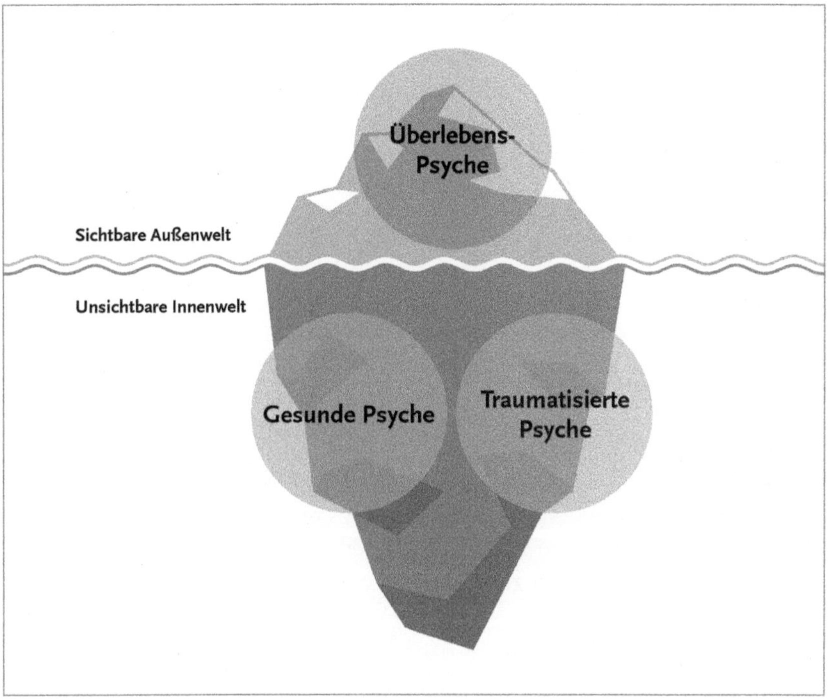

Abb. 4: Traumatisierte Psyche und Identität; eigene Darstellung

2.5 Täter-Opfer-Traumadynamiken

Im Klimaschutzjahr 2019 demonstrierten die Kinder und Jugendlichen gegen die rücksichtslose Zerstörung ihrer zukünftigen Leben durch ihre Eltern- und Großelterngeneration. Vielleicht spürten sie intuitiv hinter ihren politischen Forderungen und rationalen Argumenten, dass durch die Klimakatastrophe die gesamte zukünftige Menschheit über eine Täter-Opfer-Dynamik traumatisiert werden würde, in der sie die Opfer und die heute Erwachsenen, also ihre Eltern und Großeltern, die Täter sein würden.

Diese Rollen und ihre Verantwortung wurden in der Coronakrise von den Erwachsenen umgedreht, indem die Kinder solidarisch mit ihren Eltern und Großeltern sein mussten, indem sie gezwungen waren, zu Hause zu bleiben und von ihren Kontakten isoliert zu werden. Der Schutz ihres verbleibenden Lebens war und ist den heute Erwachsenen ungleich wichtiger als der Schutz allen kommenden Lebens der zukünftigen Generationen und führte im Gegensatz zu dem Anliegen der Kinder und Jugendlichen zu einschneidenden Freiheitsbeschränkungen. Der brutale Egoismus dieser Gesellschaft in ihrem Überlebensmodus »Survival of the Fittest« trat durch die Coronamaßnahmen erschreckend deutlich zu Tage. Er erinnert mich an die Schilderung von Andrew Harvey in seinem Buch »The Hope – A Guide to Sacred Activism«, wie er als Umweltaktivist im Vorfeld der ersten UN-Klimakonferenz von Rio im Jahr 1992 von einem CEO eines internationalen Agrarkonzerns zum Mittagessen eingeladen wurde. Dieser offenbarte ihm dabei ungeniert, wie lächerlich und vergeblich die Aufklärungsbemühungen von Umweltaktivisten über die ausbeuterischen und zerstörerischen Machenschaften der Agrarkonzerne seien, als ob sie und ihre Shareholder sich dessen nicht bewusst seien. Er wusste, dass die profitgetriebene Gier nach Macht und Reichtum ein Pakt mit »der dunklen Seite der Macht« war. Durch beste Verbindungen zur Politik sicherten er und seinesgleichen sich ab, jedoch sei er sich darüber im Klaren, dass er für seinen Pakt mit dem Teufel noch einen Preis zu zahlen haben würde.

Wie ein zu zahlender Preis aussieht, auf eine diabolisch verführte Weise von den eigenen ökologischen, sozialen, emotionalen und spirituellen Beziehungen als Lebewesen abgespalten gelebt zu haben, hat meine Partnerin in ihrer sozialpädagogischen Tätigkeit häufig erfahren: als Angst vor dem Tod, Härte und Bitterkeit im Gesicht der Sterbenden. Weil das eigene Leben nicht gelebt wurde und keine Liebe im Herzen spürbar ist, gibt es kein Gefühl der Erfüllung und keinen inneren Frieden, in dem ein bewusstes und würdevolles Loslassen, Abschiednehmen und Hinübergehen möglich wäre. Das Gesundheitswesen in einer traumatisierten Gesellschaft macht mit der Traumatisierung der Psyche profitable Geschäfte.

Auf welche heilsamen Einsichten und nachhaltigen Veränderungen können die sich für ihre Zukunft einsetzenden Kinder und Jugendlichen in einer kollektiv traumatisierten Gesellschaft hoffen, indem sie an die Politik und den rationalen Verstand appellieren? Sie haben uns Erwachsene als die Verantwortlichen in der Politik, Wirtschaft und Gesellschaft angeklagt und bei uns (zu Recht) die Schuld für die Klimakatastrophe gesehen. Dadurch haben sie die Rolle als Opfer eingenommen und uns Erwachsenen die unerwünschte Rolle als Täter zugewiesen. Das passte so gar nicht zu unserem mühsam aufgebauten Selbstbild und realitätsfernen Selbstverständnis einer ökologisch bewussten Generation mit einer nach wie vor bestehenden internationalen Vorreiterrolle Deutschlands.

Ich stehe hiermit zu meiner Verantwortung als einzelner Erwachsener und als Teil der Erwachsenen. Nur leider aktivieren Schuldzuweisungen häufig unheilsame Dynamiken bei den Betroffenen, weil dadurch eigene Traumaerfahrungen getriggert werden, die nun nicht mehr von den Überlebensstrategien der Überlebenspsyche verdrängt werden können. Die Kinder und Jugendlichen haben mit ihrem Verhalten (weitgehend) unbewusst eine generationenübergreifende Täter-Opfer-Traumadynamik ausgelöst, die sich bei den Coronamaßnahmen als Befreiungsschlag in Form eines Gegenangriffs zeigte: Als Reaktionen auf das Coronavirus wurden den Kinder von den Erwachsenen die Rolle von rücksichtslosen Tätern zugewiesen und sich selbst als Erwachsenen mit zunehmendem Alter die Rolle der Opfer.

Was für eine Umkehr der Verhältnisse aus dem Vorjahr durch zwei scheinbar auf der Sachebene unverbundene Ereignisse! Die Coronamaßnahmen waren innerpsychisch – zwar nicht nur, aber auch – eine unbewusste Gegenreaktion und Machtdemonstration der angeklagten Erwachsenen, die offenbarten, was die Anklage und Schuldzuweisungen der Kinder in ihnen ausgelöst haben und zu was sie fähig und bereit sind mit einschneidenden Maßnahmen zu schützen, wenn es ihnen wichtig ist. Der Klimaschutz und die Zukunft ihrer Kinder sind es offensichtlich nicht.
Desto länger sie in dieser traumatisierten Gesellschaft auf Kosten ihrer Mitmenschen und des Planeten über Jahrzehnte als (Mit-)Täter gelebt haben, desto mehr wurden diese Erwachsenen nun als Risikogruppe zu Opfern. Diese Umkehr einer Täter-Opfer-Traumadynamik ist nach Franz Ruppert typisch für eine traumatisierte Psyche, da Traumatäter selbst immer auch Traumaopfer gewesen sind und sich weiterhin auch als solche wahrnehmen. Ist und bleibt dieses Opfersein ungeheilt, wird es wie bei der Klimakatastrophe und der Coronakrise über die eigene Täterschaft an die nächste Generation weitergegeben.

Täter-Opfer-Dynamiken können sowohl auf individueller Ebene als auch auf kollektiver Ebene über institutionalisierte Trauma-Überlebensstrategien stattfinden. Für die individuelle Ebene sind individuelle Beziehungen in Familien, Partnerschaften und Freundschaften relevant, für die kollektive Ebene sind institutionalisierte Beziehungen relevant, z. B. Kriegstraumata durch Militäreinsätze, Leistungstraumata durch das Schulsystem, Existenz- und Konkurrenzkampf im Wirtschaftssystem, Mobbing und Machtmissbrauch im Arbeitsleben, Behandlung als mechanisches Objekt im Gesundheitswesen und soziale Formen der wirtschaftlichen und gesellschaftlichen Ausgrenzung.

Für die Täterschaft kommt es nicht darauf an, dass eine bewusste Absicht zur Traumatisierung eines Menschen vorliegt. Das würde zwar dem herkömmlichen Bild eines Gewalttäters entsprechen, doch erfolgt psychologische Traumatisierung häufig ohne bewusste Absicht, sondern durch die unbewusste Weitergabe von Traumatisierung aufgrund eigener unbewusster Traumatisierung. Die intra- und intergenerationale Traumavererbung über kollektive Trauma-Kettenreaktionen ist die Folge innerpsychischer Abspaltungen, die das eigene Wahrnehmen, Denken, Fühlen und Handeln vom Unbewussten aus prägen und durch Vorbild, Anpassung und Imitation an die nächste Generation weitergegeben werden.

Franz Ruppert erläutert in seinem Buch, dass Traumaopfer, die sich weiterhin im Umfeld des Täters befinden, versuchen, sich vor erneuten Traumatisierungen durch den Traumatäter über Anpassung zu schützen, d. h. sie fokussieren ihre Aufmerksamkeit auf den Täter, wodurch sie die Beziehung zu sich selbst und die Wahrnehmung ihrer Gefühle und Bedürfnisse noch stärker abspalten. Auch kann es zu um den Täter kreisenden Gedankenspiralen kommen, wie durch richtiges Verhalten zukünftige Traumatisierung verhindert werden kann oder auch wie die vergangene Traumatisierung hätte verhindert werden können. Diese Gedankenspiralen können sich nach meinen eigenen Erfahrungen zu einer Traumatrance im Kopf verdichten, die das ganze abgespaltene Denken hineinzieht, sodass es kaum noch davon freie Gedanken gibt.

Aus dem Opfer-Sein entwickeln sich Opferhaltungen als Trauma-Überlebensstrategien der Überlebenspsyche, vor allem auch ein sozial und ökologisch engagiertes Helfer- und Gutmenschentum, das eine sich aufopfernde Selbstausbeutung aufzeigt. Während meines Zivildienstes als Rettungssanitäter habe ich viele dieser Fälle erlebt, jedoch noch keine Spur von Verständnis für die Traumazusammenhänge gehabt. Viele pflegende Angehörige und Mitarbeiter in sozialen Berufen gehören zu diesen Menschen, die sich selbst aufopfern.

Die Verdrängung und Verleugnung des eigenen Opfer-Seins sind nach Franz Ruppert weit verbreitet, um die schmerzhafte Realität und die damit zusammenhängenden Gefühle von Schmerz, Scham, Schuld, Angst, Wut und Verzweiflung nicht wahrnehmen zu müssen. Aber auch die Traumatäter haben an dieser Verdrängung und Verleugnung ein großes Interesse, um ihr eigenes Täter-Sein und die damit zusammenhängenden Gefühle abzuspalten. So kommt es, dass eine falsche Harmonie zwischen Opfer und Täter über das gleichgerichtete Verdrängungs- und Verleugnungsinteresse besteht, die ein gemeinsames Zusammenleben in traumatisierten Gesellschaften ermöglicht. Dazu gehören auch die Anpassungssymptome der Täteridentifikation und Täterloyalität von Traumaopfern.

Aus Opferhaltungen und der Aufmerksamkeitsfokussierung auf das erlebte Trauma (»kognitive Traumatrance«) entwickeln sich Opferidentitäten mit abhängigen Persönlichkeitsstörungen und Trauma-Überlebensstrategien, in denen die Kontrolle im Umgang mit den Traumatätern zum Lebensinhalt wird und als Überlebenspsyche ihr ganzes Sein dominiert. Ein Ausstieg aus Opferidentitäten, Opferhaltungen und Täter-Beziehungen ist nach den therapeutischen Einsichten von Franz Ruppert nur über eine bewusste Aufarbeitung der Erfahrungen mit dem Zulassen und Annehmen der abgespaltenen Gefühle und Identität möglich.

Durch seine traumatherapeutische Arbeit offenbart sich häufig in der Psyche eines Traumaopfers bereits ein »Urtrauma« der Identität und der Liebe der Mutter, das zu frühkindlichen Bindungs- und Identitätsstörungen geführt hat. Die Aufarbeitung eines als Erwachsener erlebten Psychotraumas wird dadurch zur doppelten Herausforderung, sich zusätzlich zum gegenwärtig erlebten Trauma auch der eigenen biographisch bedingten Trauma-Identitätsentwicklung zu stellen.

Traumatäter verleugnen und verdrängen ihm zufolge vor allem über Abwertungen des Opfers, Selbstaufwertung und Legitimierung der traumatisierenden Handlungen, z. B. durch Bagatellisierung, Normalisierung, Individualisierung, Privatisierung, Sachzwänge, spaltende Feindbilder mittels Zuschreibungen, Ignorieren und Diffamieren von Opfern und Kritikern, Täter-Opfer-Umkehr und den Aufbau eines scheinbar menschenfreundlichen Pseudo-Ichs mit der Fassade von Normalität. Diese Fassade und Schein-Identität verhüllt die innere Leere von Traumatätern. Sie sind aufgrund ihrer Traumabiographien in der Regel selbst Traumaopfer, weshalb sie von ihrer Identität und ihren Gefühlen abgespalten sind. Daher können sie sich selbst auch in ihren Täter-Handlungen als unschuldig und als gerecht ansehen. Sie haben ihre Ängste und ihr Mitgefühl abgespalten, sind beziehungsunfähig und daher zu sehr destruktiven rational kalkulierten Handlungen fähig. In Wirtschaft, Wissenschaft, Politik und Gesellschaft werden erfolgreiche Eigenschaften von Traumatätern bewundert und systematisch belohnt. Als narzisstische Persönlichkeitsmerkmale treten sie in traumatisierten Gesellschaften gehäuft auf und weisen auf Täter-Opferidentitäten hin, die die Bewunderung ihrer Mitmenschen brauchen, für ihre Macht- und Profitinteressen ihre Beziehungen abspalten und opfern, leicht reizbar und nicht kritikfähig sind.

Auch für Traumatäter gilt meines Erachtens, dass sie sich wie die Opferidentität mit ihrer Täteridentität fast ausschließlich innerhalb der Überlebenspsyche und ihren Trauma-Überlebensstrategien befinden. Ein Traumatäter zu sein, ist bereits eine Überlebensstrategie, um durch Umkehr der eigenen Traumarolle vom Opfer zum Täter einen maximalen Abstand zum eigenen Traumaopfer-Sein herzustellen. Diese Abspaltung und Verdrängung ist jedoch nicht heilsam, sondern verstärkt als Traumatäter das eigene Opfersein nur. So habe ich es auch bei den eingangs dieses Kapitels geschilderten Erfahrungen empfunden, als ich 2018 beim Being-Peace-Retreat in Palästina war.

Anwendung:
Legen Sie nun bitte eine Lesepause ein, machen Sie sich Ihre eigenen Opfer- und Täterhaltungen bewusst, durch die Ihre Identität, Gefühle, Erfahrungen und Beziehungen abgespalten werden, und schreiben Sie diese auf. Beispiele sind »nur wenn ich leiste, bin ich gut genug«, »ich bin zu dumm und kann das nicht« oder »ich bin besser als die anderen«.

2.6 Traumatisierte Gesellschaften

Franz Ruppert befreit mit nüchternen Worten von trügerischen Illusionen über das Ausmaß gesellschaftlicher Traumatisierung:

»Bei näherer psychologischer Betrachtung schrumpfen alle großen Menschheitsprobleme auf Kindheitsprobleme zusammen. Die in der

Kindheit früh gestörte Psyche wird nie richtig erwachsen und inszeniert ihre Traumata auf den unterschiedlichen Bühnen des Lebens. Die Traumatisierung von Kindern durch ihre traumatisierten Eltern setzt sich fort und wird unterstützt durch verschiedene gesellschaftliche Systeme. Der Verlust des Ich-Bezugs und die überwiegende Außenorientierung, v. a. mittels Konkurrenz auf allen Daseinsebenen, werden als normal angesehen und nicht mehr hinterfragt. Traumatisierte und von ihren Gefühlen abgeschnittene Menschen wirken in die gesellschaftlichen Systeme hinein und formen sie. Diese gesellschaftlichen Institutionen wirken auf sie zurück und fügen ihnen ohne Bedenken Traumatisierungen zu. […] Wer in ein solches System hineingeboren wird, hat kaum eine Chance auf Individualisierung und gesunde Identitätsentwicklung. Er wird von Anfang an zum Traumaopfer gemacht und wird sogar gezwungen, in der einen oder anderen Form zum Traumatäter zu werden. Jeder Einzelne ist dann ein Rädchen in einem chaotischen Gesamtgetriebe, das durch äußere Rahmensetzungen mit viel Gewalt und Propaganda in ›Ordnung‹ gehalten werden soll. Menschen sind dann nur Teil einer Gesamtmasse von … (Eltern, Kindern, Schülern, Studenten, Arbeitern, Soldaten, Rentnern). Sie sind kaum in der Lage, sich emotional selbst zu regulieren. Das haben sie nie richtig gelernt. Daher sind sie abhängig davon, dass ihnen von außen Ziele vorgegeben werden. Sie greifen daher Regionalismen, Nationalismen und andere Gemeinschaftsideologien auf.«[16]

Täterhaltungen und Täterideologien sind in einer traumatisierten Gesellschaft und ihren Strukturen weit verbreitet und werden verschleiert, zum Beispiel als »Diskretion« eines Bankgeheimnisses, um Steuergelder zu hinterziehen oder über die Verbreitung eines gesellschaftlichen Narrativs von Wohlstand, Wachstum und Fortschritt. Traumatisierte Gesellschaften schützen über ihre Strukturen (unbewusst) Täter und ihre Handlungen, sodass sich Traumatisierung intra- und intergenerational verbreiten kann.

Als auch in Deutschland rasant wachsenden Schatten der kollektiven Traumatisierung nehme ich die zunehmende Aggression gegenüber Ab-

16 F. Ruppert, 2018, S. 166 f

weichlern wahr, in pauschaler Verurteilung und Abwertung als Menschen bis hin zu ihrer Bedrohung, weil sie sich nicht an traumatisierende und Täter schützende Verhaltensweisen anpassen wollen und dadurch nicht stillschweigend zu Mittätern werden wollen. Sehr viele Linke, Rechte und die bürgerliche Mitte, sowie zahlreiche Medien und ihre Journalisten mit dem Anspruch einer sachlich-objektiven Berichterstattung befinden sich im ihnen unbewussten Zustand der Kontrolle durch ihre traumatisierte Psyche und verbreiten ihre von unbewusster Traumatisierung geprägten Sichtweisen und Haltungen der gegenseitigen Angriffe und Schuldzuweisungen. Diese unheilsame Entwicklung hat sich seit der Flüchtlingsdebatte über die Klimakatastrophe bis hin zur Coronakrise immer weiter zugespitzt.

Traumatisierte Gesellschaften sind nach Ansicht von Franz Ruppert unfähig, Normalität von Trauma zu unterscheiden. In der Öffentlichkeit wird diskutiert, was Täter- und Opferhaltungen verbreitet. Inhaltlich ist nach seiner Auffassung häufig das Gegenteil der mehrheitlichen Meinungen und Sichtweisen wahr, was sich auch mit meiner Selbsterfahrung und Selbsterkenntnis mithilfe des Eisbergmodells deckt: Im dunklen Schatten unter der Oberfläche finde ich das verdrängte Gegenteil der sich im Licht sonnenden Spitze meiner Identität.

Traumatisierte Gesellschaften funktionieren durch Anpassung aus Angst, z. B. die Angst vor dem Verlust von Arbeit und Einkommen, die Angst vor dem Verlust von Ansehen und Status, die Angst, nichts wert und nicht geliebt zu sein, die Angst, nicht dazuzugehören und am gesellschaftlichen Leben nicht teilnehmen zu können. Diese Ängste vor dem eigenen Opfer-Werden mit dem Verlust der eigenen Identität und Integrität führen zur kollektiven Anpassung an Meinungen, Sichtweisen, Dynamiken und Strukturen, die in traumatisierten und traumatisierenden Gesellschaften die Beziehungen im Familien-, Schul- und Arbeitsalltag durchdringen. Damit machen wir uns selbst und uns gegenseitig zu Traumaopfern, die – wie auch zuvor von dem Neurobiologen Gerald Hüther beschrieben – ihre Identität und Integrität durch Anpassung aufgeben.

Solche Gesellschaften sind nicht zu echter Gemeinschaft fähig und daher Pseudogemeinschaften, die sich über gemeinsame und gleichzeitig ab- und ausgrenzende Identifikationen und Zuschreibungen definieren, anstatt über ihre eigenen Identitäten miteinander zu interagieren und zu kooperieren. Wer schon einmal in einer Gemeinschaft gelebt hat oder aktuell lebt und die

Erfahrung eines bewussten Gemeinschaftsbildungsprozesses gemacht hat, weiß sehr konkret, wovon ich spreche. Sich tatsächlich aufeinander einzulassen und miteinander in Beziehung zu treten, erfordert die Heilung und Transformation traumatisierter Identitäten, sodass gleichzeitig individuelles Sein und kooperatives Handeln aus der gesunden Psyche heraus möglich sind. Der später im 8. Kapitel vorgestellte U-Prozess ist ein individueller und kollektiver Transformationsprozess, durch den die innere spirituelle und emotionale Beziehungsfähigkeit als Basis für eine äußere soziale und ökologische Beziehungsfähigkeit wiederhergestellt werden kann.

2.7 Trauma-Überlebensstrategien (Traumakompensation)

> »*We are now living in a world in which all of us are consciously or unconsciously traumatized by what we can't help knowing about the world crisis, and this trauma and the desperation it induces fuel a host of addictive behaviors that are driving us into the arms of destruction.*«[17]

Trauma-Überlebensstrategien sind Strategien zur Bewältigung und Kompensation von Traumatisierung. Trauma-Bewältigungsstrategien oder Trauma-Kompensationsstrategien sind daher synonyme Bezeichnungen.

Ein Hauptmerkmal einer traumatisierten Psyche ist eine Angriffshaltung mit einer von dieser Angriffshaltung geprägten Wahrnehmung der Welt. Denn Traumatisierung ist ein erfolgreicher Angriff auf die eigene Psyche und wird im Unbewussten fortbestehend zum Fixpunkt und Bezugssystem für das eigene Denken, Fühlen, Handeln und auch Wollen. Wird ein heilsamer Umgang mit der Traumatisierung vermieden, kann der traumatisierte Anteil nicht wieder gesund werden und die Angriffsenergie sucht zur eigenen Entlastung Nahrung im Außen. Die Ernährung erfolgt über Trauma-Bewältigungsstrategien der Überlebenspsyche, die das innere Trauma äußerlich kompensieren. Diese Strategien nehmen vor allem die folgenden Formen an, für die traumatisierte Gesellschaften passende Infrastrukturen zur Verfügung stellen. Sie beinhalten trotz einer angestrebten äußeren An-

17 A. Harvey, 2010, S. 97

erkennung und Bestätigung durch die (traumatisierte) Gesellschaft immer auch die Fortsetzung des Angriffs auf sich selbst mit der Abspaltung von Identität, Gefühlen, Erfahrungen und Beziehungen.

Vergnügungsmodus (Hedonismus, Materialismus):
Aus der Traumaabspaltung wird innerpsychischer Mangel, der über körperbezogene weltliche Angebote für die Sinnesorgane und den abgespaltenen Geist kompensiert werden soll. Ziel ist, sich möglichst viele positive Gefühle zu verschaffen, die das innerpsychische Loch der fehlenden Ganzheit und Identität füllen sollen. Die Jagd nach Erleichterung durch kurzfristige und oberflächliche Gefühlsstimulationen beginnt. Eine Tragfähigkeit für das schnelllebige Aufhören dieser positiven Gefühle gibt es nicht. Daher muss die gefühlserzeugende Tätigkeit als Sucht schnell und ständig wiederholt werden, um keinen inneren Zusammenbruch zu erleben, der aber potenziell heilsam sein würde. Zur hedonistischen Überlebensstrategie passt auch die Aussage meines Heilpraktikers in Frankfurt am Main, dass sich viele Menschen nur noch beim Sport oder Sex spüren würden. Ansonsten befinden sie sich ständig von ihren Gefühlen abgespalten im Kopf.

Macht- und Dominanzmodus (Hierarchien, Utilitarismus, Narzissmus):
Die innere Leere, Ohnmacht und Bedeutungslosigkeit wird mit angenehmen Gefühlen von Selbstwirksamkeit durch Macht und Herrschaft über Mitmenschen kompensiert. Aufgrund der inneren Traumaabspaltung entstehen Gefühle von Kleinheit, Minderwertigkeit und eigener innerpsychischer Überforderung. Zur Kompensation fühlt sich der Missbrauch der Gleichheit und Gleichwertigkeit aller Menschen durch Macht- und Dominanzverhalten richtig und gut an. In dieser Trauma-Überlebensstrategie erfolgt eine hohe Identifikation mit der zugeordneten Verantwortung und Führungsrolle, die als Machtposition zweckentfremdet wird. Täter-Opfer-Traumadynamiken werden auf diese Weise privat in Beziehungen (Mann-Frau) und Familien (Eltern-Kinder) und beruflich in Unternehmen (Chef*in-Mitarbeiter*in) kollektiv verbreitet.

Machermodus:
Der Machermodus ist sehr verbreitet und gesellschaftlich höchst anerkannt, indem er zu erfolgreichen wirtschaftlichen Leistungen antreibt und führt. Er ist der Schatten des Unternehmers und Angestellten, der sich in Arbeit und

Leistung stürzt, hiermit identifiziert und darüber zu kompensieren versucht, was an anderer Stelle mangelt, v. a. das persönliche Beziehungsleben. Über den Machermodus erfährt der erfolgreiche Macher die gesuchte Anerkennung und Wertschätzung, jedoch nur oberflächlich. Das bringt keine Lösung des ursächlichen Mangels und Leidens in der Beziehung zu sich selbst und zu den Mitmenschen, sondern potenziell eine Verschärfung durch eine narzisstische Selbstaufwertung und Fremdabwertung über den Erfolg, den andere nicht (verdient) haben. Die Erwartungshaltung des von Erfolg gestärkten Egos an die Mitmenschen wechselt leicht und schnell von Anerkennung zu Bewunderung bis hin zur eigenen Selbstbestätigung durch den Neid und Misserfolg anderer.

Busy-Modus (Beschäftigungsmodus):
Ständig beschäftigt, ausgelastet oder überlastet zu sein verleiht Wert und Wichtigkeit in den Augen anderer. Die Mindestbelastung beträgt bereits 100 %, in Peak-Zeiten 120 % bis 150 %. Ruhe- und Erholungsphasen mit Auslastungen unter 100 % sind für das eigene Ansehen unerwünscht, sie sind auch schwer erträglich, da die Kehrseite der Selbstaufwertung bei einem hohen Auslastungsgrad die Selbstabwertung bei einem niedrigen Auslastungsgrad ist. Eine niedrigere Auslastung wäre aber wichtig, um die Aufmerksamkeit von der Außenwelt wieder abzuziehen, nach innen zu richten, sich selbst wieder zu fühlen und nach Belastungen wieder zu regenerieren. Doch das muss vermieden werden, um die eigene Identitäts-, Gefühls- und Beziehungslosigkeit aufgrund der innerpsychischen Traumaabspaltungen nicht in sich wahrzunehmen. Die Wirtschaftsleistung einer traumatisierten Gesellschaft muss zwanghaft wachsen, wenn ihre Akteure unter einem solchen Leistungsdruck stehen. »Being Busy« ist ein akzeptierter Vorwand, um abzutauchen und nicht mit sich selbst, den eigenen Gefühlen und den Mitmenschen in Beziehung zu sein. Der Burn-Out und psychosomatische Überlastungserscheinungen sind die vorprogrammierte Folge.

Karriere- und Geldmodus:
Das berufliche Ziel, Karriere zu machen, um möglichst viel Geld zu verdienen, ist Ausdruck einer sinnentleerten Gesellschaft, die sich von ihren Lebenskontexten abgespalten hat. Aus Angst und Unsicherheit der abgespaltenen Identität sollen Fehler für die eigene Zukunft vermieden werden und das geht in

einer kapitalistisch traumatisierten Gesellschaft am besten mit möglichst viel Geld. Vor allem in der Finanzwirtschaft dienen inzwischen viele Berufe und ihr Spezialwissen allein dem Ziel der Geldvermehrung. Ihre Vertreter beuten zu diesem Zweck häufig sich selbst, ihre Mitmenschen und ihre Natur aus. Als Trauma-Überlebensstrategie reicht üblicherweise nicht allein ein hohes Einkommen, sondern die Kombination mit weiteren zuvor genannten Überlebensstrategien ist dringend erforderlich, um die innere Leere und Not zu kompensieren. Gefühle von Selbstwirksamkeit durch einen erfolgreichen Macher- und Überbeschäftigungsmodus, durch Macht über Mitmenschen sowie durch Wohlstand mögliche Sinnesvergnügen und Statussymbole werden zum Grundfutter für die abgespaltene Ersatzidentität, um den Mitmenschen und sich selbst ein beeindruckendes Selbstbild zu bieten und damit gut dazustehen.

Durchhaltemodus:
Der Durchhaltemodus ist eine Trauma-Überlebensstrategie in privaten und beruflichen Kontexten. Er wird auf alle möglichen anhaltenden Beziehungen und Situationen angewendet, die ungeliebt, ungewollt und unerwünscht sind, für die aber aus Angst, Unsicherheit oder auch Bequemlichkeit das Aushalten dieses Zustandes einer Veränderung vorgezogen wird. Das kann für eine Partnerschaft und Ehe gelten, eine Arbeit oder – als doppelter Durchhaltemodus – für eine Kombination aus Beruf und Beziehung, z. B. als »Arbeitsehe« in der Landwirtschaft oder einer anderen gemeinsamen selbstständigen Tätigkeit als Paar und Partner. Im Durchhaltemodus gibt es keine innere Akzeptanz und Tragfähigkeit für die äußere Lage, sondern eine Abspaltung der negativen Gefühle und der sie fühlenden Identität, um nicht wahrzunehmen, was tatsächlich ist.

Anpassungsmodus:
Der Anpassungsmodus ist sowohl ein eigener Modus als auch der Metamodus der zuvor genannten Modi. Sie alle beinhalten Anpassungen an gesellschaftliche und wirtschaftliche Traumastrukturen, um in ihnen das bestmögliche Überleben für sich selbst zu sichern. Die Anpassung als selbstständiger Modus ermöglicht ihrerseits die eigene Unterordnung zugunsten des Macht- und Dominanzmodus ihrer Mitmenschen in beruflichen und privaten Beziehungen. Sie werden zu den unzähligen fleißigen Arbeitsbienen für das Funktionie-

ren der Traumastrukturen, um Sanktionen des Systems und damit weiteren Traumaschmerz zu vermeiden. Häufig braucht diese starke Anpassung aber eine Kompensation durch anderweitige Überlebensstrategien, durch die die Gefühle von Wut, Angst und Traurigkeit ausgedrückt werden können, die als Folge der Selbstabspaltung im Anpassungsmodus entstehen und verdrängt werden.

Widerstandsmodus:
Der Widerstandsmodus ist ein Aufbegehren gegen als ungerecht empfundene bestehende äußere Situationen und Zustände. Um die eigene Identität nicht darin durch Anpassung zu verlieren, wird sie durch Widerstand gegen diese Situationen und Zustände geschützt. Durch eine Aufmerksamkeitsfixierung auf die Außenwelt und ihre möglichen bedrohlichen oder günstigen Veränderungen verliert sich die Identität paradoxerweise dennoch darin, wenn die Beziehung zur eigenen Identität, wer man selbst ist und was man für sich selbst wirklich will, abgespalten wird. Der Widerstand wird dann zweckentfremdet und instrumentalisiert zur Identifikation mit der Ersatzidentität und ihrer Aufwertung z. B. als starke Persönlichkeit und Systemveränderer, durch die Aufmerksamkeit und Bestätigung erlangt werden. In der eigenen Psyche und in Gruppen kann dieser Modus leicht zum Saboteur werden, indem aus innerem Antrieb ständig eine Gegenposition eingenommen werden muss.

Fluchtmodus:
Das Leben und seine Herausforderungen übersteigen die aktivierten Kompetenzen und Ressourcen, damit umzugehen. Ein trennender Cut muss – häufig nach einem Anpassungs- oder Widerstandsmodus – als Einschnitt erfolgen, der ein Partner-, Berufs- und/oder Ortswechsel sein kann. Viel Hoffnung wird in die äußere Veränderung gesteckt, die inneren Muster, die diese äußeren Zustände erzeugt haben, bleiben dabei ungesehen und ungeheilt. Die Flucht wird nun als Rettung empfunden. Sie kann auch eine temporäre und notwendige Erleichterung mit Raum zum Krafttanken verschaffen und dadurch die Illusion eines Überwindens nähren, nur um sich nach Monaten oder Jahren wieder in ähnlichen persönlichen und beruflichen Traumadynamiken wiederzufinden.

Beschwerde- und Besserwissermodus:
Der Beschwerdemodus kooperiert gut mit dem Flucht- und Besserwissermodus. Aus der sicheren Distanz lässt sich sicher und geschützt Kritik an nicht anwesenden Dritten äußern und über deren Abwertung die eigene Ersatzidentität aufwerten. Die Politik eignet sich hervorragend hierfür, indem gegenüber den Politikern eine ohnmächtige Opferhaltung angenommen wird. Die Verantwortung für das eigene Leben und Sein wird dadurch abgespalten. Gleichzeitig mit dieser Selbstabwertung wird auch die eigene Freiheit verleugnet, sodass eine Kompensation erforderlich wird: der Besserwissermodus als Kehr- und Schattenseite des Beschwerdemodus. In der Abspaltung der eigenen Situation und in der Verführung des eigenen Geistes glaubt man, selbst vieles bis alles besser machen zu können, wenn man selbst in der machtvollen Situation der Täter wäre. Diese Haltung ist bei den gesellschaftlichen Themen der Politik, der Wirtschaft und des Sports sehr ausgeprägt, aber auch unter persönlichen Kontakten und Freunden, indem die gerade nicht anwesenden Personen über Beschwerden abgewertet und die eigene Identität über die darauf folgende besserwissende Meinung aufgewertet wird.

Helfer- und Heilermodus:
Das Hilfs- und Gutmenschentum kann wie erwähnt eine Trauma-Überlebensstrategie der Überlebenspsyche mit eigener Selbstaufopferung sein. Zur eigenen Kompensation und Selbstaufwertung wird Verantwortung für die durch Traumatäter verursachten ökologischen, sozialen und emotionalen Schäden übernommen. Viele auf Heilung, Therapie, Fürsorge und Pflege von Mitmenschen ausgerichtete Berufe dienen den Aufräumarbeiten von Traumatisierung. Häufig wird das eigene Trauma dahinter nicht gesehen und behandelt.

Ein heilsamer Umgang mit den eigenen Trauma-Überlebensstrategien ist gemäß Franz Rupperts eigenen Erfahrungen und Einsichten folgendermaßen möglich:

> *»Es bedarf der Übung, rechtzeitig wahrzunehmen, wenn ich in eine meiner Trauma-Überlebensstrategien rutsche und mich von alten Ängsten und Wutgefühlen leiten lasse, statt wahrzunehmen, was im Moment wirklich los ist. Ebenso braucht es große Klarheit, sich von den Trauma-Überlebensstrategien anderer nicht provozieren zu lassen und sich in den Strudel*

von Opfer- und Täterhaltungen hineinzubegeben. Jede Konfliktsituation könnte ein Anlass sein, näher hinzusehen, welche Traumatisierung dahintersteckt.«[18]

> **Anwendung:**
> Legen Sie nun bitte eine Lesepause ein, machen Sie sich Ihre eigenen Trauma-Überlebensstrategien bewusst und schreiben Sie diese auf. Ihre Strategien können den oben genannten Beispielen entsprechen, müssen es aber nicht.

2.8 Das mechanistische Welt- und Menschenbild

»Wenn der Gegenstand des Interesses aber lebendig ist, bleibt jeder Versuch, ihn zu erkennen und zu entdecken, indem man ihn zum Objekt macht und ihn gar in seine Einzelteile zerlegt, von Anfang an zum Scheitern verurteilt. Das, was ein Schmetterling ist, geht eben zwangsläufig verloren, sobald man ihn aufgespießt hat.«[19]

Das mechanistische Welt- und Menschenbild mag an dieser Stelle verwundern, doch ist es grundlegend für die gegenwärtige kollektive Traumatisierung westlicher Prägung. Die Zeitenwende vom Mittelalter zur Neuzeit brachte eine naturwissenschaftliche Befreiung von dem jahrhundertelangen geistigen, spirituellen, psychischen und emotionalen Missbrauch durch die Kirche und ermöglichte die Aufklärung und Säkularisierung.

Im Zuge der erfolgreichen Anwendung und Verbreitung der Naturwissenschaften wurde der Verstand von seinen geistigen und spirituellen Ketten befreit und wurde fortan zum Alleinstellungsmerkmal zur Erklärung der Welt und des Menschseins in dieser Welt erhoben. »Ich denke, also bin ich« lautet das berühmte Zitat des französischen Wissenschaftlers René Descartes im 17. Jahrhundert, das stellvertretend für die Identifikation mit dem logisch-rationalen Verstand steht.

18 F. Ruppert, 2018, S. 171
19 G. Hüther, 2017, S. 65 ff.

Franz Ruppert findet zu dieser Verherrlichung des Denkens und Abspaltung des Körpers klare Worte:

> »*Ich halte daher den Leib-Seele-Dualismus bereits für eine Trauma-Überlebensstrategie, weil Traumatisierungen bewirken, dass Menschen versuchen, den gefühlten Kontakt mit ihrem Körper zu minimieren, weil sie die Ängste und Schmerzen, die dieser Körper signalisiert, nicht ertragen können. Ein traumatisierter Mensch ist immer auch körperlich da, auch wenn er das bewusst nicht spürt.*«[20]

Damit der Verstand die komplexe Welt erklären kann, muss diese Komplexität drastisch reduziert werden. Das trifft ganz klar auf die naturwissenschaftliche Mechanik Newtons zu, so sehr sie uns Menschen auch einen enormen wissenschaftlichen und technischen Fortschritt ermöglicht hat. Aufgrund einer einfachen linearen Kausalität mit eindeutiger Richtung und Kraft können mechanische Bewegungen von Objekten mit dem logisch-rationalen Verstand erfasst, berechnet und geplant werden. Daraus entwickelte sich das Maschinenzeitalter und mit der Faszination für Maschinen und Technik der Glaube, die Welt und den Menschen mechanisch wie Maschinen wahrheits- und wirklichkeitsgetreu verstehen und abbilden zu können. Selbst den Wissenschaften, die den Lebewesen gewidmet sind, wie die Biologie und die Medizin, liegt das mechanistische Welt- und Menschenbild der Naturwissenschaften zugrunde. Die Medizin wird daher von Gerald Hüther als »Reparaturmedizin« bezeichnet, sie macht den Menschen zum Objekt. Das ist leider auch schon pränatal traumatisierend bei Schwangerschaften zu erfahren, bevor das neue Leben geboren wird. Angst und Unsicherheit werden bei der Mutter geschürt und Untersuchungen durchgeführt, die das eigene Fühlen der Verbindung mit dem ungeborenen Leben abspalten und durch eine mechanistische Fremdbestimmung ersetzen. Statt die sensible Psyche einer Schwangeren mit Vertrauen zu stärken, wird sie verunsichert und destabilisiert. So wird das neue Leben in der traumatisierten Gesellschaft empfangen. Wie wenig diese traumatisierte Gesellschaft und ihre mechanistischen Strukturen mit dem Leben verbunden sind und ihm vertrau-

20 F. Ruppert, 2018, S. 41

en, zeigt sich auf allen vier spirituellen, emotionalen, sozialen und ökologischen Abspaltungsebenen der Psyche, die ich im 3. Kapitel vorstellen werde.

Der Preis für den Erfolg der Naturwissenschaften inklusive der Befreiung von dem spirituellen Missbrauch der Kirche war und ist die Abspaltung, Verdrängung und Leugnung von jeglicher Emotionalität und Spiritualität, weil sie unsicher, nicht physisch sichtbar, berechenbar und vorhersehbar sind. Die Abspaltung alles Geistigen durch die Naturwissenschaften war eine Gegenreaktion, eine situative Befreiung aus dem damaligen Kontext, jedoch keine dauerhafte, da das kollektiv erlittene spirituelle Trauma mit dieser Abspaltung nicht geheilt wurde, sondern ins Unbewusste verdrängt wurde. Dort gärt es seitdem von unerlöster Angst und ungeheiltem Schmerz gepeinigt bis zur heutigen irrationalen Aversion gegen alles Spirituelle, das dem mechanistischen Weltbild der Naturwissenschaften hinzugefügt wird, auch wenn die Quantenphysik selbst diese Trennung von Geist und Materie bereits überwunden hat. Das komplexe Menschsein als Lebewesen muss innerhalb des mechanistischen Weltbildes in eine viel zu kleine Box gepresst werden, in einen Käfig eingesperrt, innerhalb dessen keine Weiterentwicklung möglich ist, die wir heutzutage so dringend brauchen, um die selbst verursachte existenzielle Menschheits- und Menschseinskrise zu lösen.

Das Festhalten an diesem Welt- und Menschenbild, das den Menschen trotz aller Menschenrechtsdeklarationen alltäglich in seiner Ganzheit angreift, entwertet und entwürdigt, betrachte ich inzwischen als größtes Hindernis, die selbstzerstörerische individuelle und kollektive Traumatisierung zu überwinden. Die zunehmende ökonomische, soziale und ökologische Destabilisierung der Gesellschaft führt zur Destabilisierung ihres ökologischen Muttersystems und ihrer sozialen und ökonomischen Töchtersysteme, deren Ausmaß und Bedeutung im mechanistischen Welt- und Menschenbild nicht wirklich verstanden werden kann. Instabile Systeme führen zu disruptiven Veränderungen, indem sie sprunghaft ihre kritischen Zustände wechseln, was am meisten diejenigen Menschen überfordert, die in ihrem Denken und Handeln von stabilen mechanistischen Rahmenbedingungen ausgehen.

Anwendung:
Legen Sie nun bitte eine Lesepause ein, machen Sie sich Ihre eigene Traumatisierung durch das mechanistische Welt- und Menschenbild bewusst und schreiben Sie diese auf.

2.9 Das Konkurrenz- und Leistungstrauma

»Fachidioten und Leistungssportler kann man durch Wettbewerb erzeugen, aber nicht umfassend gebildete, vielseitig kompetente und umsichtige, vorausschauend denkende und verantwortlich handelnde, in sich ruhende und starke, beziehungsfähige Persönlichkeiten. Solche Entwicklungen eines Menschen werden durch Konkurrenzdruck nicht ermöglicht oder begünstigt. Sie werden unter diesen Bedingungen verhindert. Wettbewerb erzeugt stromlinienförmige Angepasstheit, nicht aber Komplexität und Beziehungsfähigkeit. Auch nicht im Gehirn.«[21]

Konkurrenz und Wettbewerb scheinen normal und selbstverständlich für das Funktionieren unserer Gesellschaft und ihrer Wirtschaft zu sein. Das sind sie auch. Sie sind so normal und selbstverständlich für eine unfreie Psyche im ständigen Überlebenskampf wie die Traumatisierung dieser Psyche, die damit einhergeht.

Viele Menschen sind aufgrund ihrer Traumakonditionierungen festen Glaubens, Demokratie und Kapitalismus seien einander verträglich und förderlich, sie könnten friedlich koexistieren, so wie eine Konkurrenz- und Leistungsgesellschaft zusammen mit christlicher Nächstenliebe möglich sei. Was für ein fataler, traumatischer Irrtum, wie ich im 5. Kapitel über das Trauma der Wirtschaft aufzeigen werde! Die Verdrängungsleistung für diesen Glauben ist enorm, ohne massive Abspaltungen des eigenen Fühlens und Erlebens als Lebewesen ist er nicht haltbar.

Persönliche Erfahrungen

Ich schildere im Folgenden ein trauriges Beispiel für das Konkurrenz- und Leistungstrauma aus meinem eigenen Leben. Diesen Brief schrieb ich im Alter von 12 Jahren an meinen Vater:

Lieber Werner!

Vielen Dank für das Buch und für den Brief. In der Lateinarbeit hatte ich die besten Arbeit der Klasse: 0 Fehler und 2 Pluspunkte, weil ich 2 mal eine besseren Übersetzung geschrieben hatte. Ich hatte 3 Fehler Vorsprung. In Deutsch hab ich auch besten Test (1 Fehler Vorspsprung) und in Physik 0 Fehler.

Bis Bald dein Daniel.

21 G. Hüther, 2017, S. 80 f

Ist das Trauma für Sie sichtbar und spürbar? Da schreibt ein 12-jähriger Sohn an seinen Vater, den er seit 3½ Jahren aufgrund der Trennung seiner Eltern nur in 14-tägiger Wochenendteilzeit sieht. Das Bedürfnis, von ihm gesehen und anerkannt zu werden, ist riesig, doch für die dahinter befindlichen schmerzhaften Gefühle der Trennung gibt es keinen Raum, der heilsam für das Erlebte und Gefühlte sein könnte. Nur über die Sicherheit einer objektiven Leistung war für mich die Kommunikation mit meinem Vater möglich und darüber suchte ich seine Anerkennung. Die Konkurrenz mit meinen Mitschülern ermöglichte mir die durch Leistung verdiente Aufwertung meiner verletzten Identität und ihre leistungsgerechte Abwertung.

Ich war ein sehr guter Schüler eines elitären Gymnasiums, fügte mich erfolgreich in das Konkurrenzsystem ein und durfte für mich selbst auf keinen Fall versagen und enttäuschen. Gewinnen war ein Muss und wenn ich etwas falsch machte, wurde ich vor Scham knallrot und fing an zu schwitzen. Der Druck auf mich selbst als hochsensibles Wesen war gigantisch. Trotz meiner guten Leistungen als Schüler träume ich über 25 Jahre nach der Schulzeit gelegentlich noch den Albtraum, dass wir in der Schule gleich eine Klassenarbeit schreiben, es alle wissen und gut vorbereitet sind, ich hingegen vollkommen unvorbereitet bin, weil ich das nicht gewusst habe. Gleichzeitig bin ich äußerst geschockt darüber, dass ich das vergessen habe. Diese Situation kam zwar nie vor, aber die Angst vor dem Versagen und Scheitern sitzt so tief. Sie motivierte mich damals wohl noch mehr zu den guten Leistungen als der Wunsch nach Anerkennung. Aber selbst der zu dem Zeitpunkt erreichte Grad an Perfektion war nicht heilsam, im Gegenteil. Die Perfektion erhöhte den Druck und erschwerte für mich als Mensch die Entlastung, versagen und scheitern zu dürfen. Doch Scheitern und Versagen wären schmerzhaft gewesen, hätten ungeheilte Traumawunden in mir berührt. Also verbarg ich mich als Mensch sicher geschützt hinter der Leistungsmaschine und war gar nicht sichtbar.

Die von mir erfahrene Abspaltung meiner Identität ist nach Franz Ruppert auch eine unmittelbare Traumawirkung der Konkurrenz- und Leistungsgesellschaft:

»*Wer besser sein will als andere, muss immer auf die anderen schauen, damit diese ihn nicht überholen. Sein Blick ist nicht auf die eigenen Bedürfnisse und*

Fähigkeiten gerichtet, sondern auf die anderer Menschen. Konkurrenz macht blind für das Eigene und lenkt beständig von einem selbst ab.«[22]

Anwendung:
Legen Sie nun bitte eine Lesepause ein, machen Sie sich Ihr eigenes Konkurrenz- und Leistungstrauma bewusst und schreiben Sie es auf.

22 F. Ruppert, 2018, S. 38

3 Die vierfache Traumaspaltung

Die Unterteilung des im vorherigen Kapitel vorgestellten Psychotraumas mithilfe der Struktur einer vierfachen Spaltung ermöglicht eine differenzierte Betrachtung und Auseinandersetzung der Abspaltungen von Identität, Gefühlen, Beziehungen und Natur. Diese aufeinander aufbauenden Spaltungsebenen können anhand ihrer jeweiligen Symptome unterschieden und in ihren wechselseitigen Beziehungen erfasst werden. Im Zuge der systemischen Zusammenhänge gibt es eine Kausalkette der Abspaltungen von innen nach außen, d.h. von der Abspaltung der Identität (spirituelle Spaltung) über die Abspaltung der Gefühle (emotionale Spaltung) und die Abspaltung der Beziehungen (soziale Spaltung) bis zur Abspaltung der Natur (ökologische Spaltung), und gleichzeitig Rückwirkungen der nachfolgenden Spaltungsebenen auf die vorhergehenden, sodass eine sich selbst verstärkende Dynamik entsteht, die die Traumatisierung wie eine Art Teufelskreis aufrechthält. Die folgende Grafik enthält diese Struktur:

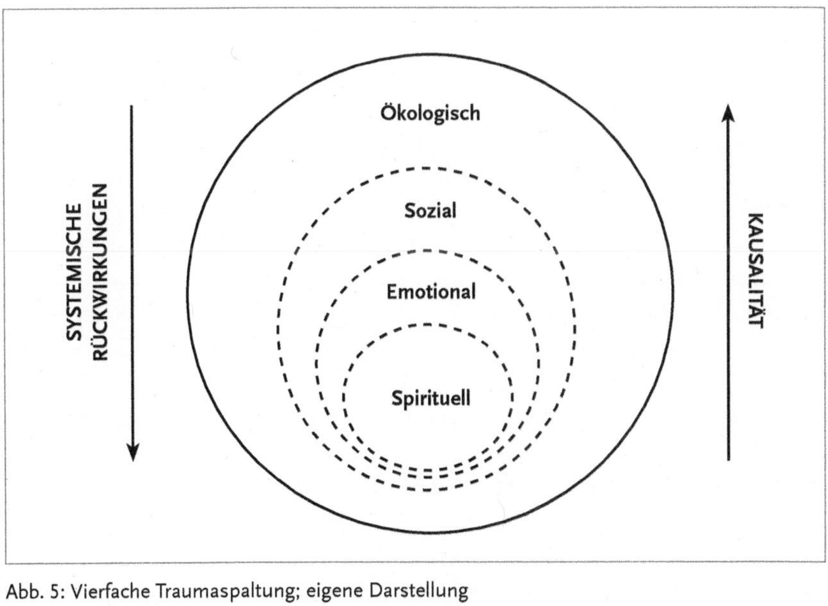

Abb. 5: Vierfache Traumaspaltung; eigene Darstellung

In diese vierfache Abspaltungsstruktur und ihre Traumadynamik werde ich in diesem Kapitel von außen beginnend und nach innen vorarbeitend einführen.

3.1 Die ökologische Spaltung als Abspaltung der Natur

Die ökologische Spaltung erfolgt im intellektuellen Verstand, der ständig mit den materiellen Objekten der Außenwelt beschäftigt ist. Diese nimmt er vom mechanistischen Weltbild geprägt weitgehend unabhängig von sich selbst wahr, ohne Beziehung zu dem Lebendigen in sich und in den Objekten, auch wenn diese wie der wahrnehmende Mensch selbst lebendige Subjekte sind.

Durch die Übertragung des mechanistischen Weltbildes auf den Menschen wird dieser auf eine logisch-rationale Maschine reduziert, die mechanisch unter Abspaltung der Beziehungen und Gefühle in der traumatisierten Gesellschaft und ihrer Wirtschaft zu funktionieren hat. Der Homo oeconomicus ist der idealtypische Wirtschaftsakteur angesichts dieser multiplen Abspaltungen als Lebewesen und dem darauf ausgerichteten ökonomischen Überlebenskampf unter kapitalistischen Spielregeln.

Bei der ökologischen Spaltung geht es vor allem um das richtige und korrekte Verhalten, wie man auf Veränderungen in der Außenwelt reagiert. In der Auseinandersetzung über die Klimakatastrophe ringen Klimaschützer und Klimaverweigerer zum Beispiel um das richtige Verhalten zur Begrenzung der Klimakatastrophe. Die ökologische Spaltung wird in dieser Debatte gleichzeitig beidseitig von der innerpsychischen sozialen, emotionalen und spirituellen Spaltung angeheizt, wodurch es zu Machtkämpfen um die Deutungshoheit, politische Durchsetzbarkeit, gegenseitigen Triggern von Traumaerfahrungen kommt, die den Verlust von Identität und Freiheit beinhalten und auf die Sachebene der politischen Diskussion übertragen werden. Dies geschieht zumeist unbewusst, die vermeintlich objektive Sachebene wird von diesen Dynamiken dominiert. Dennoch besteht der Glauben an rationale objektive Lösungen und daran ausgerichtetes Verhalten fort. Hier übersehen viele Klimaschützer, dass ihre eigene Konditionierung in eine Sackgasse geraten ist und die gesellschaftliche Spaltung anhand der Klimakatastrophe statt einer gemeinsamen Lösung die Klimakatastrophe vorantreibt. Politischen Druck aufzubauen und auf die Gegner auszuüben, damit sie sich den eigenen Vorstellungen und Erwartungen anpassen, entspricht dem als Trauma-Überlebensstrategie etablierten Macht- und Dominanzmodus, der weitere Traumatisierung und soziale Spaltung füttert. Der gesellschaftliche Zusammenhalt wird dadurch weiter destabilisiert und die zukünftigen Chancen auf eine gemeinsame und das Klima bewahrende Lebensweise sinken.

Das ökologisch Richtige zu tun, verkommt aufgrund des Einflusses der ökologischen, sozialen, emotionalen und spirituellen Abspaltungen zum gesellschaftlichen Macht- und Konkurrenzkampf. Aus der jeweils sehr hohen Identifikation der Klimaschützer und Klimaschutzverweigerer (Besitzstandswahrer) mit den eigenen Sicht- und Verhaltensweisen hervorgehend, entartet die politische Debatte in unsachliche und von unbewussten Traumagefühlen angetriebene Selbstaufwertungen und Fremdabwertungen der Gegenseite. Die steigenden Ansprüche und Erwartungen, ökologisch und sozial »perfekte Verbraucher« zu sein, überfordern uns und unsere Mitmenschen zunehmend emotional im Alltag und führen aus Selbstschutz vor dieser Überforderung zu Verweigerungshaltungen bis zu dem Phänomen der Klimaleugnung. Ohne die Aktivierung von sozialen, emotionalen und spirituellen Kompetenzen wird es keinen wirksamen Klimaschutz geben, das äußere Klima spiegelt das innere Klima ohne heilsame Verbindungen zueinander als Mitmenschen wider.

Zu den Auswirkungen des Macht- und Dominanzverhaltens auf die Umweltschutzdebatte äußert sich der spirituelle Umweltaktivist Andrew Harvey in seinem Buch

> *»The Hope – A Guide to Sacred Activism«: »Human Beings will never be convinced to change their ways by other human beings who try to humiliate them. In nearly every case, such condemnation only reinforces the behavior it is trying to end. […] One of the main reasons the environmental movement has failed to win more people to its cause is because of the fierce moralism of many of its pronouncements and the attitude many environmental activists project that they and they alone are ›right‹, while the rest of humanity is almost worthy of the extinction they are engineering.«*[23]

23 A. Harvey, 2010, S. 17 ff.

Infolge der inneren und äußeren Abspaltung und Verdrängung all dessen, was uns jenseits des rational-logischen Denkens als Lebewesen ausmacht, haben wir ein von den ökologischen Systemen der Natur getrenntes Wirtschaftssystem entwickelt, in dem wir Menschen unter der Trauma-Überlebensstrategie des »Survival of the Fittest« uns miteinander vergleichen und miteinander konkurrieren, was permanenten innerpsychischen Traumastress durch permanente Verlust-, Versagens- und Existenzängste triggert. Dieses Wirtschaftssystem richtet sich gegen unsere Beziehungen zur Natur, zu unseren Mitmenschen und zu uns selbst. Die Folgen sind nicht nur ökonomisch als Wachstum und sozial-ökologisch als Zerstörung sichtbar, sondern auch in dem daraus resultierenden traumatisierten Geisteszustand.

Der ökologisch gespaltene Geist ist nicht in Beziehung mit dem, was innerlich und äußerlich ist. Er ist mit seiner Aufmerksamkeit ständig bei den Objekten der Außenwelt und versucht, sein Überleben in dieser Außenwelt zu optimieren. Er kann nicht fühlen, was er wirklich braucht und was wirklich für ihn gut ist. Der sprunghafte und rastlose Geist – unter Meditierenden als »Monkey Mind« bezeichnet – folgt dem Prinzip einer Reiz-Reaktions-Maschine und wird somit von den Ereignissen der Außenwelt dominiert, auf die er jeweils bestmöglich im Rahmen seiner Konditionierung reagiert. Aufgrund der tieferen spirituellen Spaltung hat er keinen bewussten Einfluss mit seiner Schöpferkraft auf die Ereignisse der Außenwelt und fühlt sich diesen ausgeliefert. Dieser Geisteszustand ist meistens ebenso unbewusst wie ungeschult, ohne dass ein Zugang besteht, innere Kompetenzen für einen tragfähigen Umgang aktivieren zu können. Häufig ist zu beobachten, dass sich in diesem Geisteszustand Menschen in (politischem) Aktionismus verlieren, durch den die Außenwelt und die Mitmenschen sich zum Positiven verändern sollen, der aber gleichzeitig als Trauma-Überlebensstrategie, dem Helfer- und Heilermodus, von der Aufmerksamkeit für die eigenen innerpsychischen Vorgänge ablenkt. Die Vermeidung und Verweigerung des eigenen Transformationsprozesses kann also die unbewusste Absicht eines ökologischen und sozialen Engagements sein, auch wenn es mit dem bewussten Verstand betrachtet hierfür überzeugende rationale Gründe auf der Sachebene gibt.

Unterlassen und Nicht-Handeln, um weitere Spaltungsdynamiken zu unterbinden, sind erste heilsame Schritte, die in diesem gespaltenen Geisteszustand möglich sind. Dieses Unterlassen und Nicht-Handeln erfordert von sich selbst, anzuhalten und innezuhalten, um die innerpsychischen Dynamiken hinter den eigenen Handlungsmustern aufzudecken. Dadurch liefert man ihnen keinen Treibstoff mehr und kann einen bewussten Umgang mit ihnen finden. Das Unterlassen und Nicht-Handeln öffnen einen inneren Raum des Geistes für Transformation, um vom Anspruch des korrekten Handelns des Kopfes aus eine Ebene tiefer gehen zu können und sich mit dem Herzen zu verbinden.

Erst wenn die innere Transformation in das Verständnis von Nachhaltigkeit als eine ganzheitlich-systemische Nachhaltigkeit integriert wird, kann eine heilsame gemeinsame Vision von Nachhaltigkeit entstehen, die den Menschen in seinem gegenwärtigen Sein annimmt, mitnimmt und sich entwickeln lässt. Dann muss der Mensch von Klimaschützern und Klimaschutzverweigerern nicht mehr gegenseitig abgewertet werden für das, was er ist bzw. nicht ist und tut bzw. nicht tut, sondern kann sich in seiner Würde entfalten.

> **Anwendung:**
> Legen Sie nun bitte eine Lesepause ein, machen Sie sich Ihre eigene ökologische Spaltung bewusst und schreiben Sie diese auf.

3.2 Die soziale Spaltung als Abspaltung der Beziehungen

Die soziale Spaltung hat ihre körperliche Entsprechung im Herzen und wirkt sich intersubjektiv auf die zwischenmenschlichen Beziehungen aus. Aufgrund der tiefer liegenden emotionalen und spirituellen Spaltung sind unsere Herzen als traumatisierte Menschen aus Schutz vor weiteren verletzenden Angriffen überwiegend verschlossen, sodass wir in der Regel nur sehr wenige authentische und liebevolle zwischenmenschliche Beziehungen haben, die uns und diese Mitmenschen nähren. Doch häufig werden aufgrund der sozialen Spaltung die uns liebsten und nächststehenden Mitmenschen von uns mit unrealistischen Erwartungen überladen, unseren eigenen Mangel an Ganzheit und Fülle auszugleichen und sich entsprechend an unsere Bedürfnisse anpassend zu verhalten. Diese Traumahaltung wird dann zur (vergeblichen) Suche nach dem perfekten Partner bzw. der perfekten Partnerin, der bzw. die dann über diese besondere Beziehung unsere ökologische, soziale, emotionale und spirituelle Spaltung kompensieren soll. Doch die emotionale Spaltung sorgt dafür, dass wir nur Teile und nicht ganz lieben können, sodass wir tatsächlich gar nicht lieben, sondern zwischen dem Verlangen nach angenehmen Gefühlen und dem Verdrängen von unangenehmen Gefühlen als Menschen hin- und hergeworfen sind, wie eine Nussschale auf dem Ozean oder wie der ökologisch gespaltene Geist von objektbezogenen Gedanken.

Liebe wird auf diese Weise unmöglich, die im Alltag gelebte Liebe wird zu einem Besitzen, Festhalten und Klammern an den Partner bzw. die Partnerin. Die Folge des unerfüllten Bedürfnisses nach Liebe sind Angriffsgedanken, aus denen Vorwürfe und Schuldzuweisungen werden, die einen selbst auf den eigenen innerpsychischen Mangel zurückwerfen. Dieser Mangel muss letztendlich auch vom Partner bzw. der Partnerin getriggert werden, da aus diesem inneren Mangel die Sehnsucht nach einer vollkommenen und erfüllenden Liebe entspringt. Die Suche in der Außenwelt wirft uns trotz aller Vermeidungsbemühungen, sich auf die inneren Ängste und Widerstände einzulassen und diese anzuschauen, letztendlich auf die eigene Innenwelt zurück, indem die Suche in der Außenwelt den inneren Mangel und Verlust ständig widerspiegelt. Innerhalb der bestehenden Mangelkonditionierung wird dieser Traumaspiegel der Außenwelt als von der eigenen Konditionierung unabhängiger Angriff verstanden, jedoch ist er ein Tor zu Transformation und Heilung, indem die Beziehung zur Innenwelt gesehen und für die Zusammenhänge Verantwortung übernommen wird.[24]

Unsere zwischenmenschlichen Beziehungen sind aufgrund der innerpsychischen Spaltungen also von dem Wunsch geprägt, uns positive Gefühle zu verschaffen. Diese sollen wiederum das unsere Identität ersetzende Selbstbild nähren, in dem trotz der Spaltungen (wieder) alles mit uns in Ordnung ist. Wie ich anhand des Eisbergmodells gezeigt habe, werden wegen der Abspaltung der inneren Realität die Ursachen für Störungen des Selbstbildes im Außen gesehen, insbesondere in unseren Mitmenschen, wenn sie in uns

24 Aufgrund der innerpsychischen Dynamik, dass Liebesbeziehungen die Spaltungen triggern, die uns von der Erfahrung vollkommener Liebe abhalten, werden diese Liebesbeziehungen früher oder später zu Schuldbeziehungen, wenn diese Spaltungen nicht transformiert werden. Geld ist daher eine passende Widerspiegelung von Beziehungen als Schuldverhältnissen. Bemühungen in der Außenwelt, ein alternatives Geldsystem einzuführen, werden ohne innerpsychische Transformation scheitern.

unangenehme statt angenehme Empfindungen verursachen. Freundschaften werden in der Regel nach diesem einfachen Prinzip der gegenseitigen Selbstbestätigung aufgebaut und enden häufig, wenn diese Dynamik abbricht. Um dies zu vermeiden, greifen wir in unseren Beziehungen gerne auf die Überlebensstrategie des Dominanzmodus zurück, die beim Freund und Partner bzw. der Freundin und Partnerin zu von uns gewünschten Verhaltensanpassungen führen sollen. Oder wir flüchten uns in einen Macher- und Beschäftigungsmodus und besorgen uns dadurch anderweitige Anerkennung von außen. Hierarchien in Gesellschaften und Organisationen sind etablierte Strukturen für Trauma-Überlebensstrategien, die der Disziplinierung von Verhalten durch Dominanz dienen. Die Kehrseite von Anpassung an Dominanz ist die Unterdrückung der eigenen Identität, wodurch die innerpsychische Transformation und Aktivierung von Kompetenzen ebenfalls unterbunden wird. Beidseitige Freiheit ist innerhalb der sozial gespaltenen Traumakonditionierung, ihren Beziehungsdynamiken und Überlebensstrategien nicht möglich, sondern nur als Freiheit von dieser Konditionierung.

Die Beeinflussung unserer Mitmenschen dient dem innerpsychischen Zweck, dass wir unsere unangenehmen und unerwünschten Gefühle nicht fühlen und uns ihnen nicht stellen müssen. Solange wir aufgrund der tieferen spirituellen Spaltung unsere tatsächliche Identität ablehnen, leben wir als Menschen, die sich selbst verleugnen, und können nicht die gesamte Bandbreite an Gefühlen und Beziehungen in uns zulassen. Die eigene Selbstablehnung ist so traumatisch und schmerzhaft, dass schmerzhafte Erfahrungen, die uns an diesen Schmerz erinnern, massiv vermieden und verdrängt werden. Die Komfortzone von Besitz, Status, Macht, Reichtum, Sex, Konsum und Bequemlichkeit soll uns einen Sicherheitsabstand zu diesem Traumaschmerz verschaffen. Der schmerzhafte traumatische Bruch zieht sich jedoch durch unser Sein, Denken, Fühlen, Handeln und unsere Beziehungen. Infolgedessen werden wir in unserem Sein fragmentiert und selektiv in unseren Beziehungen, in denen wir nach Ablenkung und Schmerzvermeidung durch angenehme Gedanken, Gefühle und Selbstbilder suchen.

Mit einer unauthentischen Lebensweise täuschen wir eine glückliche und erfüllende Ersatzidentität durch Anhaftungen und Identifikationen vor, die immer mehr zu einer äußeren Hülle und Fassade verkommt, die unsere Mitmenschen beeindrucken soll, innerlich aber von abspaltungsbedingtem Mangel geprägt ist. Das Eingeständnis des Scheiterns dieser Lebensweise fällt individuell und kollektiv schwer, da dadurch wiederum traumatische Verlust- und Versagensängste ausgelöst werden. So bleiben wir in einer selbst inszenierten und sich selbst verstärkenden Höllendynamik aus Schmerz- und Traumavermeidung stecken und gefangen, die unser eigenes Schicksal bestimmt. Das Festhalten an materiellem Wirtschaftswachstum als Wohlstandsindikator mit den verheerenden ökologischen Auswirkungen ist ein kollektives Beispiel hierfür.

Konkurrenz als gesellschaftliches und wirtschaftliches Organisationsprinzip schürt die Geistesgifte von Neid und Missgunst, die wiederum Ausdruck und gleichzeitig Auslöser von Existenz- und Identitätsängsten aufgrund der innerpsychischen Spaltungen sind. Empathie und Mitgefühl sind für die soziale Spaltung geeignete Gegengifte, jedoch erfordern diese Herzensqualitäten eine hohe emotionale Kompetenz, die über die Bereitschaft zur Transformation der tiefer liegenden emotionalen und spirituellen Spaltungen aktiviert wird.

Anwendung:
Legen Sie nun bitte eine Lesepause ein, machen Sie sich Ihre eigene soziale Spaltung bewusst und schreiben Sie diese auf.

3.3 Die emotionale Spaltung als Abspaltung der Gefühle

Die emotionale Spaltung ist eng mit der vorherigen sozialen Spaltung und der nachfolgenden spirituellen Spaltung verwoben. Unsere sozialen Beziehungen basieren auf Gefühlen und unsere Reaktionen auf Gefühle basieren auf Bewertungen von Akzeptanz und Ablehnung. Die Bewertung unserer Gefühle hängt wiederum mit dem Urteil gegen uns selbst, gegen unsere Identität und Ganzheit, und der daraus resultierenden schmerzhaften Trennung der spirituellen Spaltung zusammen. Aufgrund von tiefsitzenden Schuld- und Schamgefühlen für diesen Angriff und Verlust ist eine Hauptreaktion auf unangenehme Gefühle, sie zu vermeiden und nicht zu fühlen. Nur angenehme Gefühle sollen an die Oberfläche des Bewusstseins gelangen, unangenehme sind zu unterdrücken, falls eine Vermeidung nicht möglich ist.

Diese Konditionierung des Verlangens (Begehren) und der Abneigung (Aversion) wurde vom Buddha in der Zweiten Edlen Wahrheit der von ihm gelehrten Vier Edlen Wahrheiten als hochproblematisch und konflikterzeugend erkannt, nämlich als Ursache des Leidens. Das Verlangen wird von ihm in der zwölffachen Kette des bedingten Entstehens als Folge von Unwissenheit bezeichnet. Aus der Unwissenheit über die eigene Identität und die letztendliche Realität jenseits aller vergänglichen Erscheinungen entsteht ein konzeptionell getäuschtes Bewusstsein, das dem menschlichen Alltagsbewusstsein entspricht. Dieses konzeptionell getäuschte Alltagsbewusstsein, in dem der Mensch weder weiß, wer er ist, noch was wirklich ist, bildet den Nährboden für Begehren und Abneigung sowie weitere Geistesgifte, die ich im 4. Kapitel über die Verführung des Geistes erläutern werde.

Gefühle sind in der herrschenden mechanistischen Konditionierung des Menschseins unnötig und unerwünscht. Sie sind »unvernünftig« und »unmännlich«, sie gehören nicht in die Arbeitswelt und stören ihre Abläufe, denn sie verhindern bei uns Menschen das logisch-rationale Funktionieren wie eine Maschine. Mit der Negierung von Gefühlen geht nicht nur die Abwertung von Kompetenzen im Umgang mit Gefühlen für sich selbst einher, sondern auch die Abwertung von sozialen und ökologischen Beziehungskompetenzen für die Mitmenschen und Natur, die in der Folge verdrängt und abgespalten werden. Durch diese emotionalen, sozialen und ökologischen Abspaltungen werden insbesondere Männer bedürftig und entwickeln zunehmend narzisstische Beziehungsmuster, in denen sie einseitig Aufmerksamkeit und Anerkennung in Form von Bewunderung bekommen, da sie ohne Zugang zu ihren eigenen Gefühls- und Beziehungskompetenzen sich selbst und ihren Mitmenschen nichts geben können.

Gleichzeitig erfolgt mit der emotionalen Spaltung die Abwertung von Frauen, da Rationalität und Vernunft im mechanistischen Menschenbild als starke männliche Eigenschaften und Beziehungskompetenzen als schwache weibliche Eigenschaften angesehen werden, die man als echter Mann nicht haben darf. Es sind jedoch genau diese von uns Männern abgespaltenen Eigenschaften, die uns als fühlende Lebewesen auszeichnen, mit denen wir zwischenmenschliche Beziehungen aufbauen und mit denen wir Konflikte lösen: Vertrauen, Empathie, Mitgefühl, Offenheit, Ehrlichkeit, Bereitschaft, Akzeptanz und Tragfähigkeit.

Die emotionale Spaltung ist besonders ausgeprägt in der Wirtschaft und Wissenschaft, zum Beispiel benennt und beschreibt der Bewusstseinsforscher Otto Scharmer in der Theorie U, die ich in diesem Leitbild als Grundlage des individuellen und kollektiven Transformationsprozesses noch vorstellen und anwenden werde, die ökologische, soziale und spirituelle Spaltung als in der Außenwelt sichtbare Phänomene, jedoch vergisst er die emotionale Spaltung und die Erforschung der Ursachen dieser vier Spaltungen in der Psyche. Diese Traumakonditionierung der Außenweltfixierung und Gefühlsabspaltung wird uns über die Erziehung in einem leistungsorientierten Konkurrenzsystem antrainiert. Gleichzeitig wird uns als Menschen die Entfaltung unserer hochsensiblen und hochbegabten Beziehungskompetenzen über den Anpassungsdruck an dieses System von Selbstentwertung und Fremdbestimmung abtrainiert. Dazu dienen die Zuschreibungen von »Männlichkeit« und »Rationalität« als Stärken sowie »Weiblichkeit« und »Emotionalität« als Schwächen. Die Kompensation des Verlustes der Ganzheit und Beziehungsfähigkeit der eigenen Identität erfolgt bei Männern dann häufig durch aufmerksamkeitssüchtige Verhaltensweisen, vorzugsweise über die systemkonforme Identifikation mit lauten und leistungsstarken Motoren und Maschinen, z. B. Autos, Motorräder und Traktoren, deren Besitz mit dem Ziel der Bewunderung eindrucksvoll zur Schau gestellt wird.

Die emotionale Spaltung wird von mir nicht im Herzen, sondern im Oberbauch verortet. Die Lage entspricht dem Solarplexus-Chakra in der Yogalehre der sieben Chakren. Auch wenn der Sitz der Gefühle weit verbreitet im Herz gesehen wird, äußern sie sich meines Erachtens dort zwar über unsere sozialen Beziehungen, werden jedoch im Oberbauch erzeugt. Emotional bedingtes Bauchweh bei hochsensibel veranlagten Menschen, das bekannte Grummeln im Bauch oder auch das Bauchgefühl weisen darauf hin, dass die Gefühle hier im Bauch bereits unterhalb der bewussten Wahrnehmung im Herzen entstehen. Die Verbindung zur spirituellen Spaltung ist sehr eng, denn aus der Selbstablehnung gehen unmittelbar gewaltige Trennungsschmerzen mit Scham-, Schuld-, Verlust- und Versagensgefühlen hervor.

Die physische Spaltung vom Körper wird in dieser Unterteilung der vierfachen Spaltung in die emotionale Spaltung mit einbezogen. Dies wird zwar dem Körper als eigenständiger Dimension des Menschseins nicht gerecht, jedoch ist die Abspaltungsdynamik des Nicht-Fühlens des Körpers identisch mit dem Nicht-Fühlen der Emotionen: den Körper mit seinen Empfindungen nicht zu fühlen, um sich stattdessen mit den vermeintlich wichtigeren logisch-rationalen Gedanken des Kopfes zu identifizieren und von den Gefühlen abzuspalten.

> **Anwendung:**
> Legen Sie nun bitte eine Lesepause ein, machen Sie sich Ihre eigene emotionale Spaltung bewusst und schreiben Sie diese auf.

3.4 Die spirituelle Spaltung als Abspaltung der Identität

Die spirituelle Spaltung ist die Trennung von unserem tatsächlichen Selbst und führt uns im Transformationsprozess unserer Identität auf den Boden und Tiefpunkt, wo die Ursachen liegen. Dort hat in unserem Sein und Willen das Urtrauma der Selbstablehnung und Selbstverleugnung stattgefunden, das körperlich im Unterbauch angesiedelt und spürbar ist. Die Lage entspricht dem Sakral-Chakra in der Yogalehre der sieben Chakren. Von diesem Ausgangspunkt entspringen die Wurzeln des menschlichen Leidens mit den emotionalen, sozialen und ökologischen Abspaltungen. Eine Annäherung an diesen Tiefpunkt der Transformation vermeiden wir normalerweise mit allen zur Verfügung stehenden Mitteln und Schutzmechanismen.

Letztendlich kann jegliche weltliche Aktivität als Versuch angesehen werden, den größtmöglichen Abstand zwischen sich selbst und die Erinnerung an den Trennungsschmerz des Verlustes der eigenen Identität herzustellen. Jegliche Anhaftung und Anhäufung in der Welt kann als Kompensationsversuch dieses Urtraumas gedeutet werden, der aber immer auf die Wiederholung der Urtrauma-Erfahrung von Verlust und Trennung durch den unausweichlichen Tod hinauslaufen muss. In der Vergänglichkeit ist keine Lösung möglich, nur von der Vergänglichkeit, was die Transzendenz des körperbezogenen Selbstbildes und materialistischen Realitätsverständnisses hin zu einer nicht konditionierten Identität voraussetzt. Dieser Bewusstseinsprozess wird von der Psychologin Jane Loevinger in acht erwachsene Ich-Entwicklungsstufen unterteilt, die ich in Kapitel 7 vorstellen werde.

Die Selbsterkenntnis dieser Identität als Teil einer unveränderlichen und unvergänglichen Wirklichkeit wird je nach religiösem Kontext als Erleuchtung des Buddha (»Bodhi«), die Vereinigung (»*Yoga*«) der Seele (»Atman«) mit dem Göttlichen (»*Brahman*«) oder Erlösung des Sohn Gottes vom Tod durch den Vater bezeichnet (»*Auferstehung*«); und diese Wirklichkeit ist Nirvana, Brahman oder der Himmel.

Ein Symbol für das Urtrauma ist der biblische Sündenfall, die Vertreibung aus dem Paradies, die aber selbst verursacht ist, indem aus der Selbsttäuschung des eigenen Willens heraus die Selbstablehnung und Abspaltung der eigenen Identität und Integrität geschah. Die Folge dieses Traumas sind Gefühle von Schuld und Scham, von Verlust und Wertlosigkeit, Traurigkeit und Einsamkeit, die ständig unterdrückt werden müssen, um eine bewusste Wahrnehmung zu vermeiden. Nach den beiden Lehren des Buddhas über die 12-gliedrige Kausalkette des bedingten Entstehen und die fünf Daseinsfaktoren (»Skandhas«) gehen das chronische Mangelempfinden, das Begehren nach erfüllender Erfahrung, der Lebenshunger, die Identifikation mit dem Körper und das Anhaften an Sinneswahrnehmungen aus der Unwissenheit des von der Erkenntnis der Realität und seiner Identität abgespaltenen Bewusstseins hervor.

Drei Urängste können als Folgen des Urtraumas der spirituellen Spaltung identifiziert werden, die das menschliche Denken, Fühlen und Handeln dominieren:

> **Verlust- und Verzichtsangst,** sichtbar vor allem bei unsicheren Veränderungen, beim Teilen und Verteilen, wenn es z. B. um Nachhaltigkeit und Gerechtigkeit geht;
> **Versagensangst,** sichtbar vor allem bei Unwissenheit und Fehlern, z.B. im Zusammenhang mit dem Konkurrenz- und Leistungstrauma in der Schule;
> **Existenz- und Identitätsangst,** sichtbar vor allem durch Vermeidung von Leere und Stille, wenn Raum für die Wahrnehmung der Trennungsgefühle entsteht.

Ohne einen bewussten heilsamen individuellen und kollektiven Umgang mit diesen drei Urängsten werden nach meinen Erfahrungen und Erkenntnissen mit den systemischen Zusammenhängen von Innen- und Außenwelt sämtliche Bemühungen von nachhaltigen Systemveränderungen im Außen an diesen im Unbewussten unheilsamen Ängsten scheitern.

Die Schmerz- und Traumavermeidung steht hinter den Trauma-Überlebensstrategien der Überlebenspsyche, um die sich die individuelle und Alltagsgestaltung dreht und die uns individuell und kollektiv im unbewussten

Bann des Traumas festhält. Normalerweise ziehen wir es mithilfe dieser Überlebensstrategien vor, die Konfrontation mit unangenehmen Gefühlen zu vermeiden und bei Konflikten und Krisen, die uns innerpsychisch in einen potenziell heilsamen Transformationsprozess hineinziehen, zurück zur sicheren und vertrauten Eisbergoberfläche unserer gespaltenen Identität zu springen. Jedes äußere und innere Wahrnehmungsobjekt, das für eine Identifikation gut ist und unsere Ersatzidentität aufwertet und rechtfertigt, dient der Flucht vor uns selbst, vor der Konfrontation mit dem Trauma und damit auch vor der möglichen Heilung. Jede Form von Ersatzidentität bleibt jedoch eine konditionierte Wirkung mit dem Urtrauma als Ursache, die in ihrem Wesen vergänglich, wechselhaft und unzuverlässig ist, wie sehr wir uns auch um Stabilität bemühen. Heilung ist folglich nicht innerhalb dieser Ersatzidentität möglich, sondern nur von dieser Ersatzidentität.

Infolge der spirituellen Spaltung glauben wir also, dass wir das Wissen und die Verbindung verloren haben, wer wir wirklich sind, sodass wir unser wahres Selbst kontinuierlich durch Selbstbilder ersetzen, die auf flüchtigen und die meiste Zeit unbewusst wahrgenommenen Gedanken und Gefühlen beruhen. Ein klarer Hinweis auf eine Verwechslung einer falschen Identität mit unserem wahren Selbst ist zu glauben, dass wir durch ein erfolgreiches Ereignis in der Welt eine Aufwertung erfahren. Tatsächlich bestätigen wir damit den Glauben an die Macht der Welt über uns, unser Sein und unsere Identität durch eigene Identifikationen und fremdbestimmte Zuschreibungen zu definieren. Damit leugnen wir weiterhin unsere tatsächliche Identität, die weder wir selbst noch die Welt gemacht haben.

Wer wir wirklich sind, kann nicht unsere eigene Schöpfung durch Selbstbilder sein. Was auch immer wir als unsere imaginäre Identität erschaffen, muss eine Entschädigung und ein Ersatz für den traumatischen Verlust sein, den wir erlebt haben und in die trübe Unwissenheit unseres Unterbewusstseins verdrängt haben. Im Folgenden glauben wir, nichts mehr zu sein, und vermeiden es, das als Leere und Wertlosigkeit in uns wahrzunehmen, indem wir uns an Gedanken, Gefühle und jede verfügbare Form von Materie anhaften, die uns gut genug zu sein scheinen, um sich damit – die Leere und Wertlosigkeit kompensierend – zu identifizieren. Diese Identifikationen sollen das Urtrauma verdrängen und die Identitätslücke schließen, sodass eine Aufarbeitung durch Eintauchen in einen Transformationsprozess unnötig und nutzlos wäre.

Befreiung kann aber nur im innerpsychischen Tauchgang gefunden werden. Wenn wir aufhören, dagegen anzukämpfen und nichts tun, werden wir durch die innerpsychische Schwer- und Heilkraft mit dem Trauma in Kontakt gebracht. Da wir jedoch glauben, dass wir mit unserer Identität alles Wertvolle verloren haben, gehen wir nicht davon aus, dass in der dunklen Tiefe des verdrängten Unterbewusstseins noch etwas Wertvolles zu finden ist. Daher erscheint es auch nicht lohnenswert, sich den Ängsten zu stellen. Häufig öffnen wir uns erst, wenn wir plötzliche Veränderungen in Form von Leiden oder Bewusstseinserweiterungen erfahren.

Im Kontext der spirituellen Spaltung wird die Einheit von Schöpfer und Schöpfung aufgespalten. Sie bewirkt auch die Subjekt-Objekt-Trennung der äußeren Realität. Die äußere Welt wird zum Spiegel dieser Spaltung, indem sie scheinbar objektiv und unabhängig von uns und unserem Einwirken nach mechanischen Gesetzen existiert. Unsere Schöpferkraft, die weder von uns getrennt noch abgestellt werden kann, wirkt nun über unser Unterbewusstsein und kreiert die darin verborgene Traumatisierung in die Außenwelt als Abspaltung hinein.

Die heilsamen Geisteskräfte für die Konfrontation mit dem Trennungsschmerz, der Traurigkeit und Depression im Tiefpunkt des U-Transformationsprozesses sind Akzeptanz und Vergebung. Beide beginnen in und bei uns selbst, erst über das bewusste Wiederverbinden der eigenen Ganzheit kann ein schöpferisches Ausdehnen auf die Mitmenschen und Umwelt erfolgen. Hier ist es wichtig, sich selbst nicht mit Ansprüchen und Erwartungen zu überfordern. Empathie und Mitgefühl gelten zunächst sich selbst als Wegbereiter für Akzeptanz und Vergebung. Die Selbstheilung des Urtraumas führt zur Wiederentdeckung der eigenen Ganzheit und inneren Fülle, aus der heraus eine Zufriedenheit und selbstgenügsame Suffizienz in Bezug auf die eigenen Ansprüche und Bedürfnisse an die Außenwelt mühelos erwächst. Die heilsame Transformation der Identität wandelt den Bedürftigen in einen Erfüllten und den Nehmenden in einen Gebenden.

Anwendung:
Legen Sie nun bitte eine Lesepause ein, machen Sie sich Ihre eigene spirituelle Spaltung bewusst und schreiben Sie diese auf.

4 Trauma der Verführung

Das Trauma der Verführung spielt eine wesentliche Rolle für die Dynamiken des menschlichen Handelns. In unseren gedanklichen Fiktionen können wir sehr tatkräftig und mutig sein und sind dennoch ängstlich und zaghaft bei der Umsetzung in der tatsächlichen Situation. So geht es nicht nur exponierten Personen wie Politikern, die für ihren Wahlerfolg vielversprechende Reden halten und damit Begeisterung hervorrufen, sondern auch uns weniger beachteten Normalbürgern im Alltag. Nicht nur die unbewusste Psyche macht uns einen Strich durch unsere Pläne und Absichten, sondern diese sind selbst bereits verfälscht worden durch die Verführung unseres Geistes. Unsere Gedanken sind deshalb unrealistisch, von unserer Identität und Realität abgespalten. Sobald Politiker Verantwortung tragen, scheitern sie daher kläglich an der Realität, auf die sie treffen, in der sie unter dem Druck verschiedenster einflussreicher Erwartungen stehen. Ebenso scheitern wir mit unseren Vorstellungen und Erwartungen an uns selbst, sowie an unseren Eltern, Partnern, Kindern, Freunden, Vorgesetzten, Mitarbeitern und Kollegen, wenn wir auf sie treffen.

Wie kommt es zu solchen Fehlwahrnehmungen und unrealistischen Selbsteinschätzungen der eigenen Grenzen und Möglichkeiten? Was passiert in unserem Geist, sodass er nicht mit der Wirklichkeit in Beziehung ist? Und was passiert in Machtsituationen in uns, wenn sich unsere Ohnmachtsgefühle und Anpassungsstrategien in Machtgefühle und Dominanz über unsere Mitmenschen verwandeln?

Diesen Fragen und Erfahrungen ist dieses Kapitel gewidmet, zunächst über eine Beschreibung der Dynamiken der kollektiven und individuellen Verführung im Alltag. Im Anschluss daran zeige ich mithilfe von drei spirituellen Ansätzen verschiedene Möglichkeiten für einen heilsamen Umgang mit den Alltagsverführungen des Geistes auf:

- dem modernen »Sacred Activism«, einer Fusion aus spirituellem Mystiker und Umweltaktivisten,
- dem (tibetischen) Buddhismus und
- dem in dem Selbstkurs zur vollkommenen Transformation der konditionierten Identität »Ein Kurs in Wundern« gelehrten Christentum.

Darauf folgt als Exkurs eine Interpretation der filmischen Umsetzung der Verführung des Geistes durch die »Macht« in dem Epos »Der Herr der Ringe«, bevor ich abschließend konkret auf reale Alltagssituationen in Wirtschaft und Gesellschaft eingehe.

4.1 Die kollektive Verführung des Geistes

Die Verführung der Massen durch gezielte Manipulation hat der Neffe von Sigmund Freud, Edward Bernays, im letzten Jahrhundert mit seinen politischen und kommerziellen PR-Kampagnen in den USA salonfähig gemacht, erfolgreich verbreitet und institutionalisiert. In seinem Buch »Propaganda« von 1928 beschrieb er offen und direkt die Notwendigkeit, in einer Demokratie die Massen durch Manipulation zu kontrollieren, um ihre niederen Triebe und Instinkte im Zaum zu halten, die mentalen Abläufe und gesellschaftlichen Dynamiken zu steuern. Er wandte das Menschenbild seines Onkels Sigmund Freud an, jedoch nicht zum Analysieren und Therapieren, sondern zum aus seiner Sicht notwendigen Instrumentalisieren und Manipulieren. Mit seiner Sichtweise befand er sich damit im fundamentalen Gegensatz zu den Menschenbildern des Humanismus und der Aufklärung, die die ethisch-philosophischen Grundlagen für die Einführung der Demokratie mit vernunftbegabten, zur Freiheit und Verantwortung fähigen mündigen Bürgern lieferten. Gesellschaft war für ihn Chaos, das für ein geregeltes Zusammenleben organisiert werden musste. Die Lenker und wahren Herrscher waren für ihn nicht die Politiker, sondern die unsichtbaren Mitglieder eines Schattenkabinetts, die dank ihrer Fähigkeiten und angeborenen Führungsqualitäten im Hintergrund die Gesellschaft über die gezielte Beeinflussung der öffentlichen Meinung, der Gedanken und Bedürfnisse der Massen steuerten.[25]

Edward Bernays ist der Begründer der modernen Public Relations (PR) mit ihren Methoden der Beeinflussung bis hin zur Manipulation. Seinen Ansatz der Propaganda benannte er aufgrund von Imageproblemen des Begriffs später in Public Relations um. Als Kriegsberater des amerikanischen

25 vgl. Bernays, 2007, S. 11 ff.

Präsidenten mit psychologischer Kriegsführung und als Unternehmensberater der amerikanischen Wirtschaft mit Image- und Marketingkampagnen war er höchst wirksam und erfolgreich. Bis heute basiert die PR einer Regierung oder eines Unternehmens auf seinem Ansatz, der Massenmedien nutzt, um den Menschen bzw. der Zielgruppe die passende Meinung, Einstellung sowie das passende Narrativ zu vermitteln.

Nach heutigen Maßstäben war Bernays ein überzeugter Verschwörungstheoretiker, der gesellschaftliche Realitäten benannte, aber auch schuf. Für einen konstruktiven Umgang und eine gesellschaftliche Transformation der von ihm identifizierten und forcierten Manipulationen der Massen braucht es eine differenzierte Betrachtungs- und Vorgehensweise. Die gegenwärtigen Diskussionen um Verschwörungstheorien sind meistens leider keine ernsthaften Diskussionen, sondern häufig die Personen angreifende und diskreditierende Labels ohne sachliche Auseinandersetzung und Argumentation, die gesellschaftliche, wirtschaftliche und politische Manipulationsdynamiken aufdecken und benennen. Wir Menschen fühlen uns schnell persönlich angegriffen, wenn jemand von uns behauptet, dass wir traumatisiert oder manipuliert seien. Das widerspricht unserem freiheitlichen, aber unrealistischen Selbstbild und führt zu Abwehrreaktionen und Gegenangriffen. Darin können wir nicht mehr unterscheiden, dass wir auf die unerwünschte und verdrängte Erinnerung reagieren, dass wir tatsächlich durch Traumatisierung und Manipulation in unserer Identität angegriffen worden sind. Nun verteidigen wir uns gegen den erneuten Angriff, als ob es noch eine Unschuld und Unversehrtheit in uns zu schützen gäbe, dabei reagieren wir tatsächlich auf die in uns getriggerte Traumaaktivierung. Das gilt nach meinen Erfahrungen häufig für beide Seiten, die Verschwörungstheoretiker und ihre Gegner sowie für die Klimaschützer und die Klimaschutzverweigerer. Prominentestes Beispiel im Jahr 2019 war für mich die Klimaaktivistin Greta Thunberg als Zielscheibe von Diffamierung und Diskreditierung, Methoden der Propaganda und psychologischen Kriegsführung. Ihrerseits hat sie mit ihrer gegen Donald Trump gerichteten und personifizierten Wut und ihrem Panik-Appell diese Angriffe auch geschürt.

Traumatisierung und Manipulation sind längst alltägliche Bestandteile des Funktionierens unserer Gesellschaft, Wirtschaft und Politik. Die Manipulation der Massen ist aus meiner Sicht eine Verschwörung gegen den Humanismus, die Aufklärung und letztendlich gegen die Demokratie. Sie ermöglicht keine Entwicklung, keine Befreiung aus selbst verursachter Unmündigkeit und Befähigung zur kollektiven Selbststeuerung. Damit ist sie anti-evolutionär, menschen- und lebensfeindlich. Gleichzeitig wird sie den Überlebensstrategien der Überlebenspsyche gerecht, die ohne Heilung und Transformation wahrscheinlich tatsächlich Kontrolle und Steuerung brauchen, um nicht in primitivere Gesellschaftsformen zurückzufallen, in denen Macht willkürlich ohne Schutz des Individuums im Alltag vor allem durch physische Gewalt ausgeübt wird.

Manipulation oder Transformation der menschlichen Konditionierung scheint unsere Wahl als Menschheit für unsere Zukunft zu sein.

4.2 Die individuelle Verführung des Geistes

Ständige Alltagsgedanken, die sich um den Schutz des eigenen Körpers sorgen, zeugen von einer erfolgreichen Verführung mit dem Ziel des Angriffs auf unsere eigene Identität. Diesen Angriff durch Verführung haben wir verdrängt und akzeptieren seine Wirkungen auf unser Sein und unsere Wahrnehmung als Realität, indem wir uns fortan mit dem Körper identifizieren. Ihn zu schützen, wird in der Folge zur Normalität und Selbstverständlichkeit, um die sich die Aufmerksamkeit unserer Alltagsgedanken dreht. Die mechanistisch geprägte Kultur trägt wesentlich zum Angriff auf unsere Identität bei, da sie Ausdruck des Glaubens ist, dass es außer mechanisch organisierter Materie keine Realität und somit auch keine darüber hinausgehende Identität gibt.

Wir bewegen uns in unserem Alltagsbewusstsein ganz im Dienst der Identifikation mit dem Körper und haben erfolgreich verdrängt und vergessen, welche Dimensionen von Realität und Identität uns dadurch verloren gehen. Die schmerzhaften Verlustgefühle der spirituellen Spaltung unserer Identität bleiben aber erhalten und werden zum unbewussten Antreiber unseres Denkens, Fühlens und Handelns. Die Aufrechterhaltung des in seiner Identität angegriffenen und gespaltenen Geisteszustandes wiederholt sich als Verführung des Geistes jeden Tag über jeden einzelnen Gedanken, der eine Form der vierfachen Traumaspaltung beinhaltet. Eine andauernde »Traumatrance« ist das Ziel der Verführung des Geistes, die durch ständige Angriffe des Geistes (Geistes-Giftattacken) genährt wird, um den Geist in einem getäuschten und von sich selbst abgespaltenen Zustand zu halten.

Das Paradoxe an Heilung und Transformation ist, dass wir uns der inneren Erfahrung von Schmerz, Trennung und Verlust erneut stellen müssen, um unsere abgespaltene und scheinbar verlorene Identität wiederzuerkennen. Das ist ganz gegen unsere übliche Konditionierung, vor dem Schmerz zu fliehen, um uns zu retten, wenn uns etwas körperlich bedroht. Der abgespaltene Geist sorgt sich einerseits ständig um den Körper, flieht aber gedanklich permanent vor der gegenwärtigen Wahrnehmung des Körpers, indem wir unser Selbstbild kontinuierlich mit Gedanken über unsere Vergangenheit, Zukunft und gegenwärtigen Probleme füttern und daran anpassen. Wir identifizieren uns mit diesen Gedanken und halten sie für unsere Identität, sodass die Dauerbeschäftigung mit ihnen absolut gerechtfertigt erscheint, ja sogar verantwortungsbewusst. Dieser Zustand ist die Wirkung einer erfolgreichen Verführung des Geistes. Über ein bewusstes gegenwärtiges Wiederverbinden des Geistes mit dem Körper kann der Geist vom Denken wieder ins Fühlen kommen und den Trennungsschmerz hochkommen lassen, zulassen und annehmen, der in Geist und Körper verdrängt und gespeichert ist. Das bewusste Wiederverbinden wird durch das abspaltende traumatisierte Denken verhindert und durch das verbindende Fühlen ermöglicht. Die im 8. Kapitel vorgestellte Anwendung der Achtsamkeitsmeditation auf die vierfache Traumaspaltung dient dem Zweck der heilsamen Befreiung aus der Traumatrance durch die Geistesschulung, sich innerpsychische Abspaltung bewusst zu machen und sich wieder fühlen und verbinden zu können, um die Ganzheit der eigenen Identität wieder zu entdecken.

Leugnung und Verdrängung sind die gängigen Mittel, um die Konfrontation mit der Licht-Schatten- oder Gut-Böse-Konditionierung zu vermeiden, die unser Menschsein ausmacht. Hinweise auf den Erfolg der alltäglichen Verführungen sind die Trauma-Überlebensstrategien der Überlebenspsyche, die den Verlust unserer Ganzheit und Integrität kompensieren sollen. Diese von Traumatisierung angegriffene Überlebenspsyche steht den unzähligen alltäglichen Geistes-Giftattacken weitgehend schutzlos offen, solange es kein Bewusstsein für diesen Zustand und keine Aktivierung von Kompetenzen für eine wirksame Gegenwehr gibt. Als Konsequenz fehlt ein stabiler und tragfähiger Geistesfrieden, wofür wir keine Verantwortung übernehmen, eine unschuldige Opferhaltung einnehmen und die Ursachen im Außen sehen, also in einem Ereignis, in unseren Mitmenschen und ihren Handlungen. Wir versuchen dann diese Außenwelt zu beeinflussen und zu kontrollieren, weil wir glauben, dass wir wieder Geistesfrieden in uns haben werden, wenn sich die Außenwelt ändert und an uns anpasst. Für diese Haltung von Verdrängung im Innen und Kontrolle im Außen passt das mechanistische Menschen- und Weltbild ideal, da es uns die Negierung der Innenwelt und die Berechenbarkeit der Außenwelt anbietet.

Freiheit und Eigenverantwortung sind in diesem von Angriff und Verführung traumatisierten Bewusstseinszustand nicht möglich. Der Geist wird zu einer Reiz-Reaktionsmaschine auf die Außenwelt ohne innere Einflussmöglichkeiten. Dabei entscheiden wir ständig unbewusst, welche Bedeutung und welche Macht über uns wir den Ereignissen der Außenwelt geben. Im mechanistischen Welt- und Menschenbild gibt es kein Verständnis der eigenen Schöpferkraft und wie diese auf unsere Wahrnehmung der Welt wirkt. Wir fühlen uns von außen angegriffen und haben kein Verständnis, dass diese Angriffe lediglich bereits erfolgte Angriffe in unserem Geist widerspiegeln. Die Abspaltung unserer Traumagefühle und die Identifikation mit der logisch-rationalen Oberfläche unserer Identität verhindern, dass wir den Schmerz des Angriffs und den Verlust unserer Ganzheit als Folge des Angriffs in uns fühlen. Dadurch können wir auch keine Heilung und Resilienz fördernden Kompetenzen wie Achtsamkeit, Fühlbarkeit und Transformierbarkeit entwickeln.

Diejenigen, die sich nicht mit dieser Traumakonditionierung konfrontieren, weil sie es angeblich nicht brauchen und keine Probleme haben, brauchen immer andere, um für ihre Probleme verantwortlich zu sein. Es gibt niemanden, der als Mensch per se psychisch gesund ist, nur weil er es behauptet, sich so darstellt und es gerne wäre. Hinter dieser Haltung steckt meistens das traumabedingte Gefühl der Angst und Überforderung im Umgang mit dem Schmerz. Dazu zitiere ich erneut den Traumatherapeuten Franz Ruppert:

> *»Es ist eine große Illusion zu glauben, per se über eine gesunde Psyche zu verfügen. Wer eine möglichst gesunde Psyche für das eigene Leben zur Verfügung haben will, muss sich entsprechend darum kümmern. Die Psyche ist äußerst sensibel und störanfällig. […] Wir tun also gut daran, eher von der*

Wirklichkeit einer nicht gut funktionierenden Psyche auszugehen, als zu meinen, psychisch wäre alles in bester Ordnung bei uns.«[26]

Die Traumatisierung ist eine erfolgreiche Verführung des Geistes, letztendlich ist Traumatisierung das Angriffsziel der Verführung. Die innerpsychische Traumatrance muss durch ständige Wiederholung der Verführung des Geistes aufrechterhalten werden, um einen heilsamen und befreienden Umgang mit dem Trauma zu verhindern. Im Alltag traumatisierter Gesellschaften erfolgt die Aufrechterhaltung der Traumatrance weitgehend über die in Abschnitt 2.6 erläuterten gesellschaftlich legitimierten und akzeptierten Überlebensstrategien, die Geist und Sinne ablenken, berauschen und betäuben. Treten nun das traumatisierte Alltagsbewusstsein und seine Überlebensstrategien störende und irritierende Konfliktsituationen auf, findet eine Traumaaktivierung statt, die eine erneute Verführung erfordert, damit keine heilsame Situation daraus entsteht. Diese Verführung bietet Schein-Lösungen für Konflikte an, scheinbar verschiedene Optionen, mit denen die Traumatisierung aber tatsächlich ausnahmslos weiter gefüttert wird. Sie schwanken äußerlich zwischen eigener Unterlegenheit und Überlegenheit, innerlich zwischen eigener Selbstabwertung und Selbsterhöhung. Das eigene Bewusstsein ist und bleibt in Anlehnung an das »Drama-Dreieck« der Transaktionsanalyse in den Rollen von Opfer, Verfolger und Retter gefangen, auch wenn diese Rollen kontextabhängig wechseln können. Echte Win-Win-Lösungen mit einer Heilung des dem Drama-Dreieck zugrunde liegenden Traumas sind innerhalb dieser drei Rollen nicht möglich, aber das Bewusstsein über die Rollen als jeweilige Reaktionen auf ein Trauma bietet eine gute Grundlage für die Heilung und Transformation des Traumas:

Flucht & Rückzug (als Opfer): »Ich kann das nicht und die Welt ist gegen mich« – der Überlebenskampf in der Welt wird »zu viel«, das eigene angegriffene Ich wird als kleiner (schwächer) als die Bedrohung durch die Welt wahrgenommen; ein Gefühl der Überforderung tritt ein, Flucht ist die sich selbst schützende Reaktion darauf. Zum Beispiel kann auf die gegen sich vorgebrachten Argumente keine verbale Verteidigung erfolgen. Rück-

26 F. Ruppert, 2019, Wer bin ich in einer traumatisierten Gesellschaft, S. 47

zug kann durchaus eine gesunde und angemessene Reaktion auf eine Bedrohung sein, jedoch nicht hier im Kontext der Verführung des Geistes, die Rückzug gerne als vorübergehenden Waffenstillstand für einen anschließenden Rückschlag mit Vergeltung nutzt. Während des Rückzugs wird der Geist mit Gedanken für einen Gegenangriff gefüttert und in der Traumatrance gehalten. Die Vergeltung wird durch die eigene Unschuld für den zu Unrecht erlebten Angriff legitimiert, sodass der Gegenschlag wieder Gerechtigkeit herstellt. Die Verführung des Geistes kann auch einen Beziehungsabbruch vorschlagen und einreden, um sich selbst zu schützen und um dem Täter bewusst zu schaden. Ein Beziehungsabbruch kann aber auch einen verschleierten Angriff gegen sich selbst beinhalten, indem die Angriffsenergie der Verführung ihr Ziel weiterer Traumatisierung und Abspaltung erreicht. Schmerzhafte Trennungs- und Verlustgefühle sind der Preis für die erfolgreiche Verführung, können jedoch immer auch zur Heilung des Traumas genutzt werden.

Angriff & Gegenangriff (als Täter): »Ich bin stärker und werde es Dir zeigen« – das ist die scheinbar verdiente, angemessene und gerechtfertigte Reaktion. Ein Traumatäter sieht sich selbst wie im vorherigen Kapitel beschrieben meist als Opfer. Darüber wird er vom Opfer zum Täter und durch einen Gegenangriff auf den vorherigen Täter wird dieser zum Opfer der Vergeltung. Entweder erfolgt der Gegenangriff zeitlich versetzt als Rückschlag nach einem Kräftesammeln im vorherigen Rückzug, am wirksamsten aus dem Hinterhalt, sodass der vorherige Täter nun als Opfer unvorbereitet und wehrlos ist, oder – bei einer eigenen Opferhaltung weniger wahrscheinlich – als unmittelbare Reaktion in der Konfliktsituation. Für einen direkten Angriff braucht er ein Gefühl von Überlegenheit mit der Perspektive des Sieges im akuten Überlebenskampf. Das Ziel ist die Vernichtung des Gegners, für die auch mithilfe des verführten Verstandes sachliche Argumente als logisch-rational verpackte Waffen eingesetzt werden, die die Gegenseite überzeugen sollen. Eine verbale intellektuelle Vernichtung ist heutzutage das in der Öffentlichkeit bevorzugte Mittel der Wahl. Psychische Gewalt mithilfe des Verstandes wird im Gegensatz zu körperlicher Gewalt häufig nicht sanktioniert, sondern ruft sogar Anerkennung und Bewunderung für den kühlen und messerscharfen Verstand und die mächtige und durchsetzungsstarke Persönlichkeit hervor.

Erlösung (als Retter & Helfer): »Ich helfe Dir und rette Dich« – der vermeintlich vernünftige Ausstieg aus der Täter-Opfer-Spirale durch das eigene Einnehmen der überparteilichen Rolle als Retter. Zum Beispiel wird das Fühlen des eigenen Opferseins durch die Überhöhung vermieden, dass man den Täter heilen und retten will. Dazu wird der Konflikt mit seiner Dynamik umfassend analysiert, sodass man den Täter kompetent therapieren kann. Jetzt muss der Täter sich nur noch vom Retter bekehren lassen, was in der Regel nicht funktioniert. Denn für den Täter verbirgt sich hinter der Rettung der getarnte Gegenangriff des Opfers. Dessen Überhöhung und Zwangsbekehrung soll sich der Täter nun unterordnen und fügen. Dadurch wird für ihn das Opfer zum Täter und er selbst sieht sich nun als vom Retter verfolgtes Opfer. Diese Traumatisierung fütternde Dynamik ist zum Beispiel in der Klimaschutzdebatte von 2019 aufgetreten, als die jugendlichen Klimaschützer die erwachsenen Klimaschutzverweigerer zu ökologischem Verhalten bekehren wollten. Diese fühlten sich jedoch von den Klimaschützern ihrer Freiheit beraubt.

Anwendung:
Legen Sie nun bitte eine Lesepause ein, machen Sie sich die Verführung Ihres eigenen Geistes mit Ihren eigenen Rollen im Drama-Dreieck bewusst und schreiben Sie diese auf.

4.3 Die Verführung des Geistes in der Spiritualität

Aufgrund des mechanistischen Welt- und Menschenbildes und der spirituellen Spaltung fällt die wissenschaftliche und gesellschaftliche Anerkennung von Spiritualität als seriöser Ressource schwer. Als individuelle Lebenshilfe ist Spiritualität durch die Verbreitung von Yoga und Meditation sowie durch Persönlichkeiten wie den Dalai Lama zwar zunehmend akzeptiert, aber noch nicht als kollektive Wissens- und Erkenntnisressource. Dabei bietet sie wertvolle und heilsame Möglichkeiten zum alltäglichen Umgang mit abgespaltenen Zuständen in Geist und Psyche. Weil wir in der westlichen Kultur dieses Wissen verleugnet und ins Unbewusste verdrängt haben, können uns unheilsame Dynamiken in Geist und Psyche von unserem Unbewussten aus fast beliebig heimsuchen und dominieren, sobald die Anlässe hierfür in uns getriggert werden. Indem wir unsere Aufmerksamkeit auf die objektive Außenwelt fixieren, bleiben die subjektiven innerpsychischen Reaktionsmuster unerkannt. In der Logik dieser Sichtweise bleiben nur die Kontrolle und Manipulation der Außenwelt, um sich selbst und ggf. die Gesellschaft, ihre Wirtschaft und Politik vor unsicheren, sie benachteiligenden und bedrohenden Erfahrungen zu schützen. Im Folgenden stelle ich drei mir vertraute spirituelle Ansätze als Alternativen zur westlichen Außenweltperspektive vor.

4.3.1 Sacred Activism

Eine einschneidende Begegnung mit einem Widersacher brachte dem Umweltaktivisten Andrew Harvey die Erkenntnis, dass ein systemimmanenter Umweltschutz durch Engagement und Aktivismus nicht möglich ist. Er scheitert an den innerpsychischen Strukturen des auf die Außenwelt fixierten Aktivisten und muss durch eine spirituelle Seite zur innerpsychischen Transformation ergänzt werden. Daraus entwickelte er den Ansatz des »Sacred Activism«:

> *»But part of the terrible price we have paid for our addiction to reason and our dismissal of mystical reality is total ignorance of these destructive forces – not only of their nature, but of their very existence – which gives them even greater power. When, however, the deepest and most grounded spiritual vision is married to a practical and pragmatic drive to transform all existing political, economic and social institutions, a holy force – the power of wisdom and love in action – is born."*[27]

Die zuvor beschriebene Drama- und Trauma-Rolle als »Retter« wird von Andrew Harvey in »The Hope« als innerpsychisch bei vielen Umweltschützern vorherrschender Schatten der Selbstgerechtigkeit identifiziert. So offenbarte der CEO eines großen internationalen Agrarkonzerns, der ihn im Vorfeld der ersten UN-Konferenz für Umwelt und Entwicklung in Rio de Janeiro 1992 zum Lunch einlud, nicht nur, dass er sich seines Paktes mit

27 A. Harvey, 2010, S. 177

dem Teufel bewusst sei und Aufklärung über die sozial und ökologisch zerstörerischen Machenschaften seines Konzerns nichts daran ändern würde (s. Abschnitt 2.5), sondern auch, dass die Umweltaktivisten aus seiner Sicht angetrieben sind von einer Selbstgerechtigkeit, wie sie die Welt ändern möchten und wie die Menschen in ihr nach ihren Vorstellungen zu sein und zu leben haben. Darin stecken ihm zufolge ihre eigenen Machtambitionen, die sie jedoch hinter ihrer Moral verbergen. Mit dieser Fassade als Gutmenschen (»Bliss Bunnies«) seien sie unauthentisch und wirkungslos im Kampf gegen die Machtinteressen von Wirtschaft und Politik.

Diese Begegnung wurde für Andrew Harvey zur Schlüsselerfahrung, die ihn als Umweltaktivisten über diese Offenbarung eines Agrarkonzern-CEO auf sehr direkte Weise mit dem dunklen innerpsychischen Schatten der Macht konfrontierte, den die Umweltschützer und Umweltzerstörer zwar auf unterschiedliche Weise äußern, jedoch gemeinsam besitzen. Das Ergebnis seiner dadurch ausgelösten inneren Auseinandersetzung hat er in seinem Buch «The Hope" als Konzept des Sacred Activism vorgestellt, das Umweltaktivismus mit Spiritualität kombiniert. Er trägt damit der Tatsache Rechnung, dass eine rein äußerliche Veränderung von Systemen zugunsten von Umweltschutz nicht nachhaltig sein kann, solange sich die innere Konditionierung der Menschen in diesen Systemen nicht ändert. Davon ist insbesondere der abgespaltene Teil der Identität betroffen, der unterdrückt und verdrängt wird. Als eigener Schatten agiert dieser Anteil fortan in der Dunkelheit unterhalb der sichtbaren und dem Licht zugänglichen Oberfläche der Identität. Von dort wirkt er auf das eigene Denken, Fühlen und Handeln und entfaltet auch in Umweltaktivisten selbstgerechte Sichtweisen und Machtambitionen, die unbewusst genau die menschlichen Traumadynamiken bedienen, die zu den Systemen und Verhaltensweisen führen, die sie als Umweltaktivisten ändern und abschaffen wollen.

In der Fusion von Umweltaktivist und spirituellem Mystiker als »Sacred Activist« findet er die Lösung des Dilemmas, dass der Umweltaktivist mit seiner Aufmerksamkeit nur auf die rein äußerliche Veränderung ausgerichtet ist und der spirituelle Mystiker mit seiner Aufmerksamkeit nur auf die rein innerliche Veränderung. Beide haben eine Sucht, der Mystiker zu sein und der Aktivist zu handeln. Auf dem Mystiker liegt der Schatten der Flucht vor der Welt durch ihre Transzendenz im spirituellen Sein, auf dem Umweltaktivisten der Schatten der Flucht vor sich selbst durch Selbstgerechtigkeit im weltlichen Handeln. In ihrer Vereinigung wird der eine zum wirksamen Gegenmittel des anderen, die jeweilige Trauma-Überlebensstrategie kann durch die Stärke des anderen heilen: Die Leidenschaft des Aktivisten für Gerechtigkeit wird durch den Mystiker gereinigt, die Leidenschaft des Mystiker für Transzendenz wird durch den Aktivisten geerdet.

Mit dieser Kombination von spirituellem Sein und weltlichem Handeln als Sacred Activist fügt er die äußere und innere Transformation zusammen. In den folgenden Kapiteln werde ich in Übereinstimmung mit dieser ganzheitlichen Sichtweise einen Entwicklungsprozess des Nachhaltigkeitsverständnisses in drei Transformationsstufen von der Mainstream-Nachhaltigkeit über die ökosystemische Nachhaltigkeit der Außenwelt (Transformationsstufe I) und systemische Nachhaltigkeit der Innenwelt und Außenwelt (Transformationsstufe II) bis zu einer tiefensystemischen Nachhaltigkeit und Transformation (Transformationsstufe III) vollziehen und beschreiben. Doch die Fusion ist herausfordernd, denn die beiden Schatten des Mystikers und des Aktivisten sind in sich selbst zu konfrontieren und zu transformieren. Als innerer Transformationsprozess ist bei Andrew Harvey die spirituelle »Dark Night« zu durchleben, ein innerer Reinigungsprozess der verdrängten Schattenseiten der eigenen Identität, die auf die Außenwelt projiziert werden. Sie sind mit dem kollektiven Schatten der Menschheit verbunden, der sich aus Existenz- und Todesängsten, Traumatisierung, Machthunger und dem Begehren nach Besonderheit und Bedeutung nährt. Sich diesem Schatten zu stellen, erfordert großen Mut.

Die Belohnung für diese heilsame Selbstkonfrontation ist die eigene Ganzheit und Integrität mit einer Authentizität und Wirksamkeit als Sacred Activist, die eine ständige Wachsamkeit erfordern, um nicht erneuten Verführungen des Geistes zu unterliegen. Weil der Sacred Activist nun im Gegensatz zum Umweltaktivisten nicht mehr die Projektionen seines eigenen verdrängten Schattens in der Außenwelt bekämpft, ist er authentisch und wirksam. Über die Integration seiner Identitätsabspaltungen heilt er seine Traumatisierung, anstatt durch einen gegen seine Mitmenschen gerichteten und kämpfenden Aktivismus unbewusst neue Täter-Opfer-Traumadynamiken zu erzeugen.

Andrew Harvey beschreibt die wichtige Aufgabe und Herausforderung der Transformation von Ärger, der sehr heilsame oder – unbewusst und untransformiert – sehr unheilsame Wirkungen entfalten kann:

»For the Sacred Activist, the problem of anger represents one of the deepest spiritual challenges. On the one hand, as everyone has experienced, anger can blind your judgement and lead you into folly, hatred, and a furious and brutal self-righteousness that immediately repels those you hope to persuade or inspire. On the other, when alchemized by deep spiritual insight in the container of spiritual practice, anger can provide the fuel for working in the world with the laser-like energy of fierce compassion and wisdom.
If you and I are not outraged by what is happening everywhere in our world, we will remain where so many find themselves, in paralysis, apathy and denial. Yet if our outrage masters us, we may become irrational, violent, and destructive in our turn, inwardly ravaged by rage at, and hatred of our opponents that will not only dehumanize us but also cripple our effectiveness. If we work with this anger and outrage, however, without repressing or judging or denying it, within the crucible of spiritual practice, it can be transformed into a reservoir of purified passion, compassion and wisdom that will give up power and stamina.«[28]

Persönliche Erfahrungen:
Dieses Verständnis eines Sacred Activism hat mich im Winter 2018/2019 stark inspiriert. Ich lag mit einer Grippe im Bett bzw. auf dem Sofa und spürte die innere und äußere Reinigung beim Lesen von »The Hope«. Die »Dark Night« hatte mich in diesem dunklen Dezember gepackt und innerlich durchgeschüttelt. Im Anschluss hatte ich über die Feiertage noch frei und spürte fortan einen Antreiber in meinem Unterbauch, wie ein Alien, das sich dort eingenistet hatte und mir Druck und Stress bereitete, indem es mir fortwährend unheilsame Gedanken und Gefühle einflüsterte, denen ich folgen sollte. Dieser Antreiber war nicht neu. Es war das Ego. Neu war, es so bewusst zu spüren. Und gleichzeitig spürte ich etwas anderes, das für mich mit einer großen Traurigkeit einherging. Während die Sternstunde der jungen Greta Thunberg mit der Klimakonferenz in Katowice begann, fühlte ich den inneren Abschied von der Nachhaltigkeit und dem Klimaschutz. Wir haben als Menschen und Menschheit versagt, wir haben zu bereitwillig und erfolgreich mit diesem inneren Antreiber, unserem Ego und Schatten, kooperiert anstatt uns von ihm

28 Ebd., S. 181

zu lösen. Ich spürte intuitiv, dass dieser Schatten – unser eigenes verdrängtes Unbewusstsein – uns kalt erwischen wird, gänzlich unvorbereitet. Und das begann im Frühjahr 2020 durch das Coronavirus. Dafür waren die Weichen gestellt. Unsere auf dem Ego aufgebaute Ersatzidentität umgarnt uns ständig mit verlockenden Gedanken und Gefühlen und flüstert uns diese als innere Stimme im Kopf ein. Diese Stimme ist uns so vertraut, dass wir sie durch Identifikation für unsere Identität halten. Dabei kreist sie ständig um den eigenen Überlebenskampf und zieht uns so in Traumadynamiken hinein.
Diese innere Stimme bietet uns zum Beispiel die eigene Selbstaufwertung auf Kosten der Mitmenschen an und spaltet uns dadurch von ihnen ab. Diese Angriffe und ihre Angriffsenergie richten sich aber in einem unvorbereiteten Moment urplötzlich gegen uns selbst, gänzlich unvorbereitet in der alltäglichen Berieselung von Wohlstand, Erfolg, Konsum und Bequemlichkeit. Corona ist für mich innerpsychisch der Auslöser einer Angriffswelle aus unserem eigenen traumatisierten Unbewussten, die letztendlich nicht den Körper, sondern durch vollständige Traumatisierung unserer ganzen Psyche unsere Identität zum Ziel hat.

4.3.2 Buddhismus

Den unterschiedlichen Strömungen im Buddhismus ist das Verständnis gemeinsam, dass der sich aufgrund von Unwissenheit und Begehren mit dem menschlichen Körper identifizierende Geist Erleuchtung sucht. Diese Erleuchtung bewirkt die Befreiung vom Kreislauf des Leidens. »Samsara« ist der Kreislauf der Wiedergeburten in der vergänglichen Welt des Entstehens und Vergehens. Diese Welt ist zwar Illusion, aber als Traumablase hängt der unerleuchtete Geist so lange in ihr fest, bis er die wahre Natur der Wirklichkeit wiedererkennt. Durch Täuschung des Bewusstseins wird die Illusion aufrecht gehalten, es gäbe in Samsara etwas für den Geist durch menschliche Erfahrung zu erreichen, sodass er innerhalb von Samsara Glück und Freude suchen und empfinden kann. Um dieses zu erlangen, versuchen wir während der Inkarnation dieses Geistes als Menschen das Leiden und den Schmerz in der Welt zu vermeiden und bewegen uns in der Folge zwischen Begehren nach Vergnügen und Abneigung gegen Schmerz. Doch sowohl Vergnügen als auch Leiden basieren auf vergänglichen Empfindungen, sodass die Erfahrungen nicht von Dauer sind. Das Maximieren von Vergnügen und das Minimieren von Leiden werden zur rationalen Trauma-Überlebensstrategie innerhalb von Samsara, die das Alltagsbewusstsein vollständig vereinnahmen soll.

Doch Freiheit liegt nicht in Samsara, sondern jenseits von Samsara. Das menschliche Bewusstsein ist und bleibt trotz seiner Täuschung und Abspaltung der wahren Natur der Wirklichkeit in der Tiefe mit dieser Wirklichkeit verbunden, die nicht vergänglich ist, der wahren und nicht konditionierten Natur des Geistes entspricht und die der Buddha als »Nirvana« bezeichnet hat. Nur in dem Bewusstsein dieser Unvergänglichkeit ist wirkliche Freude möglich, wirklicher Frieden und wirkliche Liebe. Vergängliche Freude, vergänglicher Frieden und vergängliche Liebe sind immer bedroht von äußeren und inneren Angriffen unseres Bewusstseins, die ihr Ende bewirken. Existenz- und Verlustängste sind somit auch im Zustand des weltlichen Glücks (unbewusst) gegenwärtig, daher ist es nur ein oberflächliches und bei seinem Vergehen wieder Leiden bringendes Glück. Dennoch werden im Zustand der Täuschung des Bewusstseins aus Angst und Anhaftung individuell und kollektiv aufwendige Maßnahmen zum Erlangen und Erhalt dieses weltlichen Glücks ergriffen, die in der Folge zum Lebens- und Daseinszweck werden.

Das getäuschte Bewusstsein dient nun als zweckentfremdetes Mittel dem Körper, anstatt der Körper dem Geist als Instrument zur Erlangung von Befreiung. Der Körper kann uns alles über Vergänglichkeit und das Leiden aus Begehren, Anhaften und Abneigung lehren, wenn wir in ihn hineinschauen, hineinhören und hineinfühlen. Dafür braucht es einen klaren Geist, der im Buddhismus durch die gedankliche Beschäftigung mit der Lehre des Buddhas, dem »Dharma«, und die Praxis der Achtsamkeits- und Einsichtsmeditation geschult wird.

Der Buddha führte den Ursprung des menschlichen Leidens auf »Unwissenheit« zurück und lehrte »Vipassana« als Meditationspraxis und Geistesschulung, die Dinge so zu betrachten, wie sie sind. Die Erkenntnis der Vergänglichkeit ist gemäß seiner großen Lehrrede über die Grundlagen der Achtsamkeitspraxis (»Maha Satipatthana Sutra«) durch die gleichmütige Wahrnehmung von Gedanken, Gefühlen, körperlichen Empfindungen und Sinneswahrnehmungen möglich. Über Achtsamkeit und Konzentration findet der Geist Ruhe, Stabilität und Klarheit, durch die sich die Leerheit als Wesensmerkmal von Vergänglichkeit offenbart. Alle inneren und äußeren Phänomene der Gedanken, Gefühle, körperlichen Empfindungen und Sinneswahrnehmungen bestehen nicht aus sich selbst heraus, sondern sind zusammengesetzt aus weiteren Bestandteilen, die selbst letztendlich keinen Bestand haben. Durch tiefe Introspektion wurde der Buddha quasi zum Vordenker der Quantenphysik, die ca. 2500 Jahre später zu sehr ähnlichen grundlegenden Erkenntnissen aus Extrospektion gelangte. »Anatta«, die Nichtexistenz eines unabhängigen Selbst, ist neben dem Leiden (»Dukkha«) und der Vergänglichkeit (»Anicca«) eines der drei Daseinsmerkmale, deren tiefe Erkenntnis von der Unwissenheit und dem Leiden befreit.

Ein Beschleuniger dieses Erkenntnisprozesses ist für mich das Herz-Sutra (»Prajnaparamita Heart Sutra«). Wie der Name ausdrückt, beinhaltet es das Herz des Verständnisses eines Buddhas, das zur Befreiung vom Leiden führt. Es offenbart die Leerheit der in Abschnitt 2.3.2 unter »Identifikation« bereits erwähnten fünf Skandhas, d. h. jeglicher Formen, Wahrnehmungen der Sinne und des Geistes. Ein Schlüssel zu dieser Erkenntnis ist nach meinen Erfahrungen das Verständnis der Vergänglichkeit (»Anicca«). Jede Form ist vergänglich, d. h. konditioniert und zusammengesetzt. Diese Zusammensetzung und Konditionierung betreffen auch das wahrnehmende und erfahrende Subjekt, das »Ich«. Dieses konditionierte Ich ist die permanent uns Gedanken einflüsternde Stimme im Kopf, die ich zuvor im Abschnitt »Sacred Activism« beschrieben habe und mit der wir Menschen uns in unserem Alltagsbewusstsein unbewusst identifizieren. Dabei ist dieses scheinbare Ich aufgrund seiner Konditionierung und Zusammensetzung kein eigenständiges Ich, sondern ein »Nicht-Ich« (»Anatta«), eine konstruierte Ersatz- und Schein-Identität aus Vergangenheit, Identifikation und Fremdbestimmung, das wir aus Unwissenheit und Anhaftung für unsere Identität halten.

Die vier Edlen Wahrheiten, die drei Daseinsmerkmale (»Dukkha«, »Anicca«, »Anatta«), die große Lehrrede über die Achtsamkeitspraxis und das Herz-Sutra bilden seit über 20 Jahren mein Grundgerüst in der buddhistischen Theorie und Praxis. Ich spüre, dass diese Kombination von Wissen und Anwendung durch tiefe Verinnerlichung das Potenzial hat, mein Bewusstsein von allen Identifikationen und Anhaftungen zu befreien. Darüber hinaus stelle ich im Folgenden weitere hilfreiche Unterscheidungen für Erkenntnisse über das Alltagsbewusstsein vor.

Verkehrtes Bewusstsein und Geistesgifte

Die erfolgreiche Täuschung des Bewusstseins führt zu Unwissenheit über die wahre Natur der Wirklichkeit. Das Bewusstsein ist fortan verblendet und Ziel von Geistesgiften (»Kleshas«), die es in diesem Zustand halten. In den Vier Edlen Wahrheiten lehrte der Buddha die zwei Geistesgifte Begehren und Abneigung als die Leiden verursachenden gegensätzlichen Neigungen des verblendeten Geistes, zwischen denen der menschliche Geist Glück suchend und Leiden findend pendelt. Die Geistesgifte resultieren aus der Unwissenheit über die wahre Natur der Wirklichkeit.

Gier (»Lobha«), Hass (»Dosa«) und Unwissenheit (»Moha«) zählen zu den drei Wurzelgeistesgiften, die im tibetischen Buddhismus innerhalb der Unterscheidung von sieben Bewusstseinsarten (»Lorig«) noch weiter differenziert und erläutert werden. Dem Alltagsbewusstsein entspricht als »verkehrtes Bewusstsein« das oben genannte verblendete Bewusstsein. Es ist in der Regel konzeptionell getäuscht, weshalb nicht die wahre Natur der Dinge wahrgenommen wird, sondern nur die Bilder der konzeptionellen Vorstellungen von ihnen. drei weitere Wurzelgeistesgifte und 20 Nebengeistesgifte sorgen mit ihren ständigen Angriffen (Verführungen) dafür, dass dieser verblendete Zustand andauert, und damit auch das leidvolle Verweilen in Samsara.

Der von mir 2017/2018 im tibetischen Buddhismus absolvierte einjährige Lorig-Kurs zur Unterscheidung der sieben Bewusstseinsarten war sehr trocken und kopflastig. Der tibetische Buddhismus scheint mir teilweise einen ausgesprochenen Hang zum Intellektualisieren und Philosophieren zu haben, bis hin zu rechthaberischen Auseinandersetzungen über die Auslegungen verschiedener Schulen, und dabei das eigentliche Ziel, die Befreiung vom Leiden, bisweilen aus den Augen zu verlieren. Dennoch ist bei mir angekommen, dass es bei den insgesamt sechs Wurzelgeistesgiften im »verkehrten Bewusstsein« so etwas wie eine logische Folge gibt:

Verkehrtes Bewusstsein (konzeptionell getäuschtes Bewusstsein): Unwissenheit – Unheilsame Ansichten – Anhaftung – Stolz – Ärger – (Verblendeter) Zweifel.

Eine unheilsame Ansicht aus Unwissenheit kann z. B. über die eigenen Mitmenschen sein, dass »die Menschen so egoistisch (geworden) sind«. Diese Beschwerde beinhaltet die implizite Aussage, selbst nicht so egoistisch zu sein. Die mit Stolz einhergehende Anhaftung an das eigene Ich verführt zu dieser Selbstaufwertung und Fremdabwertung. Dabei ist es das eigene

Ego, das in Konflikt mit den anderen Egos steht. Dieser Konflikt wird sich entzünden und mit ihm Ärger, der nun zu weiteren verblendeten Zweifeln an der Menschheit führt, der die anfängliche unheilsame Ansicht bestätigt, dass die Menschen so egoistisch sind. Der Geist bleibt in der Dynamik der Geistesgifte gefangen, bis sich das Bewusstsein gemäß Lorig über sechs weitere Entwicklungsstufen vollständig befreit:

Verkehrtes Bewusstsein – Zweifel – Erscheinung ohne Feststellung – Korrekte Annahme – Schlussfolgernde Erkenntnis – Nachfolgende Erkenntnis – Direkte Wahrnehmung.

Im getäuschten Bewusstsein kommen heilsame Zweifel auf, der Geist spürt allmählich, dass hier etwas nicht stimmt und ihn in die Irre führt. Zunächst hat er eine Erscheinung ohne Feststellung, was es ist. Das ist so etwas wie eine Ahnung oder Vision ohne geistige Klarheit. Daraus wird eine korrekte Annahme über die Ursachen der Täuschungen, auf die durch Konzentration und meditative Vertiefung schlussfolgernde und nachfolgende Erkenntnisse über die wahre Natur der Wirklichkeit folgen. Dazu dient der Edle Achtfache Weg der Vierten Edlen Wahrheit. Schließlich ist dem Bewusstsein eine direkte Wahrnehmung dieser Natur der Wirklichkeit möglich. In dem Kurs haben wir als Beispiele stets Sinnesobjekte verwendet, jedoch bin ich fest davon überzeugt, dass das wirklich relevante Anwendungsobjekt der eigene Geist ist, um dessen Täuschung und Befreiung es geht.

Acht Weltliche Konditionierungen

Die acht weltlichen Konditionierungen sind vier Gegensatzpaare, zwischen denen sich die Organisation des Alltagsbewusstseins auf der Grundlage von Begehren und Abneigung üblicherweise bewegt: Der angenehme Pol soll erreicht werden, der unangenehme Pol soll vermieden werden. In dieser Dynamik gefangen zu sein, wird im unerleuchteten Bewusstseinszustand das ganze menschliche Leben verbracht, ohne dass aufgrund der Vergänglichkeit der Objekte, letztendlich auch des Körpers mit seinem Tod, ein dauerhaftes Erlangen erreichbar ist.

- Gewinn & Verlust (Gain & Loss)
- Lob & Tadel (Praise & Blame)
- Ruhm & Schande (Fame & Shame)
- Freude & Schmerz (Happiness & Pain)

4.3.3 Christentum

»It is the matrix; a diabolical scheme in which you are hopelessly trapped even while completely unaware of its existence.«[29]

Die biblische Verführung Christi durch den Teufel scheint uns ziemlich offensichtlich zu sein. Jeder würde doch den Teufel sofort erkennen. Nur läuft er in unserem Alltag nicht in einem Kostüm mit Dreizack und Hörnern herum, sondern bedient sich unseres Geistes und flüstert uns Gedanken ein, mit denen wir uns identifizieren. Geistesgifte sagen die Buddhisten hierzu, und wer nicht frei von ihnen ist, kann sich seines verführten Bewusstseins sicher sein.

Aufgrund der Verführbarkeit des Geistes ist die Bibel aus meiner Sicht keine unverfälschte Quelle, in der die göttlichen Eingebungen auch so niedergeschrieben wurden, wie sie empfangen wurden. Schnell und unbemerkt mischen sich eigene Gedanken, Projektionen und Interpretationen in Botschaften und Vorhersehungen, aus denen heraus Zuschreibungen von Eigenschaften und Handlungen sogar an Gott erfolgen, die eine erfolgreiche Verführung des eigenen Geistes und Verfälschung der empfangenen Botschaft bezeugen. Beispiele hierfür sind:

> Ein zorniger und strafender Gott im Alten Testament ist die Projektion eines autoritären und patriarchalischen Vater-Traumas, der emotional abgespalten und mit den eigenen Gefühlen überfordert ist. Es ist jedoch undenkbar, dass Gott sich angegriffen fühlt und auch noch mit Vergeltung reagiert. Dies ist ein zutiefst menschliches Verhalten eines verblendeten Bewusstseins, das durch Geistesgifte dominiert wird. Wer oder was sollte die Macht und Mittel haben, Gott anzugreifen? Er könnte nur sich selbst angreifen. Gott wäre einer Selbsttäuschung und spirituellen Spaltung seiner Identität unterlegen, wenn er das glauben würde. Wer glaubt, dies sei möglich, muss also in seinem eigenen Bewusstsein getäuscht und in seiner Identität abgespalten sein, sodass diese Selbsttäuschung auf Gott projiziert.

29 W.P. Young, The Shack, 2008, S.124

Ein Gott, der seinen eigenen Sohn opfert und hingibt, ist eine Märtyrerprojektion. Gott opfert uns nicht, er erlöst uns von unserem selbstgemachten Leiden, wenn wir bereit sind, dafür unsere Verantwortung als Verursacher zu übernehmen und unser Leiden loszulassen. Wir selbst sehen uns als Opfer dieser Welt, solange wir uns nicht zu unserer Schöpferkraft bekennen, mit der wir diese Welt und unser Leiden in dieser Welt selbst kreiert haben. Seine Schöpferkraft mit uns zu teilen ist die Liebesgabe unseres Schöpfers an uns als seine Geschöpfe. Doch ihren Missbrauch aufgrund der Verführung unseres Geistes haben wir selbst zu verantworten.

Gott nimmt uns Menschen nichts weg, er enthält uns nichts vor. Dies ist eine Mangelprojektion aufgrund der eigenen spirituellen Selbstspaltung, die die Wahrnehmung von Fülle und Ganzheit verhindert. Weil er Gott ist und Gott allumfassende und bedingungslose Liebe ist, hat er sein eigenes Sein mit uns geteilt und uns ebenso göttlich erschaffen, wie er selbst ist.

Im Gegensatz zur Bibel ist der einjährige Selbstkurs zur Identitätstransformation »Ein Kurs in Wundern« klar und eindeutig in seiner Lehre. Er beinhaltet, von einer amerikanischen Psychologin in den 70ern über mehrere Jahre hinweg empfangen, die vollständige und unverfälschte Lehre Christi, die in der Bibel nur ansatz- und andeutungsweise vorhanden ist. Darin weist er den von ihm gelehrten Weg für die Heimkehr des verlorenen Sohn Gottes und klärt über die Illusion der Trennung konsequent auf:

»Jede Spaltung des Geistes beinhaltet zwangsläufig die Zurückweisung eines Teils davon, und das ist der Glaube an die Trennung. Die Ganzheit Gottes, die sein Friede ist, kann nur von einem ganzen Geist, der die Ganzheit der Schöpfung Gottes sieht, gewürdigt werden. Durch diese Einsicht erkennt er seinen Schöpfer. Ausschluss und Trennung sind synonym, wie Trennung und Dissoziation es sind. Wir haben schon gesagt, dass die Trennung Dissoziation war und ist und dass, sobald sie geschieht, die Projektion zu ihrer Hauptabwehr wird oder zu jener Einrichtung, durch die sie in Gang gehalten wird. Der Grund dafür mag jedoch nicht so offensichtlich sein, wie du denkst. Was du projizierst, das erkennst du nicht als zu dir gehörig an, und daher glaubst du auch nicht, dass es dein ist. Du schließt dich selbst gerade durch das Urteil aus, dass du anders bist als derjenige, auf den du projizierst. Da du auch gegen das, was du projizierst, geurteilt hast, greifst du

es weiterhin an, weil du es weiterhin von dir getrennt hältst. Indem du dies unbewusst tust, versuchst du die Tatsache, dass du dich selbst angegriffen hast, aus deinem Bewusstsein fernzuhalten, und bildest dir auf diese Weise ein, dass du dich selbst in Sicherheit gebracht hast.
Die Projektion wird dich aber immer verletzen. Sie verstärkt deinen Glauben an deinen eigenen gespaltenen Geist, und ihr einziger Zweck ist der, die Trennung in Gang zu halten. Sie ist einzig und allein eine Einrichtung des Egos, damit du dich anders als deine Brüder und getrennt von ihnen fühlst. Das Ego rechtfertigt das mit der Begründung, dass sie dich »besser« erscheinen lässt als diese, und verschleiert dadurch deine Gleichheit mit ihnen noch mehr. Projektion und Angriff sind unvermeidlich miteinander verbunden, weil Projektion immer ein Mittel ist, um den Angriff zu rechtfertigen. Ärger ohne Projektion ist unmöglich. Das Ego benutzt die Projektion nur dazu, um deine Wahrnehmung sowohl deiner selbst als auch deiner Brüder zu zerstören. Der Prozess beginnt damit, dass du etwas ausschließt, das in dir existiert, das du aber nicht haben willst, und führt geradewegs dazu, dich von deinen Brüdern auszuschließen.«[30]

Ohne die Lektüre der vorherigen Kapitel dieses Buchs ist diese Essenz der Lehre kaum zu verstehen. Auch mit diesem Hintergrund fällt es schwer, sich auf die Wahrheit in diesen Worten einzulassen. Ich absolviere den einjährigen Praxisteil des Kurses in Wundern mit 365 Übungslektionen nun zum dritten Mal und spüre immer noch tiefe Widerstände in mir.

4.4 Die Verführung des Geistes in »Der Herr der Ringe« (Exkurs)

In unzähligen Filmen wurde das Thema der Verführung des Geistes bereits verarbeitet, einige davon zählen zu den erfolgreichsten Filmen der Filmgeschichte. Dazu gehören auch »Der Herr der Ringe« und »Krieg der Sterne«. Beiden ist gemeinsam, dass die Guten nicht schon immer gut sind und waren, sondern dass in ihnen Gut und Böse vorhanden sind, sich in ihnen reiben und sie lernen müssen, damit umzugehen. Schnell identifizieren wir

30 Ein Kurs in Wundern, Textbuch, Kap. 6, II, 1 – 3

uns aufgrund unseres Selbstbildes mit dem/der/den guten Filmheld*innen und halten uns für ebenso würdige Besieger*innen des Bösen, wie sie es sind. Mit unserem verführten Alltagsgeist hat dieses Selbstbild leider nichts gemeinsam. Durch Verdrängung täuschen wir uns über unsere erfolgreiche Verführung durch das Ego, Satan, das Böse, die Dunkle Seite der Macht – oder wie auch immer wir es nennen – hinweg. Auf die filmische Umsetzung im dreiteiligen Epos »Der Herr der Ringe« gehe ich in Form einer persönlichen Interpretation näher ein.

> *»The Ring passed to Isildur who had this once change to destroy evil forever. But the hearts of Men are easily corrupted. And the Ring of Power has a will of its own. It betrayed Isildur to his Death.«*[31] *»In the gathering dark, the will of the Ring grows strong. It works hard now to find its way back into the hands of Men. Men, who are so easily seduced by its power.«*[32]

Bei mir selbst hat es einige Male gebraucht mir einzugestehen, dass weder die Filmhelden Gandalf, Aragorn, Legolas, Frodo oder Sam meinem Geisteszustand am meisten entsprechen, sondern die abscheuliche Figur des Gollum. Sein Geist ist zutiefst gespalten, so wie der meine und der aller unerleuchteten Menschen. In »Der Herr der Ringe« wird aber auch vermittelt, was einen heilsamen von einem unheilsamen Geisteszustand unterscheidet. Als in Teil 1 der Rat im Bruchtal darüber tagt, wie mit dem von Frodo dorthin gebrachten Ring der Macht weiter zu verfahren ist, will Boromir als Vertreter der Menschheit ohne Zweifel und Zögern den Ring ergreifen, um mit ihm Gutes zu tun, indem er seine Macht gegen seinen Herren Sauron verwenden will. Ihm fehlt jegliche innerpsychische Reflexion der erfolgreichen Verführung seines Geistes, die sich in dieser scheinbar guten Absicht ausdrückt.

Wir sind es in unserem Denken gewohnt zu legitimieren, dass die Guten die gleichen Methoden anwenden wie die Bösen, sie schießen in unzähligen Filmen ebenso alles über den Haufen wie die Bösen, nur dass sie es eben

31 The Lord of the Rings, The Fellowship of the Ring, Special Extended Version, Disc 1, min 04:23 – 05:11

32 The Lord of the Rings, The Two Towers, Special Extended Version, Disc 2, min 25:51 – 26:07

für eine gute Sache tun, weil sie dadurch das Böse abwenden, das scheinbar nur so zu stoppen ist. Die Guten nutzen den Ring der Macht für einen guten Zweck. Der Zweck heiligt die Mittel, ist der Glaube eines verwirrten Geistes, der nicht zwischen »gut« und »böse« unterscheiden kann. Mehr geistige Verwirrung, was tatsächlich gut und böse ist, ist die Folge für uns Menschen.

Der eingeschlagene Weg wird zu einer Pfadabhängigkeit, die z. B. bei einer Entscheidung für die Existenz von Waffen ethisch-moralische Dilemmasituationen ihrer Anwendung immer wieder aufs Neue kreiert. Oder die aktuellen Coronamaßnahmen mit weitreichenden Einschränkungen von Freiheitsrechten zugunsten von Schutz und Sicherheit. Aus diesen Entscheidungen gehen dann wiederum neue, noch weitreichendere Dilemmasituationen hervor. Die Mittel entfremden sich mit jedem Schritt auf diesem Pfad immer mehr vom eigentlichen Zweck, der Geist verirrt und verwirrt sich zunehmend im Labyrinth seiner auf Verführung ruhenden Entscheidungen. Wirkliche Lösungen befinden sich jenseits dieses Weges, die z. B. eine Entwicklung von individueller und kollektiver innerpsychischer Ganzheit und Gesundheit unterstützen und ihre staatliche Förderung beinhalten.

Aragorn ist sich im Gegensatz zu Boromir seiner Schwäche als Mensch, d. h. seiner Verführbarkeit durch das Böse, bewusst. Er weiß, dass keine Pakte und Kompromisse möglich sind. Sein Selbstbild ist realitätsbezogen, er weiß um die Konditionierung seiner Psyche als Mensch. Nur dadurch kann er Kompetenzen für einen verantwortungsbewussten Umgang mit der Verführung aktivieren und über diese Kompetenzen eine Resilienz entwickeln. Kompetenzen sind z. B. innerpsychische Introspektion und Reflexion, eine realistische Einschätzung der Bedrohung mit Respekt vor dem Ausmaß der Gefahr, die Entsagung des Begehrens und die Bereitschaft zu dienen, anstatt zu herrschen.

Das gleiche gilt für Gandalf, der den Ring auch nicht haben will. Er ist sich der Unmöglichkeit ebenfalls bewusst, mit der Macht des Ringes Gutes tun zu können. Er erkennt ihn als Instrument der Verführung und Unterwerfung des Geistes, für die der Ring auch von seinem Herrn gemacht wurde: Alle zu knechten, indem alle dem Herrn des Ringes dienen müssen. Gandalf nimmt die Geistesgifte wahr, die von dem Ring ausgehen.

4.5 Hierarchie, Ganzheit und Demokratie

Bereits als Schüler ist mir aufgefallen, dass die Demokratie und ihre Werte von Freiheit, Gleichheit, Gerechtigkeit und Brüderlichkeit nirgendwo konsequent gelebt werden, weder in der Schule, noch in der Wirtschaft und Politik. Sie dienen vielfach zur Legitimation von tatsächlich anderen Interessen dienenden Strukturen, Entscheidungen und Handlungen. Eine Förderung der intrinsischen Entwicklung demokratischer Werte gab und gibt es nicht, stattdessen das Bestehen und Überleben durch Leistung in gegenseitiger Konkurrenz. Nur wenige haben sich während der Schulzeit gewagt, ihre Meinung frei zu äußern, die meisten Schüler hatten Existenzangst und waren zu sehr mit ihrem Überleben durch Anpassung an das Leistungs- und Konkurrenzsystem beschäftigt. In den Unternehmen meines bisherigen Angestelltendaseins ist es auch nicht wesentlich anders gelaufen. Freiheit ist ein rares und exklusives Gut für diejenigen, die hierarchisch weiter oben stehen, gute Leistungen erbringen oder sich einfach trauen und ihre Angst, Anpassung und Systemloyalität überwinden.

Persönliche Erfahrungen:
In meinem Arbeitsleben war ich lange überzeugt, selbst keine eigenen Führungsqualitäten zu besitzen. Die aus eigener Erfahrung als Mitarbeiter in Hierarchien erlebte Führung war mir zutiefst befremdlich und verstoß gegen meine Werte und Überzeugungen. Wie ich heute erst verstehe, war Führung häufig nichts anderes als eine aus eigener Abspaltung bedingte Trauma-Überlebensstrategie durch Ausübung von Macht zur Kontrolle von Mitmenschen. Viele Menschen identifizierten sich mit ihren Führungsrollen und verbargen ihr Menschsein dahinter. So funktionierten sie gut in diesen mechanistischen Unternehmensstrukturen einer traumatisierten Gesellschaft. Zum Teil führte dies zu intensiven Konflikten von mir mit dieser Führung und Hierarchie, was hinderlich für jegliche Karriereambitionen war. Ich konnte mir auch kaum vorstellen, unter solchen Rahmenbedingungen ein Team zu leiten und hätte es wohl auch nicht erfolgreich hinbekommen. Erst spät wurde mir klar, dass ich ein deutlich anderes Verständnis von Führung habe und dass ich dafür andere Rahmenbedingungen brauche, angefangen bei einem ganzheitlichen und entwicklungsoffenen Welt- und Menschenbild über Kommunikation auf Augenhöhe bis hin zu partizipativer Entschei-

dungsfindung. Diese Kompetenzen und Qualitäten begann ich dann selbständig zu entwickeln und einzubringen.

Ich will im Folgenden aber nicht den Eindruck vermitteln, Führungskräfte seien per se die schlechteren Menschen. Sie haben nur in der Täter-Opfer-Traumadynamik innerhalb von Hierarchien üblicherweise die Täterrollen inne, fühlen sich selbst aber (teilweise zurecht) wiederum häufig als Opfer ihrer Mitarbeiter oder ihrer übergeordneten Führungskräfte. Die Übergänge sind fließend, die Täter-Opfer-Rollen sind je nach Kontext dynamisch. Die Täter-Opfer-Traumatisierung aller Beteiligten in ihren verschiedenen Positionen ist leider der Alltag im hierarchisch organisierten Arbeitsleben. Dennoch habe ich auch entwicklungsoffene Führungskräfte erlebt, die bereit waren, von ihren Mitarbeitern zu lernen und dadurch ein Arbeitsklima der gegenseitigen Befähigung schufen. Wenn Führungskräfte Angst vor Fehlern und Versagen haben, ist ihnen das nicht möglich und ihre eigene Entwicklung stagniert – mit allen Auswirkungen auf die Kultur und Zukunftsfähigkeit des Unternehmens. Sie führen das Unternehmen und ihre Mitarbeiter dann in die Spaltung ihrer unbewussten Psyche hinein.

4.5.1 Hierarchie

In »Ein Kurs in Wundern« wird gelehrt, dass »nur Wesen gleicher Ordnung wahrhaft miteinander kommunizieren können«.[33] Menschen sind Wesen gleicher Ordnung. Und Hierarchie bedeutet ursprünglich eine »göttliche Ordnung«. Menschengemachte Hierarchien weisen nach meinen Erfahrungen und Einsichten die mangelnde Bereitschaft, Hilflosigkeit und Überforderung auf, gemeinsam auf Augenhöhe miteinander konstruktiv kommunizieren und für alle Beteiligten wünschenswerte und annehmbare Entscheidungen treffen zu können. Zur Befähigung wären Kompetenzen unterhalb der sichtbaren Oberfläche unserer Identitäten zu aktivieren, was eine Transformation der gegenwärtigen Abspaltungskonditionierung erfordern würde.

33 Ein Kurs in Wundern, Textbuch, Kapitel 4, Abschnitt VII., Absatz 3, Satz 8

Hierarchie im Dienste von abgespaltenen Identitäten hat aufgrund dieser fehlenden Bereitschaft, Hilflosigkeit und Überforderung innerhalb der bestehenden Traumakonditionierungen auch den Zweck, die zwischenmenschliche Kommunikation auf Augenhöhe zu vermeiden, indem zur eigenen Selbstaufwertung und Fremdabwertung der Mitmenschen Ordnungen von Ungleichheit geschaffen werden, die die Kommunikation und Entscheidungskompetenzen auf sich selbst umlenken und zentralisieren. Auch wenn keine bewusste Absicht besteht, dies zu tun, ist dies jedoch nach meiner Erfahrung eine gängige Wirkung von Hierarchien in Organisationen. Wenn über Hierarchien regelmäßig eine einseitige Top-Down-Kommunikation gerechtfertigt und gelebt wird, durch die Mitarbeiter entmündigt und zum ausführenden Objekt reduziert werden, darf zumindest eine unbewusste Absicht und Trauma-Überlebensstrategie der Überlebenspsyche von Menschen in Führungspositionen vermutet werden, die genau diese Wirkung will.

Franz Ruppert sieht in der Wirtschaft Traumatäter-Haltungen bei Führungskräften als weit verbreitet an, die ideologisch als Kompetenz und Führungsstärke zur Unterwerfung und Dominanz der Mitarbeiter verpackt werden. Solche Persönlichkeiten werden gefördert und gelten als durchsetzungsstark und charismatisch, bis hin zu Führungs- und Führerkulten.

Macht und ihr Missbrauch liegen in abgespaltenen Identitäten sehr dicht beisammen. Führung als fachliche und menschliche Unterstützung von heilsamer Entwicklung wird dann in ihr Gegenteil pervertiert, dafür spielt es keine Rolle, ob die Hierarchie formal flach ist und das gegenseitige Duzen praktiziert wird. Die persönliche Kapazität, soviel Feedback selbst annehmen zu können wie auch selbst gegeben wird, ist entscheidend, ob eine Hierarchie der Verbindung oder Abspaltung dient. Statt dieser Kompetenzaktivierung erfolgt meistens eine identitätsbestätigende Selbstaufwertung der Führungskräfte auf Kosten der Fremdabwertung der Mitarbeiter. Führungskräfte, die sich selbst durch Abspaltung und Anpassung klein halten, fühlen sich bedroht, wenn sich Mitarbeiter in die Ganzheit und Größe ihrer eigenen Identität hineinentwickeln, und unterdrücken diese anstatt sie zu fördern.

Die Bereitschaft ihren Mitmenschen als Führungskraft zu dienen, ist somit aufgrund der eigenen Traumakonditionierung häufig als Fähigkeit wenig ausgeprägt und entwickelt. Das trifft auch auf äußerlich nachhaltige Unternehmen zu, in denen intern eine hierarchisch organisierte Leistungsorientierung vorherrscht. Traumatisierende Machtstrukturen traumatisierter Menschen etablieren sich unter dem Schutzschirm einer freiheitlichen Demokratie in Unternehmen, sehr akut insbesondere im Bankbereich, der von elementaren Geistesgiften der Gier nach Geld, Ruhm und Erfolg und gleichzeitig von Existenzangst aufgrund der großen Konkurrenz und des schwierigen Zinsumfeldes durchtränkt ist. In kritischen Situationen wie der Finanzkrise zeigt sich, wie systembedrohend für die demokratische Gesellschaft dieser »systemrelevante« Bankensektor geworden ist. Im Alltag wird kontinuierlich durch Abspaltung und Anpassung in innerbetrieblichen Hierarchien weiter effizient und effektiv an dieser Destabilisierung gearbeitet.

Der Sinn und Zweck eines Unternehmens verkommt unter solchen strukturellen und menschlichen Rahmenbedingungen im Laufe der Organisationsentwicklung zu einem Produkt und Geschäftsmodell, das nicht den Menschen dient, sondern dem die Menschen dienen müssen. In der Folge müssen die Menschen ihre Ganzheit abspalten, um darin zu funktionieren. Da dies gleichermaßen für die Führungskräfte gilt, erleben sie sich als Menschen genauso ohnmächtig wie ihre Mitarbeiter aufgrund ihrer aufgegebenen Selbstbestimmung. Häufig versuchen sie dann durch Macht über ihre Untergebenen ihre eigene Ohnmacht zu kompensieren, indem sie sich über die Fremdbestimmung ihrer Mitmenschen als machtvoll und selbstwirksam erfahren. Die Identitätsgleichung einer gesunden Psyche (Ich = Ich) kippt über Identifikationen mit Rollen (Ich = Du; Selbstabspaltung) und hierarchische Zuschreibungen (Du = Ich; Fremdbestimmung) und wird für alle Mitarbeiter eines Unternehmens zu hierarchisch organisierten Trauma-Überlebensstrategien. In diesem Spaltungszustand und seinen Dynamiken befinden sich auch Vorzeige- und Pionier-Unternehmen mit nachhaltigen Geschäftsmodellen.

Da Veränderungen potenziell das für Führungskräfte vorteilhafte Machtgefüge bedrohen, sind sie sehr an stabilen Systemen und sicheren Rahmenbedingungen interessiert. Damit befinden sie sich in einem tiefen Konflikt mit der Natur von Leben, das Veränderung ist. Desto komplexer das System, desto unvorhersehbarer und auch sprunghafter wird möglicherweise eine Veränderung des Systemzustandes. Der sich gegen die Veränderung sträubende Unternehmer, Manager, Chef – aber selbstverständlich auch Mitarbeiter im Rahmen ihrer Möglichkeiten – kann am Bestehenden festhalten und sich dem Entwicklungssprung verweigern. Die Methoden und Gefahren beschreibt Gerald Hüther:

»Er kann auch versuchen, diese ihn störenden und in ihrer Veränderlichkeit immer wieder bedrohenden Einflüsse aus seiner ihn umgebenden Welt unter Kontrolle zu bringen. Dazu muss er seine Welt – und das sind immer die anderen Menschen, die ihn durch ihre Aktivitäten, ihre Wünsche, Forderungen und Wirkungen bedrohen – zu beherrschen suchen. Er muss Macht ausüben, die anderen zwingen oder sie mit subtileren Mitteln dazu zu bringen, sich so zu verhalten, wie es ihm gefällt. Er wird auf diese Weise hart und rücksichtslos und unsensibel und gerät ebenfalls in Gefahr, in der von ihm nach seinen Maßstäben geschaffenen Welt Lebenswichtiges zu entbehren: neuartige Impulse von außen, um die Regelmechanismen zur Aufrechterhaltung seiner inneren Ordnung in Gang zu halten.«[34]

Im Gegensatz zu diesem Missbrauch von Hierarchie, den ich selbst in meinem Berufsleben teilweise auch so erlebt habe, ist meines Erachtens die einzige dem Menschen würdige und gerechte Legitimation von Hierarchie eine Führung, die gegenseitig befähigt und ermöglicht, die Abspaltungen der eigenen Identität zu transformieren und ihre Ganzheit wieder zu entdecken. Denn was kann ein Mensch schon Wertvolles für die Gegenwart und Zukunft der Menschheit beitragen, wenn er nicht Mensch sein kann und darf?

Die unterschiedlichen Qualitäten von machtorientierter Hierarchie und menschenorientierter Führung habe ich in der folgenden Übersicht gegenübergestellt:

Hierarchie (Macht)	Führung (Menschen)
Anpassung	Entwicklung
Kontrolle	Vertrauen
Ohnmacht	Selbstwirksamkeit
Fremdbestimmung	Selbstführung
Abspaltung der Identität (Ego)	Ganzheit der Identität
Maske	Authentizität
Maschinen	Lebewesen
Funktionieren	Co-Kreieren

Tabelle 2: Hierarchie vs. Führung; eigene Darstellung

34 G. Hüther, 2017, S. 74 ff.

4.5.2 Ganzheit

Die Transformation des menschlichen Bewusstseins hat inzwischen eine Entwicklungsstufe erreicht, in der sie als bewusste Zielsetzung Eingang in erste wirtschaftlich erfolgreiche Unternehmen gefunden hat. Der Unternehmensberater und Autor Frederic Laloux hat sich in seinem Buch »Reinventing Organizations« dieser Bewusstseinsentwicklung in Organisationen gewidmet. Den Aspekt der Ganzheit greife ich an dieser Stelle vorab heraus, den Organisationsentwicklungsansatz von Frederic Laloux werde ich im 7. Kapitel vorstellen. Über die Erfahrung von Ganzheit stellt Frederic Laloux fest:

> *»Enorme Energie wird freigesetzt, wenn wir endlich unsere Maske fallenlassen und wagen, ganz wir selbst zu sein.«*[35]

Ganzheit als Mensch ist innerhalb einer abgespaltenen Psyche und Identität und dem mechanistischen Menschen- und Weltbild nicht möglich. Daraus entsteht die paradoxe Situation, dass zum Erfüllen einer Rolle in der Hierarchie eines Unternehmens der über diese Rolle hinausgehende Mensch abgespalten werden muss, wenn kein ganzheitliches Menschenbild existiert und gelebt wird. Oder die Menschen in dem Unternehmen lassen sich auf das Experiment ein, ihre eigene Ganzheit wiederzuentdecken und sich als ganzer Mensch in das Unternehmen einzubringen. Das kann nach Frederic Laloux sehr erfüllend und befreiend sein. Doch wenn es so schön, befreiend, wohltuend und heilsam ist, ganz zu sein, was hält uns Menschen dann davon ab? Dazu Frederic Laloux:

> *»Der Grund dafür ist eine verborgene, aber machtvolle Überschneidung von Ängsten. Die Organisationen befürchten Chaos, wenn die Menschen mit ihrem ganzen Selbst zur Arbeit erscheinen – ihren Stimmungen, Eigenarten und ihrer Alltagskleidung. […] Wir haben alle ein Ego, einen Teil von uns, der Erfolg und Anerkennung sucht, der gut aussehen und in einem Meeting Recht behalten möchte. Und wir haben alle auch ein tieferes Wesen, einige tiefere Sehnsüchte, tiefere Hoffnungen für unser Leben, für*

35 F. Laloux, 2017, Reinventing Organizations (visuell), S. 81

andere Menschen und für unseren Planeten. Merkwürdigerweise lernen wir in den meisten Organisationen sehr schnell, dass es akzeptabel ist, das Ego zu spielen. Es ist die Norm, dass die Leute bei Besprechungen für ihre Meinung, ihre Karriere oder das Budget ihres Teams kämpfen. Wenn man aber mit einem tieferen Wesen erscheint, dann dauert es nicht lange und man fühlt sich entblößt.«[36]

Die Erfahrung dieser Entblößung habe ich in vielen Transformationserfahrungen gemacht, über die Praxis der Achtsamkeits- und Einsichtsmeditation ist sie zu meinem Alltag geworden. Das »Ego« ist ein Abspaltungskonstrukt des Scheiterns und Versagens von Identität, Ganzheit und Fülle. Die Identifikation mit dem Ego zu fühlen und zu erkennen ist zunächst schmerzhaft, dann aber heilsam und befreiend, wenn über das Zulassen dieses Schmerzes ein Loslassen der Identifikation erfolgt. Dieser Prozess erfolgt üblicherweise in vielen kleinen heilsamen Transformationsschritten. Gibt es keinen spirituellen Bezug zur eigenen Identität, wird das Ego aufgrund der spirituellen Spaltung für das wahre Selbst gehalten und mit dem Körper identifiziert. Ego und Körper müssen als Konsequenz bestmöglich geschützt und erhalten werden, weil es in einer materialistischen Sichtweise darüber hinaus nichts gibt, was an eigener Identität dauerhaft existieren könnte.

Weil die Entblößung des Egos als Angriff empfunden werden muss, wird allein die Existenz eines Menschen, der sich in seiner Ganzheit zeigt, zur Bedrohung. Der allgemeine Zwang zur Anpassung wird dadurch in Frage gestellt und damit auch die Rechtfertigung der eigenen Anpassung. Anpassung bedeutet, sich selbst klein zu machen. Welche Größe durch Ganzheit kann ich in dieser Verfassung anderen zugestehen und erlauben?

Anwendung:
Legen Sie nun bitte eine Lesepause ein, machen Sie sich Ihre eigenen Erfahrungen mit Hierarchie und Ganzheit in Unternehmen bewusst und schreiben Sie diese auf.

36 Ebd., S. 82

4.5.3 Demokratie

Ganzheit ist komplex, Hierarchie ist einfach. Hierarchie muss an einer immer komplexeren Realität versagen und scheitern. Nach Frederic Laloux kann Hierarchie nicht mit Komplexität umgehen, sodass trotz der vermeintlichen Effizienzvorteile keineswegs objektiv bessere Ergebnisse erzielt werden. Im Binnenkontext einer Organisationsstruktur mag dies zwar den Anschein haben, jedoch geht der Außenkontext des Realitätsbezugs der Organisation sukzessive verloren.

Gleichzeitig muss man zur Verteidigung der Hierarchien zugeben, dass eine Demokratie mit ihrer Kommunikation und ihren Entscheidungen, die auf dem labyrinthischen Wirrwarr an Meinungen von in ihrer Identität abgespaltenen Bürgern basieren, keineswegs bessere und handlungsfähigere Ergebnisse als hierarchische Systeme erzielt. Die Stärke einer Demokratie als eine kooperierende und resiliente Gemeinschaft braucht die inneren Fühler und Beziehungskompetenzen, um nicht nur über den Kopf seine Meinungen und Konzepte miteinander zu kommunizieren und gleichzeitig gegenseitig darüber zu konkurrieren, sondern um als feinfühlige Lebewesen aufeinander einzugehen und unsere spirituellen, emotionalen, sozialen und ökologischen Beziehungen aufeinander abzustimmen. Otto Scharmer nennt die hierfür notwendige Transformation »From Ego To Eco«. Ohne diese Transformation spiegeln Demokratien zwar Vielfalt wider, aber keinen Zusammenhalt. Und ohne diesen Zusammenhalt gibt es keine Resilienz als Menschen und Gesellschaft.

Es ist ein Irrglaube, als Mensch in eine Demokratie hineingeboren zu werden und allein dadurch ein Verständnis für die Werte dieser Demokratie zu haben. Genauso falsch liegt, wer glaubt, dass die eigene Psyche in traumatisierten Gesellschaften per se gesund ist. Wenn diese Werte nicht von innen heraus entwickelt und in den zwischenmenschlichen Beziehungen gelebt werden, existiert die Demokratie nur als leere Hülle, als Form ohne Inhalt. In der Folge steuern die Politiker die Demokratie im Einklang mit dem Bewusstsein ihrer Bürger weiter in die Richtung ihres inneren Zerfalls, der schließlich zum äußeren Zerfall wird. Tatsächlich tut eine traumatisierte Gesellschaft sehr wenig für die Entwicklung ihrer Demokratie. Heilung und Transformation von Traumaspaltungen sind die wirksamsten Mittel, um innerlich frei zu werden für eine gleiche

Freiheit aller auf Augenhöhe, doch aufgrund der Verdrängung der Abspaltungen außerhalb der »normalen« politischen Wahrnehmung.

Das kollektive Bewusstsein bewegt sich daher in großen Teilen in die entgegengesetzte Richtung, aus der gefühlten Angst und Unsicherheit heraus, dass es wie bisher nicht weitergehen kann und wird. Der soziale Zusammenhalt der Gesellschaft wurde über Jahrzehnte hinweg durch eine kontinuierliche Umverteilung der Regierungen von unten nach oben untergraben, die Solidarität wurde pervertiert, indem die Reichen und Wohlhabenden vor Neid und ungerechtem Zugriff auf ihre Einkommen und Vermögen geschützt werden müssen, denn sie haben es sich in ihrer Wahrnehmung aufgrund ihrer eigenen Leistung ja verdient. Dabei ist nicht die Eigenleistung für diesen Wohlstand entscheidend, sondern die Bewertung dieser Leistung im Verhältnis zu anderen individuellen Leistungen sowie im Verhältnis zu gesellschaftlichen und wirtschaftlichen Systemdienstleistungen, die diese individuellen Leistungen überhaupt erst ermöglichen. Die ökonomischen Gewinner üben mit ihren wohlorganisierten Interessensvertretungen enormen politischen Druck auf eine weitere Verschiebung des kollektiven Bewusstseins zu ihren Gunsten aus: Die soziale Spaltung der Gesellschaft wird auf individuelles Versagen reduziert, die Systemdynamik wird damit verschleiert. Wer für seine Leistung nicht ausreichend entlohnt wird oder nichts leistet, ist selbst schuld. Die erfolgreich Leistenden müssen vor den Versagern geschützt werden, damit sie bei Laune gehalten und nicht vergrault werden.

Es ist die Pervertierung einer sozial und ökologisch versagenden Gesellschaft, dass sie sich vor Versagern schützen will, um von dem eigenen Versagen abzulenken. Die Demokratie in Deutschland und ihre Politik sind längst von nicht wählbaren wirtschaftlichen Interessensgruppen unterwandert und beherrscht, die über Lobbyismus auf jede Regierung in beliebiger Farbe und Zusammensetzung Einfluss nehmen. Ein grüner Ministerpräsident wird ebenso schnell und wirksam auf eine wirtschaftsfreundliche Linie gebracht wie ein roter oder schwarzer. Dennoch hilft es zur Lösung nicht, diese Vorgänge zu personifizieren. Denn die Personen sind Platzhalter für Rollen in einem System, die sie zu ihrem eigenen Vorteil einnehmen. Der im nächsten Kapitel erläuterte Mechanismus der Marktwirtschaft führt zwangsläufig zu dieser Dynamik, weil er dem gemeinsamen Trauma-Überlebensmodus in unserer Überlebenspsyche entspricht. Diese Überlebenspsyche ist aufgrund der innerpsychischen Traumaabspaltungen auf den eigenen materiellen Überlebensvorteil konditioniert. Dieser Schatten der menschlichen Identität liegt auf uns Menschen, unseren Demokratien und unseren Regierungen, lenkt uns unbewusst und bewirkt innere und äußere Zerstörung.

Die erfolgreiche Regierbarkeit der deutschen Demokratie nach dem zweiten Weltkrieg hat sich nach dem Journalisten Bernd Ulrich vor allem auf das Vermeiden von linken und rechten Extremen gestützt, die gemäßigte Mitte wurde zur Norm und zur normativen Kraft der Vernunft. Bei den globalen Umweltproblemen versagt dieses Prinzip aber, indem das normale Verhalten der Mitte zu einer zerstörerischen extremen Lebensweise geworden ist.

Vernunft kann unter Extrembedingungen also nicht als »gemäßigte Mitte« gedeutet und umgesetzt werden. Das Entscheidungsprinzip zugunsten einer gemäßigten Mitte setzt vereinfacht drei Optionen voraus: linksextrem, rechtsextrem oder mittelgemäßigt. Wenn es aber nur zwei digitale Optionen gibt, wie beim Klima den Erhalt oder die Zerstörung, dann muss das Prinzip der gemäßigten Mitte scheitern. Die Mitte und ihre Normalität tragen dann entweder zum Erhalt oder zur Zerstörung bei, dazwischen gibt es bei zwei Optionen keinen Kompromiss. Das sollten wir zugunsten unseres Überlebens als Menschheit unter menschenwürdigen Lebensbedingungen über das Wesen von Digitalisierung verstehen, anstatt sie auf die schnellstmögliche Verlegung von Internetleitungen zu reduzieren.

Was nun für eine evolutionäre Weiterentwicklung der Demokratie aus ihrer Krise heraus und in einen tragfähigen ökosozialen Systemzustand hinein ansteht, ist eine Transformation des Verständnisses der rationalen Vernunft im Sinne der Aufklärung von Immanuel Kant. Vernunft kann nicht auf eine Rationalität begrenzt werden, die ökonomisch als Recht zur eigennutzmaximierenden Ausbeutung und Zerstörung der sozialen und ökologischen Beziehungen und Systeme interpretiert wird. In dieser sachlich-logischen Rationalität sind wesentliche Teile, Fähigkeiten und Kompetenzen unserer Psyche und Ganzheit als Menschen abgespalten, die wir jetzt als fühlende Lebewesen brauchen, um zu spüren und anzuwenden, was heilsam ist, indem es uns Menschen wirklich verbindet und uns Menschen wirklich guttut. Für unser zukünftiges Leben und Überleben müssen wir die unbewusste Psyche in unser Menschenbild, unsere Aufklärung und Bildung miteinbeziehen, unsere unbewussten Traumata transformieren und unsere unbewussten Beziehungskompetenzen aktivieren, wenn wir unser menschliches Denken, Fühlen und Handeln verstehen wollen.[37]

Die zeitgemäße Erweiterung der Aufklärung als Befreiung aus der selbstverschuldeten Unmündigkeit des Menschen ist die Befreiung aus unbewusster ökologischer, sozialer, emotionaler und spiritueller Abspaltung und Traumatisierung, die Befreiung der Ganzheit des Menschen.

37 vgl. F. Ruppert, 2018, S. 25 ff.

5 Trauma der Wirtschaft

Die Marktwirtschaft dient den Abspaltungen und damit der Traumatisierung von Identität und Psyche. Als Wirtschaftssystem unterstützt sie die Konditionierung im mechanistischen Welt- und Menschenbild: Der individuelle und selbstbestimmte Eigenwert wird abgespalten, es gibt nur einen relativen und fremdbestimmten Tauschwert. Mit dieser spirituellen Spaltung geht die Beziehung zu sich selbst verloren und der Blick richtet sich nach außen auf die Konkurrenz. Der Trauma-Überlebenskampf des »Survival of the Fittest« beginnt und findet seinen Höhepunkt in der kapitalistischen Entartung. In der Traumawirtschaft hat sich der Sieger am besten mit seinen Trauma-Überlebensstrategien angepasst und erfolgreich seine Beziehungen zu sich selbst, seinen Gefühlen, Mitmenschen und zur Natur abgespalten. Diese Marktlogik werde ich nun präsentieren.

5.1 Soziale und ökologische Spaltung durch die Marktwirtschaft

Über die Marktwirtschaft wird zu ihrer Rechtfertigung in den wirtschaftswissenschaftlichen Vorlesungen der Universitäten gelehrt, dass sie Wohlstand für alle schafft. Aber dies gilt tatsächlich nur für die Gewinner, die immer weniger und reicher werden auf Kosten der immer zahlreicher und ärmer werdenden Mehrheit. Um diese Abspaltungs- und Umverteilungsdynamik zu verschleiern, ist ständiges Wirtschaftswachstum notwendig. Denn tatsächlich ist das Marktwirtschaftssystem sehr selektiv und folgt der Logik des »Überlebens der Stärkeren« zugunsten derjenigen, die eingangs bereits überdurchschnittlich besitzen und ihre Konkurrenten unterbieten können. Diese Dynamik steckt in dem Marktdiagramm:

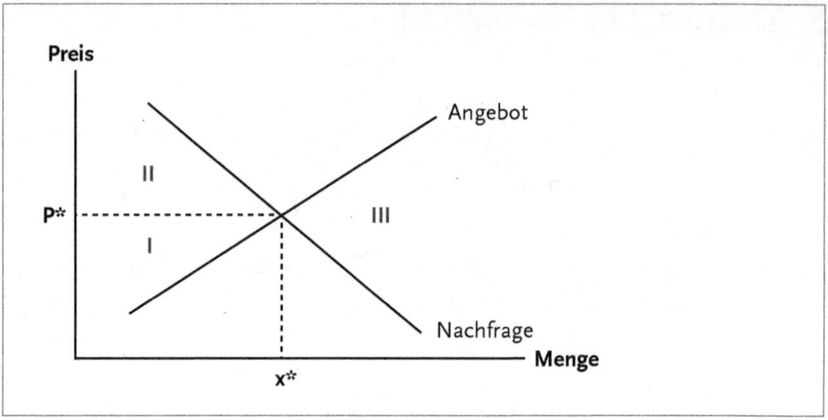

Abb. 6: Wohlfahrtswirkungen des Marktes; D. Sieben, 2007, S. 75

Die Konsumentenrente (Feld II) ist der Gewinn derjenigen, die bereit sind und es sich leisten können, mehr als den Marktpreis p* zu zahlen. Sie müssen aber nur den Marktpreis bezahlen. Diese »Ersparnisse« fließen vor allem in die Taschen der schon Gutverdienenden und Reichen. Die Produzentenrente (Feld I) ist der Gewinn derjenigen, die unter dem Marktpreis produzieren können, aber den Marktpreis erhalten. Langfristig können wir in der Gesellschaft beobachten, dass die Profiteure der Konsumentenrente ihre Gewinne als Kapital in die Produktion unterhalb des Marktpreises reinvestieren, um auch die Produzentenrente zu erhalten, sodass beide Renten als Gewinne in die gleichen Taschen fließen. Die beständige zeitliche Wiederholung dieser Markttransaktionen führt zu einer immensen Konzentration des Wohlstands.

Die Produzenten und die Konsumenten, die nicht bereit sind oder es sich nicht leisten können, den Marktpreis zu zahlen oder so billig wie der Marktpreis zu produzieren, sind von jeglichen Markttransaktionen ausgeschlossen, weil sie sich auf ihren Kurven rechts und damit jenseits der gehandelten Marktmenge x* befinden. Der Verlust dieser Produzenten und Konsumenten (Feld III) durch ihren Ausschluss vom Marktgeschehen wird in der Wirtschaftstheorie normalerweise nicht einmal erwähnt, sondern diese konzentriert sich nur auf die linke Seite der Gewinner bis zur am Markt gehandelten Menge x*. Die soziale Spaltung ist offensichtlich, die ökologische

Spaltung ist inhärent, wenn man versteht, dass die billigsten Lieferanten oft diejenigen sind, die soziale und ökologische Standards ignorieren und umgehen. Indem sie dadurch negative externe Effekte und Kosten für Gesellschaft und Umwelt verursachen, halten sie ihre Preise künstlich niedrig. Ihr Gewinn wird dreifach auf Kosten der Teile der Gesellschaft und der Umwelt erzielt, die sowohl für den Gewinn der billigen Produzenten zahlen, vom Konsum des Produktes ausgeschlossen sind als auch die sozialen und ökologischen Kosten tragen, die durch die Produktion und den Konsum entstehen. Dadurch wird die soziale Spaltung gestärkt und die Notwendigkeit einer ökologischen Nachhaltigkeit geschaffen. Eine Wertschätzung von sozialen und ökologischen Beziehungen ist innerhalb der Marktwirtschaft und ihrer Trauma-Überlebensstrategien der gegenseitigen Konkurrenz, Dominanz und Entwertung nicht möglich.

Franz Ruppert sieht eine Instrumentalisierung der Werte im kapitalistischen Wirtschaftssystem, indem die ökonomischen Profiteure als Traumatäter die Werte und Hilfsbereitschaft der Helfer und Gutmenschen für ihren Vorteil ausnutzen und ihnen die Verantwortung für die Beseitigung der sozialen und ökologischen Schäden ihres Erfolges übergeben. Er schreibt über die Geistesgifte und traumatisierenden Auswirkungen der ökonomischen Konkurrenz- und Wachstumsdynamik:

> *»Dabei liegen die Nachteile der wirtschaftlichen Konkurrenz und von blinden Wachstumsvorstellungen auf der Hand: Neid, Frustration, Aggression, Schadenfreude, Streit und Zwietracht sind an der Tagesordnung. Gewinner und Verlierer sind in einem wirtschaftlichen Konkurrenzsystem das, was mit Sicherheit immer dabei herauskommt. Was der eine hat, möchte auch der andere gern. Wenn der eine einen einträglichen Weg, sein Einkommen zu erwirtschaften, gefunden hat, möchte ein anderer ihm dies gleichtun, und versucht dann, ihm die Kunden und ›Märkte‹ abzujagen. Wenn der eine gewinnt, verliert der andere. Und es ist noch härter: Ich muss den anderen zum Verlierer machen, damit ich gewinne und nicht selbst der ›Loser‹ bin. Es gibt in einem Konkurrenzsystem daher immer Verlierer, sowohl auf der Seite der Unternehmen wie auf der Seite derer, die durch den Verkauf ihrer Arbeitskraft ihren Lebensunterhalt verdienen müssen. Pleiten der Unternehmen und Arbeitslosigkeit der Lohnabhängigen sind zwei Seiten der gleichen Medaille. Wer in einem solchen System arbeitet, ist dauer-*

haft gestresst und von ›Burn-out‹ bedroht. Auch wer keine Arbeits- und Verdienstmöglichkeit hat, ist ebenso gestresst und wird leicht depressiv. Die Arbeit als solche wird oft als stupide und sinnentleert erlebt. […] ›Liberal‹ ist dieses System nur für ihre Gewinner.«[38]

5.2 Wirtschaftswachstum als ökologische Spaltung und kollektive Traumakompensation

Für die sozial spaltende »Survival of the Fittest«-Dynamik der Marktwirtschaft in Gewinner und Verlierer braucht es eine systemkonforme Scheinlösung, die die Spaltung zugunsten der Profiteure aufrecht hält und die Verlierer soweit am Marktgeschehen partizipieren lässt, dass sie den Zustand akzeptieren. Hierzu dient das Wirtschaftswachstum. Es vermindert die existenzerhaltenden Transferzahlungen der Gewinner an die Verlierer im Vergleich zu einer stationären Marktwirtschaft ohne Wachstum, indem das Wachstum die Verteilung von zusätzlichen Einkommen ermöglicht. So werden Zweifel am System und Unruhen verhindert.

Die zunehmende nationale wie globale Konzentration von Einkommen und Vermögen zeigt aber, dass das Wirtschaftswachstum über den Marktmechanismus ebenfalls ungleich verteilt wird. Das Wirtschaftswachstum legitimiert die Abspaltungsdynamik der Marktwirtschaft, das Gerede vom Wohlstand für alle ist interessensgeleitet und dient ihren Profiteuren. Innerhalb des mechanistischen Welt- und Menschenbildes kann nicht gefühlt und erkannt werden, wie verheerend die Zerstörung dieser Traumawirtschaft für sämtliche Beziehungen des Menschseins ist – für Gewinner und Verlierer, die sich gegenseitig in Täter-Opfer-Dynamiken traumatisieren. Diese Zerstörung findet als spirituelle und emotionale Spaltungen innerpsychisch statt und wird über die soziale und ökologische Spaltung in der Außenwelt als dysfunktionale, sich selbst destabilisierende Wirtschaft und Gesellschaft sichtbar.

Wirtschaftswachstum ist somit ein gesellschaftlich akzeptierter Beschleuniger für die Gefährdung von Demokratien durch soziale Spal-

38 F. Ruppert, 2019, S. 65 ff.

tungen, auch wenn ihm erfolgreich das Gegenteil durch die neoliberale Wirtschaftsideologie mit der Verbreitung als Heilsbringer zugeschrieben wird. Hinzu kommt durch die Grenzen des Wachstums die ökologische Spaltung. Die Überschreitung der Grenzen der Erde als regenerierbare Ressource für wirtschaftliche Aktivität und der Grenzen ihrer Absorptionsfähigkeit als Senke für die schädlichen Emissionen von Produktion, Konsum, Ernährung, Energie und Mobilität hat eine ökologische Spaltung mit dem Ausmaß einer existenziellen Bedrohung für die Menschheit verursacht.

Dabei war alles gut beabsichtigt. Nach dem ersten und zweiten Weltkrieg lagen die Wirtschaft und die Psyche am Boden. Depression wird dieser verfestigte Zustand sowohl in der Psychologie als auch in der Ökonomie genannt. Er ist zutiefst schmerzhaft, erschütternd und traurig. Traumaheilung oder Traumakompensation sind an dieser Stelle die Entscheidungs- und Handlungsmöglichkeiten. Das Wirtschaftswachstum war und ist die Entscheidung für eine die Konfrontation und Heilung vermeidende kollektive Traumakompensation. Möglichst schnell sollte und musste ein Zustand erzeugt werden, der von dem Fühlen der eigenen Depression ablenkt und einen schnellstmöglich wachsenden inneren und äußeren Abstand herstellt. Desto mehr räumliche, zeitliche und materielle Distanz zwischen dem schmerzhaft-depressiven Traumatiefpunkt und dem aktuellen Standpunkt erzeugt werden kann, desto heilsamer und befreiender scheint die Entwicklung dank Wirtschaftswachstum fälschlicherweise zu sein.

In einem Seminar mit Franz Ruppert zu Beginn des Jahres 2020 wurde mir über die nach seiner Methode der Identitätsorientierten Psychotraumatherapie (IoPT) aufgestellten Anliegen deutlich vor Augen geführt, dass die Identitäten der Nachkriegsgeneration allesamt vollständig unberührt von der Erfolgsgeschichte von Wirtschaftswunder, Wachstum und Wohlstand nach Jahrzehnten immer noch am Boden lagen. Für die traumatisierte Psyche gibt es keine Heilung über Zeit und materiellen Wohlstand im Außen. Wirtschaftswachstum ist innerpsychisch nur eine das Trauma verdrängende und kompensierende Trauma-Überlebensstrategie.

Nachhaltigkeit ist auf der Grundlage einer so tiefen Abspaltung von Identität, Gefühlen und Beziehungen nicht möglich. Wer kann und soll in einem auf Konkurrenz basierenden Wirtschaftssystem mit wem nachhaltig umgehen? Nicht nur die Beziehungen von Mensch zu Mensch sind nachhaltig gestört, sondern auch die Beziehungen vom Menschen zur Natur. Die neoklassische Annahme der Substituierbarkeit ist Ausdruck der ökonomischen Entwertung von Leben und Lebewesen. Die Natur hat in der neoklassischen Ökonomik ebenso wenig einen Eigenwert wie alles andere – inklusive des Menschen selbst. Sie stellt für den Menschen nutzbare Güter und Dienstleistungen zur Verfügung, die grundsätzlich ersetzbar sind, vor allem durch technologische Innovationen. Wenn die gefragten Güter und Dienstleistungen der Natur knapp werden, wird es unternehmerisch profitabel, hierfür alternative Konkurrenzangebote zu entwickeln. Substituierbarkeit und Nachhaltigkeit der Natur schließen sich also aus, die Annahme der Substituierbarkeit ist eine Behandlung der Natur als vom Menschen unabhängiges Objekt und dadurch eine Entwertung als eigenständiges Subjekt und komplexes System von Lebewesen, von dem wir als Menschen ein Teil sind und existenziell abhängen. Die neoklassische Ökonomik entwertet den Menschen über die ökologische Spaltung und seine Konkurrenzbeziehung zur Natur letztendlich selbst, ebenso wie durch die sozialen Konkurrenzbeziehungen zwischen den Menschen. Systemisch betrachtet, kann es bei dieser Traumawirtschaft nur Verlierer geben. Wer am meisten traumatisiert ist, von sich selbst, seinen Gefühlen und Beziehungen abgespalten ist, wird sich am besten durchsetzen und sich in seiner Traumablase als erfolgreicher Gewinner vorkommen. Hinter diesem Schein lauern die verdrängten Verlust-, Versagens- und Existenzängste.

Der Glaube an die Substituierbarkeit der Natur ist Bedingung für den Glauben an ein unbegrenztes Wirtschaftswachstum auf einem begrenzten Planeten. Die Grenzen der Natur müssen ersetzt werden können, um immer weiter zu wachsen. Die innerpsychisch zu leistende Verdrängung für solche Glaubensvorstellungen ist als fühlendes Lebewesen enorm. Die Realität muss in einem Maße abgespalten werden, dass der abgetrennte Kopf und Verstand sich in davon freien abstrakten Denkfiktionen bewegen kann:

> *»Der Glaube an Wirtschaftswachstum als Heilsbringer erfordert eine grundlegende Verleugnung vor allem der Begrenztheit des ökonomischen Systems. Diese Verleugnung offenbart einen schwerwiegenden und folgenreichen Realitätsverlust der Organisation von Wirtschaft, Umwelt und Gesellschaft […], sämtliche ökologischen Beziehungen und Werte werden*

in der Wirtschaftstheorie einfach wegdefiniert, genauso wie die sozialen Beziehungen und Werte.«[39]

Kate Raworth bringt in ihrem Modell der Donut-Ökonomie die Gratwanderung zwischen dem ökologischen Dilemma einer zu stark wachsenden Wirtschaft, die ihre ökologischen Lebensgrundlagen zerstört, und dem sozialen Dilemma einer zu kleinen Wirtschaft, die die Bedürfnisse der Menschen nicht befriedigt, bildlich hervorragend auf den Punkt.

Sie integriert darin das Systemverständnis, dass die Wirtschaft ein den Menschen dienendes Subsystem der Kultur und Gesellschaft ist. Die menschliche Kultur und Gesellschaft sind wiederum ein Subsystem der Erde. Subsysteme sind »Töchtersysteme« und immer von den sie umgebenden »Muttersystemen« bestimmt. Entwickeln sie sich außerhalb der Grenzen und Funktionsweisen ihrer Muttersysteme, kommt es zu Systemkonflikten bis hin zur Destabilisierung beider Systeme.

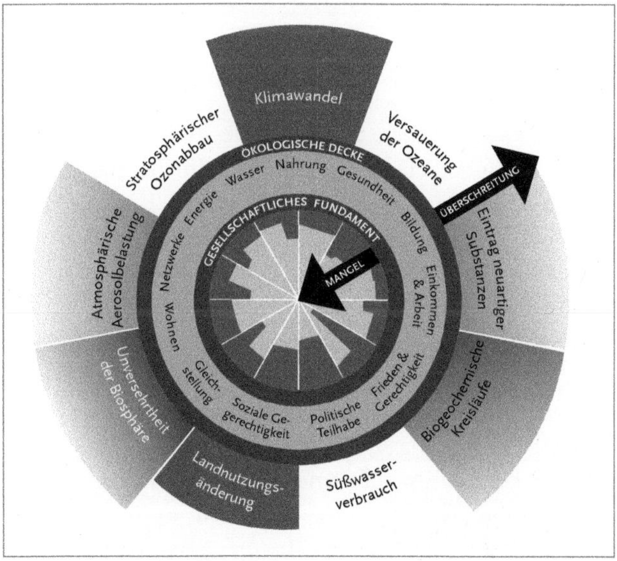

Abb. 7: Wikipedia »Planetare Grenzen«; CC BY-SA Apfelsamen; Vorlage: K. Raworth, 2018

39 D. Sieben, 2017, S. 78

Beispiele für destabilisierende Systemkonflikte sind Strukturen der globalen Ökonomie wie landwirtschaftliche Monokulturen, negative externe Effekte der Produktion und ressourcenintensiver Massenkonsum vs. Diversität, Vielfalt, Flexibilität und Anpassungsfähigkeit von Information und Materie in dezentral organisierten ökologischen Kreisläufen.

Zu klären bleibt auch die Frage, was als menschliche Bedürfnisse deklariert wird und was tatsächlich Bedürfnisse sind. Die gewaltfreie Kommunikation nach Marshall Rosenberg unterscheidet trennscharf zwischen Bedürfnissen und ihren Erfüllungsstrategien. So ist ein schnelles Auto zu fahren kein Bedürfnis, sondern eine Strategie. Das Bedürfnis dahinter kann Freiheit sein, jedoch gibt es immer verschiedene Strategien, ein Bedürfnis zu erfüllen. Das Gefühl von Freiheit beim schnellen Autofahren bedeutet noch lange nicht, dass es Freiheit ist. Die tatsächliche Erfahrung von Freiheit erfordert die Heilung und Transformation der innerpsychischen Abspaltungen. Solange wir uns nicht von ihnen befreit haben, ist unser Bewusstsein konzeptionell getäuscht, halten wir unsere Traumablasen für die Realität und unsere Trauma-Überlebensstrategien für die Freiheit.

Eine differenzierte Wahrnehmung, was es tatsächlich ist, erfordert ein hohes Maß an reflektierter Selbstwahrnehmung, da eine bestehende Traumatisierung über dissoziierte Gedanken und Gefühle immer einen irreführenden Realitätsbezug vermittelt. Das scheinbare Bedürfnis nach einer ökonomischen Selbstverwirklichung und Erfüllung durch Konsum entlarvt sich als Trauma-Überlebensstrategie für innerpsychischen Mangel. Der vergebliche Versuch der Beseitigung dieses Mangels ist der innerpsychische Zweck des ökonomischen Wachstumsstrebens in materiell entwickelten Ländern, in denen die körperlichen Bedürfnisse längst erfüllt sind. Die Wahrnehmung von Fülle geht jedoch nicht aus materiellem Besitz und Wohlstand hervor, sondern aus innerpsychischer Ganzheit.

Die Strategien zur Bedürfniserfüllung sind – im Gegensatz zur Natur – tatsächlich substituierbar und können zwischenmenschlich über eine gewaltfreie Kommunikation verhandelt werden, ohne dass dafür in gegenseitiger Konkurrenz um die Durchsetzung der eigenen Bedürfnisse Druck, Macht, Ansprüche und Erwartungen ausgespielt werden. Druck, Macht, Ansprüche und Erwartungen sind Bestandteile von Trauma-Überlebensstrategien, die durch Kooperation ersetzt werden können, soweit dies durch die gesunde Psyche möglich ist. Werden hier Grenzen aufgrund von Traumatisierung erreicht, braucht es inneres Wachstum zur Transformation dieser Traumatisierungen und ihrer Grenzen.

5.3 Geld und Schulden

Aus meiner Sicht macht es wenig Sinn, sich in innovativen und alternativen Konzepten über Geldsysteme zu verlieren. Ein Grundverständnis der Geldschöpfung und Zinswirkungen ist wichtig, aber ausgehend von der bestehenden innerpsychischen Konditionierung der Menschheit passt das gegenwärtige Geldsystem zu uns. Auch wenn diese Feststellung schmerzt.

In einem Transformationsseminar im Jahre 2018 ist mir schlagartig klar geworden, dass alle meine zwischenmenschlichen Beziehungen Schuldbeziehungen sind. Und dass das auf den Rest der Menschheit ebenso zutrifft. Innerlich finden ständige Aufrechnungen zwischen Eltern, Kindern, Partnern, Freunden, Vorgesetzten, Mitarbeitern und Kollegen statt, wer wem wieviel an Liebe, Aufmerksamkeit und Gefälligkeiten schuldet. Diese Rechnungen werden zum eigenen Vorteil hervorgeholt, wenn es Konflikte gibt. In der Folge dreht sich der Konflikt um die Guthabenstände der jeweiligen Beziehungskonten, wer mehr gegeben hat und nun einen Schuldenausgleich bekommen darf. Bei Trennungen von Partnerschaften werden die angelaufenen Beziehungsschulden auch materiell offensichtlich. Solange es gut und glatt läuft, finden die Rechnungen im verborgenen Unterbewusstsein statt.

Beziehungen sind Schuldbeziehungen, solange wir uns in diesen Beziehungen gegenseitig Schuld zuweisen und aufrechnen. Das Geld ist dafür ein passendes Mittel und Maß, denn es erleichtert uns das Zählen und Rechnen. Es bedarf folglich einer neuen Beziehungsqualität mit der Überwindung insbesondere der sozialen Spaltung, damit ein sozial gerechtes Geldsystem wirksam eingeführt werden und nachhaltig bestehen kann. Das trifft meines Erachtens ebenfalls auf die Bereitschaft zu, einen Schuldenerlass für arme und notleidende Staaten zu gewähren.

Wirkliche Geschenke anzunehmen, fällt uns als in Schuldbeziehungen konditionierten Menschen schwer. Damit meine ich keine erwartungsgemäß »zustehenden« und »verdienten« Geschenke wie zum Geburtstag, zu

Weihnachten oder zur Hochzeit, sondern im Alltag. In diesem ist es fast unmöglich zuzulassen, zum Beispiel von jemandem auf einen Kaffee oder etwas anderes eingeladen zu werden, ohne dass sich gleich ein unangenehmes Gefühl von Schuld einstellt, weil es uns an unsere spirituelle und emotionale Spaltung erinnert. Das äußert sich sehr konkret über die Aussage, als Ausgleich für die erhaltene Einladung dann selbst beim nächsten Mal mit einer Einladung dran zu sein. Diese Reaktion ist keine Annahme der Einladung als Geschenk, sondern ihre Zurückweisung durch Aufrechnung. Innerhalb dieser Konditionierung wird es auch nicht tiefergehend möglich sein, die eigene spirituelle Spaltung mithilfe der Gaben zu überwinden, die uns Geschöpfen und Lebewesen als Eigenschaften unseres Seins gegeben wurden, ohne dass wir dafür etwas tun mussten und diese Gaben verdient haben. Einfach sein zu dürfen, ist in auf Abspaltungen basierenden Beziehungen nicht möglich.

Anwendung:
Legen Sie nun bitte eine Lesepause ein, machen Sie sich Ihre eigenen Erfahrungen mit privaten und beruflichen Schuldbeziehungen bewusst und schreiben Sie diese auf.

5.4 Das Menschenbild des Homo oeconomicus

Der Homo oeconomicus ist theoretisch nur ein fiktiver Wirtschaftsakteur, aber das Wirtschaftssystem ist ganz real exakt auf ihn und sein Verhalten ausgerichtet. Es belohnt uns Menschen, genauso zu sein, zu denken und zu handeln wie der Homo oeconomicus: den eigenen Nutzen rational zu kalkulieren und zu maximieren, ohne dabei in Beziehung mit der eigenen Innenwelt, unseren Mitmenschen und der Natur zu sein. Der eigene Vorteil wird ökonomisch belohnt, für die von ihm verursachten Schäden an Natur und Mitmenschen ist der Homo oeconomicus nicht verantwortlich. Sie werden als negative externe Effekte der Allgemeinheit aufgebürdet. Daher ist es in diesem Wirtschaftssystem rational und vernünftig, sich entsprechend abzuspalten, anzupassen und als eigennutzmaximierender Homo oeconomicus zu verhalten.

Als Konsequenz werden die unter genau diesen Rahmenbedingungen einer Traumawirtschaft erfolgreichen Akteure risikoscheu und versuchen,

Veränderungen der Rahmenbedingungen zu vermeiden, ja sogar mit ihren aufzubietenden Kräften zu verhindern. Pareto-optimales Verhalten wird dieses Verhalten in der ökonomischen Fachsprache genannt, d. h. einen Zustand nur zu verändern, wenn sicher ist, dass der neue Zustand besser als der bisherige ist. Nur funktionieren Entwicklungssprünge komplexer Systeme eben nicht auf diese Weise. Der Homo oeconomicus muss sich also in einem sich zuspitzenden Konflikt mit dem Wandel der Wirklichkeit befinden. Zur Beschreibung solcher risiko- und veränderungsscheuer Wirtschaftsakteure, deren Haltung auch auf viele Unternehmer, Manager, Führungskräfte und Angestellte zutrifft, dient dieses Zitat von Gerald Hüther:

> *»Zwanghaft sind sie darum bemüht, immer wieder solche Bedingungen zu schaffen und aufrechtzuerhalten, unter denen sie die Zweckmäßigkeit ihrer einmal entwickelten Fähigkeiten unter Beweis stellen können. Solange ihnen das gelingt, werden sie bei der Bewältigung bestimmter Aufgaben immer besser, immer effizienter und immer erfolgreicher. Sie scheitern aber meist kläglich, sobald sich die Verhältnisse ändern und neue Herausforderungen auf sie zukommen, die mit den eingefahrenen Verschaltungsmustern in ihrem Hirn nicht zu bewältigen sind.«*[40]

Der Homo oeconomicus ist folglich alles andere als ein entwicklungsfreudiger Mensch, der aus der Aufklärung als mündiger und demokratiefähiger Bürger hervorgeht und zu kompetenten Entscheidungen und Handlungen fähig ist. Er ist auf jeder Ebene der Traumatisierung abgespalten, ökologisch, sozial, emotional und spirituell, er hat keine Beziehungen zu seiner Umwelt, seinen Mitmenschen, seinen Gefühlen und zu sich selbst. Auf diese Weise in seiner Traumablase isoliert, ist er ein leidender Psychopath, der Heilung und Transformation braucht, sich aber in der Ablenkung durch gesellschaftlich anerkannte ökonomische Trauma-Überlebensstrategien verliert und immer weiter von sich selbst entfremdet. Erfolg und Wohlstand bringen ihm Anerkennung und Bewunderung ein, zum Teil auch Neid. Davon muss er sich innerlich ernähren, denn zu konstruktiveren Beziehungen ist er innerhalb seiner Traumakonditionierung nicht fähig.

40 G. Hüther, 2017, S. 58

Die Wirkungen der vierfachen Abspaltung des Homo oeconomicus kann man jeweils konkreten wirtschaftlichen und gesellschaftlichen Traumabewältigungsstrategien zuordnen, sodass sich ihre jeweiligen Eigenschaften, die sich in Wirtschaft und Gesellschaft zunehmend verbreiten, zu einem Gesamtbild des Narzissmus zusammenfügen:

Spiritual Divide → Materialismus:
Dem Homo oeconomicus bleibt nur Selbstverwirklichung durch Materie, die immer begrenzt und endlich ist. Die vermeintliche Freiheit endet immer im Zerfall und Tod des Körpers, was eine tiefe Depression, Ohnmacht und Hoffnungslosigkeit dem Leben gegenüber verursacht, die jedoch auf keinen Fall zugelassen, gefühlt und gezeigt werden darf. Der Materialismus frohlockt und verführt mit der Möglichkeit einer erfolgreichen Verdrängung und Beseitigung dieser Gefühle durch die Abspaltung und Leugnung der spirituellen Dimension der eigenen Identität und der Realität. Dadurch ist der Materialismus tatsächlich ein Angriff gegen sich selbst.

Emotional Divide → Hedonismus:
Die emotionale Spaltung geht aus der spirituellen Spaltung hervor und führt unweigerlich zu einer materialistischen Vergnügungssucht, zu einem Sich-Verlieren im Begehren und Anhaften an Sinnesobjekten, die die Sinne und den Geist besetzen und betäuben, jedoch vergänglich sind und den innerpsychischen Mangel nicht füllen können. Die Suche nach kurzlebig verschafften Glücksgefühlen und die Illusion ihrer Erfüllung werden durch mediale und technische Möglichkeiten verstärkt, die die emotionale Abspaltung füttern. Scheitern und Versagen sind vorprogrammiert. Denn auch die Listen, was man besitzen muss, wissen muss und gesehen haben muss, um dazuzugehören, verlängern sich schneller als sie abgearbeitet werden können.

Social Divide → Utilitarismus:
Die Mitmenschen werden aufgrund der sozialen Spaltung instrumentalisiert als Hilfsmittel zur Befriedigung der eigenen Bedürfnisse. Sowohl reale Freund*innen als auch virtuelle Social-Media-Freund*innen dienen dem Zweck, sie zu beeindrucken und mit ihnen andere zu beeindrucken. Selbst mobile Anrufe von Freund*innen und Familie werden öffentlichkeitswirksam benutzt, um sich als interessant, beliebt und vernetzt zu zeigen. Der Utilitarist

wertet sich über seine Meinung in Gesprächen selbst auf und seine Mitmenschen ab, Freunde wie Feinde. Er urteilt ständig über seine Mitmenschen und fürchtet sich vor den Rückwirkungen dieser Urteile gegen sich selbst. Über sich selbst spricht er daher meistens nur, um sein schillerndes Selbstbild zu bestätigen und hierfür Aufmerksamkeit auf sich zu lenken.

Ecological Divide ➔ Egoismus:
Der Hhomo oeconomicus gibt sich das Recht, für seine »rationale Eigennutzmaximierung« über die von ihm vorgefundenen begrenzten Ressourcen der Natur auf Kosten seiner gegenwärtigen und zukünftigen Mitmenschen zu verfügen. Er sieht sich als rechtmäßigen Gewinner im »Survival of the Fittest« – Wettkampf, dem nun alles an Ressourcen zusteht. Die Natur betrachtet er als weitgehend lebloses und ersetzbares Objekt, zu dem er keine tiefere Beziehung hat. Es steht ihm nach seinem Belieben zur Verfügung. Er nutzt die Strukturen der Gesellschaft, um sich und seinen Erfolg politisch, rechtlich, moralisch und wirtschaftlich zu legitimieren. Seinen Erfolg hat er sich in seinen Augen redlich verdient und seine weniger erfolgreichen Mitmenschen haben ihm zu dienen. Dabei fühlt er keine Verbindung zu ihnen und zu sich selbst, er lebt in seiner Traumablase von Wohlstand und Erfolg.

Fazit: Homo oeconomicus ➔ Narzissmus
Aus den vier Abspaltungen und ihren Eigenschaften kristallisiert sich das Gesamtbild eines Narzissten heraus, wie er heutzutage in Gesellschaft, Wirtschaft und Politik immer mehr an Macht gewinnt und das Geschehen prägt. Für das Verständnis des Narzissmus hilft es nicht, Narzissmus allein in seinen hervorstechendsten Vertretern zu sehen, ihn auf andere zu projizieren, um sich selbst davon distanzieren zu können. Die eigene Schuldbefreiung durch eine schuldzuweisende Personifizierung füttert nur den eigenen Narzissmus. Die vierfache innerpsychische Abspaltung fördert bei jedem Menschen den eigenen Narzissmus zu glauben, einfach besser zu sein. Sich dazu zu bekennen, ist der erste verantwortungsbewusste Schritt zur Befreiung davon.

Als »ökonomische Gleichung« für das erfolgreiche wirtschaftssystemkonforme Menschsein ergibt sich: **Narzissmus (Homo oeconomicus) = Materialismus (Spiritual Divide) + Hedonismus (Emotional Divide) + Utilitarismus (Social Divide) + Egoismus (Ecological Divide).**

Anwendung:
Legen Sie nun bitte eine Lesepause ein, machen Sie sich Ihre eigenen Erfahrungen mit der vierfachen Abspaltung in der Wirtschaft und ihre Auswirkungen auf eigene Trauma-Überlebensstrategien bewusst und schreiben Sie diese auf.

6 Trauma der Nachhaltigkeit

Nachhaltigkeit soll die ökologische Spaltung des Wirtschaftswachstums und die soziale Spaltung der Marktwirtschaft »heilen«. Doch kann dies nicht innerhalb der bestehenden innerpsychischen Traumakonditionierung gelingen, die ihren passenden Ausdruck in den äußeren Spaltungsstrukturen von Wirtschaftswachstum und Marktwirtschaft findet. Die Nachhaltigkeit in der vermeintlichen Rolle als Retter wird aufgrund der unbewussten und ungesehenen Traumakonditionierung zum Mittäter, indem aus ihr das verbreitete und akzeptierte Nachhaltigkeitsverständnis des Mainstreams hervorgegangen ist, das innerpsychische Traumaabspaltungen beinhaltet und sogar rechtfertigt. Die Folge ist das Versagen von Nachhaltigkeit, das anhand des Mind-Behaviour-Gaps deutlich wird.

Das gegenwärtige Verständnis von Nachhaltigkeit werde ich in drei aufeinander aufbauenden Schritten (Transformationsstufen) erweitern, sodass die gegenwärtige Traumakonditionierung des Bewusstseins darin integriert wird und transformiert werden kann. Die Anleitung des dadurch erst möglichen nachhaltigen Transformationsprozesses erfolgt dann im 8. Kapitel.

6.1 Der Mind-Behaviour-Gap

An dieser Stelle zitiere ich zur Veranschaulichung der verhängnisvollen Rolle und Auswirkungen des Mind-Behaviour-Gaps der Nachhaltigkeit nochmal den Journalisten Bernd Ulrich:

> *»Die Entfaltung des Klimaproblems zu seiner vollen Größe binnen dreier Jahrzehnte bedeutet auch kulturell sehr viel: Das stets wachsende Umweltbewusstsein entwickelt sich nämlich parallel zur wachsenden Umweltzerstörung, das Wissen um die Krise eskortiert die Krise, die sich derweil nicht etwa abmildert, sondern verschärft. Man könnte es auch ökologische Schizophrenie nennen oder performativen Selbstwiderspruch. Darum müssen wir uns die westlichen Gesellschaften unter dem Gesichtspunkt ansehen, welche Kulturtechniken sie entwickelt haben, um diesen dramatischen Widerspruch auszuhalten: Wie sind Politik, Wirtschaft und Öffentlichkeit, wie*

sind die Gespräche zwischen den Menschen, wie sind ihre inneren Monologe beschaffen, um mit dieser wissenden Ignoranz, mit diesem tatenarmen Tun zurechtzukommen? Wie wird man, mit anderen Worten, eine zugleich massiv verbrauchende und verdrängende Gesellschaft?«[41]

An diesem Mind-Behaviour-Gap entzündet sich die ökologische und soziale Spaltung zwischen Klimaschützern und Klimaleugnern. Nicht jeder Klimaschützer lässt sich auch auf einen gemeinsamen inneren Entwicklungsprozess ein, viele sehen die Ursachen und Lösungen allein bei »den Anderen« in Wirtschaft, Politik und Gesellschaft, die sich ändern sollen. Damit tragen sie unbewusst ebenso zur sozialen Spaltung bei wie ihre Kontrahenten, die Klimaschutzverweigerer. Nachhaltigkeit und Klimaschutz können, wie ich bereits in den Abschnitten der ökologischen Spaltung und des »Sacred Activism« erklärt habe, ohne ein eigenes inneres Einlassen auf den Transformationsprozess zu einem Machtinstrument über die Mitmenschen mutieren, die sich den eigenen Vorstellungen und Erwartungen entsprechend anzupassen und unterordnen zu haben. Wird der Umwelt- und Klimaschutz über die Menschen gestellt, dem sie sich unterzuordnen haben, findet ein Missbrauch des Umwelt- und Klimaschutzes statt, der über den ausgelösten Handlungsdruck (»Ökostress«) potenziell zu einer Traumaaktivierung der Betroffenen führt. Daher muss es immer in erster Linie um die Menschen gehen, sonst erfolgt – bewusst oder unbewusst – über das vermeintlich wichtigere Sachthema ihre Abwertung als Umwelt- und Klimaschutzverweigerer und die eigene Selbstaufwertung als Recht habende Umwelt- und Klimaschützer. Dieser Versuch einer Machtausübung, der die Mitmenschen instrumentalisiert und dafür zu Objekten des eigenen Willens reduziert, ist sehr verführerisch. Er ruft bei den abgewerteten Mitmenschen, denen über das ihnen fehlende ökologische und soziale Handeln eine Täterrolle zugewiesen wird, Widerstand bis hin zu einer Traumaaktivierung hervor, weil sie sich von den Umwelt- und Klimaschützern verständlicherweise angegriffen und bedroht fühlen.

Wirklich wirksame Umwelt- und Klimaschützer lassen sich und ihren Mitmenschen ihre Freiheit und greifen sie nicht an, weil sie verstehen, dass

41 B. Ulrich, 2019, S. 36 ff.

ihre Freiheiten sich gegenseitig bedingen. Diese individuelle und kollektive Freiheit ist eine innerpsychische Befreiung aus Traumatisierung, sodass der Verlust der eigenen Identität nicht mehr durch materielle Identifikationen und Anhaftungen kompensiert werden muss.

6.2 Transformationsstufe I: von der Mainstream-Nachhaltigkeit zur ökosystemischen Nachhaltigkeit der Außenwelt

Der Mensch kommt als Individuum in dem gängigen Mainstream-Konzept der Nachhaltigkeit nicht direkt vor. Er ist bereits seiner Identität, Innenwelt und Schöpferkraft beraubt, als selbstwirksames Individuum aufgelöst und aufgegangen als Teil von drei Subsystemen der Außenwelt, wie im Folgenden anhand des Modells der Triple-Bottom-Line deutlich werden wird. Dieses traumatisierte und traumatisierende Nachhaltigkeitsverständnis braucht eine nachhaltige Transformation, eine radikale Bewusstseinsrevolution, für die ich einen ganzheitlichen-systemischen Ansatz entwickelt habe und schrittweise aufzeigen werde.

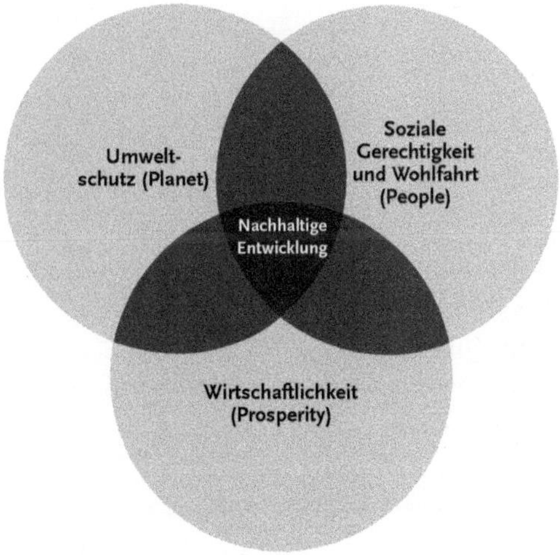

Abb. 8: Mainstream-Modell der Nachhaltigkeit; eigene Darstellung

Das derzeitige Mainstream-Modell der Nachhaltigkeit spiegelt den gespaltenen Bewusstseinszustand wider, der die Menschheit in ihre multiple existenzielle Krise geführt hat. Trotz guter Absichten an der Oberflächliche dieses Bewusstseins lässt sich der Einfluss der unbewusst zugrunde liegenden spirituellen, emotionalen, sozialen und ökologischen Spaltung nicht vermeiden, selbst wenn man diese Spaltungen in das menschliche Unterbewusstsein verdrängt. Das Schaubild der Mainstream-Nachhaltigkeit stellt somit die Wahrnehmung der Welt mit dem Blick und Verständnis eines Menschen dar, der nicht mit sich selbst, seinen Mitmenschen und seiner Natur in Beziehung ist. Das Leben besteht aber aus Beziehungen und als Lebewesen prägen soziale und ökologische Beziehungen das menschliche Leben und definieren dessen Qualität. Die ökonomische Abspaltung dieser Beziehungen ist als Mensch und Lebewesen traumatisch. Das Abschneiden dieser Beziehungen, um ein von ihnen isoliertes und entfremdetes wirtschaftliches Eigeninteresse verfolgen zu können, bedeutet, den Menschen vom Leben abzuschneiden, was letztendlich zur Selbstzerstörung des Menschen und der Menschheit führt. Diese ökonomische Selbstzerstörungsdynamik wird durch die tiefe spirituelle Spaltung von uns selbst und unserer eigenen Identität angetrieben, die sich im menschlichen Bewusstsein und Geist eingenistet hat.

Alle vier menschlichen Abspaltungen sind in diesem Modell der Nachhaltigkeit vorhanden, in dem die Welt aus den drei überwiegend voneinander unabhängigen Dimensionen von Gesellschaft, Wirtschaft und Umwelt besteht, die jeweils durch einen Kreis dargestellt werden. Die ökologische Spaltung ist deutlich sichtbar, da nur der winzige Schnittpunkt in der Mitte die drei Dimensionen der Nachhaltigkeit enthält. Ohne Überwindung der sozial spaltenden ökonomischen Konkurrenzbeziehungen durch kooperative Beziehungen gibt es keine Möglichkeit, diese ökologische Spaltung zu überwinden. Die spirituelle Spaltung liegt der mechanistischen Wahrnehmung der ökologischen, sozialen und ökonomischen Dimensionen als voneinander getrennte Kreise zugrunde. Sie führt zu der reinen Außenweltfixierung, als ob es keine mit dieser Außenwelt verbundene Innenwelt gäbe. Daher bietet das bestehende Mainstream-Modell auch keinen tatsächlich wirksamen Ansatz für nachhaltige Entwicklung. Wir können die Wirtschaft darin sogar ohne Einschränkungen und Nachhaltigkeit weiter wachsen lassen. Wenn wir ihren Kreisumfang vergrößern, hat dies kaum

Auswirkungen auf den Schnittpunkt der Nachhaltigkeit und die beiden anderen Kreise von Umwelt und Gesellschaft.

Aufgrund der Traumaabspaltungen der menschlichen Psyche ist es letztendlich nicht verwunderlich, dass wir ein Nachhaltigkeitsmodell kreiert und verbreitet haben, das die spaltenden Dynamiken unserer Psyche in der Umwelt, Wirtschaft und Gesellschaft legitimiert, anstatt sie zu transformieren.

Systemisches Denken fügt dagegen in einer ersten Transformationsstufe dieses rein materielle Außen-Weltbild in eine Ordnung, die mit unseren Ökosystemen und ihren Grenzen kompatibel ist. Darin definieren Ökosysteme die Grenzen für die menschlichen Systeme inklusive der Wirtschaft, die wiederum ein Teilsystem der menschlichen Gesellschaft ist, das seine Rolle und Funktion für die Gesellschaft durch die Versorgung mit Gütern und Dienstleistungen erfüllt. Diese einfache Grafik veranschaulicht die »Ökosystem-Hierarchie« von Umwelt, Gesellschaft und Wirtschaft:

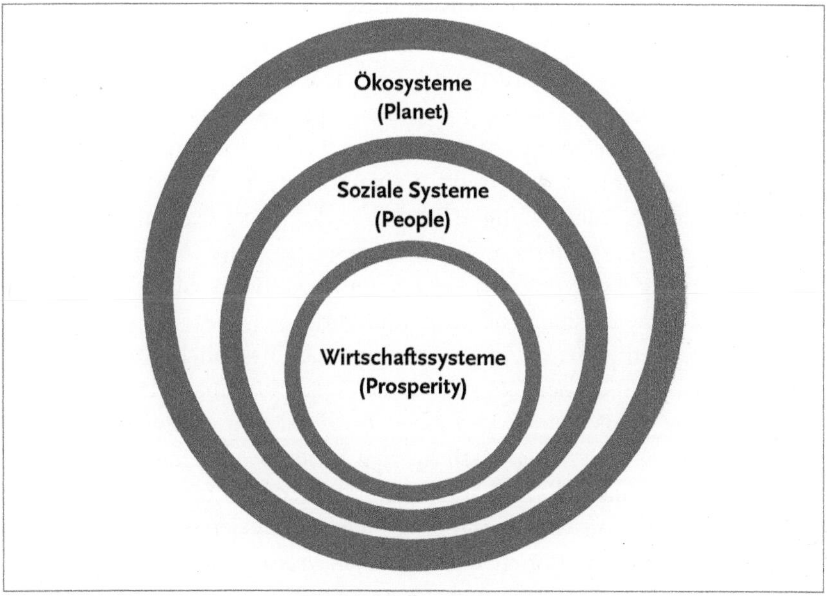

Abb. 9: Ökosystemische Nachhaltigkeit der Außenwelt; eigene Darstellung

Eine sehr anschauliche Form dieser Ökosystem-Zusammenhänge und der Konflikte durch ihre Nichtbeachtung beinhaltet in Abschnitt 5.2 die Abbildung 7 mit der »Donut-Ökonomie« von Kate Raworth.

6.3 Transformation nachhaltiger Unternehmen

An einem Außenwelt-Konzept der Nachhaltigkeit ausgerichtete Unternehmen hängen nach wie vor an einem objektiv-mechanistischen Weltbild, d. h. der Mensch hat sich der Sache der Nachhaltigkeit unterzuordnen. Er wird dadurch instrumentalisiert und zum Objekt von Interessen gemacht. Damit werden Täter-Opfer-Dynamiken verbreitet, auch wenn es scheinbar um die gute Sache der Nachhaltigkeit geht. Das gilt auch für die oben aufgezeigten ökosystemischen und postwachstumsökonomischen Weiterentwicklungen.

Sie können als reine Außenweltmodelle keine heilsamen Wirkungen auf die innerpsychischen Abspaltungen haben und führen dadurch zu einer unbewussten schleichenden Systemanpassung, insbesondere mit zunehmendem Wachstum des eigenen Unternehmens. Nur selten gibt es in nachhaltigen Unternehmen konkrete Vorstellungen einer optimalen Betriebsgröße für das Unternehmen als Organismus, so wie alle lebendigen Organismen eine optimale Größe haben. Wenn es um das eigene unbegrenzte Wachstum geht, wird dieses meistens mit dem Anspruch des Unternehmens legitimiert, ein Systemveränderer zu sein und für eine größere Wirkung mehr Wachstum zu benötigen. Gleichzeitig erfolgt über das selbst gerechtfertigte Ziel des Wachstums eine systemkonforme Anpassung. Diese Widersprüchlichkeit wird zum eigenen Vorteil in Kauf genommen und ist über das Eisbergmodell der Psyche gut nachvollziehbar, indem unbewusste Existenzängste, Anerkennungsbedürfnisse und Machtgelüste das tatsächliche Verhalten dominieren, während an der Oberfläche die eigene Nachhaltigkeit bestmöglich vermarktet wird.

Diese Unternehmen haben nach meinen Erfahrungen eine an der nachhaltigen Entwicklung des Menschen orientierte Ausrichtung versäumt. Ein in der Außenwelt auf Nachhaltigkeit als Sache reduziertes Verständnis ist neben Wachstumsambitionen eine weitere systemkonforme Anpassung. Solche Unternehmen befinden sich im unbewussten Überlebensmodus des Überlebenskampfs mit Nachhaltigkeit in einem nicht nachhaltigen Wirtschaftssystem. Anstatt ihr eigenes nicht nachhaltiges abgespaltenes Menschsein zu transformieren, passen sie sich mit ihren eigenen individuellen und kollektiven Trauma-Bewältigungsstrategien unbewusst daran an. Die Zielwerte des Unternehmens können dann nicht mehr konsequent gelebt werden und werden von den eigenen unbewussten Existenzängsten, Anerkennungsbedürfnissen, Machtambitionen und Wertekonflikten sukzessive unterwandert. Bei Bedarf gibt es dafür immer eine sachliche Rechtfertigung. Diese Entwicklung führt dazu, dass letztendlich die Wachstumszahlen und der Außeneindruck stimmen müssen, wie es auch schon vor dem Aufkommen von Nachhaltigkeit der Fall war. An dieser Konditionierung hat sich also nichts geändert.

Nachhaltigkeit als Sache zu objektivieren, ohne dem Menschen als Subjekt die zentrale Rolle für Nachhaltigkeit über seine eigene Bewusstseinsentwicklung einzuräumen, kann auf Dauer nicht gelingen, weil das innerpsychisch nicht tragfähig und nachhaltig ist. Eine Außenwelt-Nachhaltigkeit ist inzwischen nicht mehr zukunftsorientiert, sondern vergangenheitsbezogen und -bewahrend. Was innerpsychisch tatsächlich wächst, ist der kontinuierliche Rückfall in unbewusste systemkonforme Verhaltens- und Krisenreaktionsmuster als unwillkürliche Folge.

Vier systemkonforme Abspaltungsdynamiken durch angewandte Trauma-Bewältigungsstrategien können in nachhaltigen Unternehmen identifiziert und unterschieden werden:

1. Innerpsychische Eisberg-Spaltung von äußerer Oberfläche und tatsächlichem Innenleben in der Organisation, ihren Führungskräften und Mitarbeitern;
2. Externe Vermarktung des Oberflächenbildes nach außen an die Öffentlichkeit und Reduktion der internen Kommunikation und Unternehmenskultur auf den Oberflächeneindruck. Die Aufrechterhaltung dieses Eindrucks wird zum tatsächlichen Inhalt und Ziel des Unternehmens über Narrative (Erfolgsstories);
3. Sachlich-rationale Rechtfertigung von Unternehmenswachstum und Kosteneffizienz als Trauma-Bewältigungsstrategien im eigenen Existenz- und Überlebenskampf;
4. Instrumentalisierung und Objektivierung von Menschen für Nachhaltigkeit, die sich der Nachhaltigkeit als ihnen übergeordneter Sache unterordnen.

Die ersten drei Punkte treffen auf jede Art von Unternehmen im Allgemeinen zu, der vierte Punkt betrifft im Besonderen nachhaltige Unternehmen. Bei allen vier Symptomen besteht offensichtlich ein großer Handlungs- und Veränderungsbedarf für Organisationen und ihre Mitarbeiter, um sich weiterzuentwickeln und bestehende Traumatisierungen zu transformieren. Für Unternehmen werde ich im 7. Kapitel den Organisationsentwicklungsansatz von Frederic Laloux (»Reinventing Organizations«) vorstellen und für Menschen den Persönlichkeitsentwicklungsansatz von Jane Loevinger (»Ich-Entwicklung«).

Anwendung:
Legen Sie nun bitte eine Lesepause ein, machen Sie sich Ihre eigenen Erfahrungen mit dem Außeneindruck und Innenleben von Unternehmen bewusst und schreiben Sie diese auf. Welche Abspaltungen und Trauma-Überlebensstrategien können identifiziert werden? Ggf. ist es hilfreich, die Konditionierung des jeweiligen Unternehmens anhand eines Eisbergmodells zu visualisieren und darin die verschiedenen Abspaltungen und Trauma-Überlebensstrategien zu verorten.

6.4 Transformationsstufe II: von der ökosystemischen Nachhaltigkeit der Außenwelt zur systemischen Nachhaltigkeit der Innenwelt und Außenwelt

Wie bereits erwähnt, befasst sich das derzeitige Mainstream-Modell der Nachhaltigkeit lediglich mit der Außenwelt, als ob dies die einzige und vollständige Realität wäre. Mit dieser partiellen Sichtweise werden die Erkenntnisse der Quantenphysik und der Neurobiologie über den relevanten Einfluss des beobachtenden Subjekts auf die Wahrnehmung des Objekts vollständig ignoriert. Heutzutage wissen wir, dass die Wahrnehmung der Realität ein sehr kreativer Prozess unseres Gehirns ist, der einen aus wissenschaftlicher Sicht im Wesentlichen leeren Raum mit Atompartikeln in eine scheinbare Realität fester Formen und Objekte verwandelt.

Franz Ruppert unterscheidet an dieser Stelle zwischen zwei Realitätsebenen. Die Realitätsebene 1 ist die Außenwelt, die Realitätsebene 2 ist die Innenwelt. Mit der Quantenphysik und der Psychologie gibt es eine Übereinstimmung in Geistes- und Naturwissenschaft, dass eine objektive Realität allein nicht existiert. Für eine aktuelle, realistische und wissenschaftliche Sicht auf die Welt habe ich daher in meiner Dissertation von 2007 das die Außenwelt wahrnehmende Subjekt mit seiner Innenwelt in ein ganzheitlich-systemisches Modell der Nachhaltigkeit integriert. Dadurch gewinnt der Mensch als Subjekt seine Relevanz und Bedeutung zurück, die im aktuellen Mainstream-Modell im Zuge seiner spirituellen Spaltung und Selbstentwertung vollständig ignoriert wurde. Die Wirkung dieser Entmachtung als Subjekt ist, keine Selbstwirksamkeit in Bezug auf das eigene ökologische, soziale und ökonomische System zu haben, was im Alltag oft als Hilflosigkeit und Ohnmacht empfunden wird. Diese Wirkung folgt der Abspaltungsdynamik der darauf aufgebauten Strukturen in der Wirtschaft und Gesellschaft und verteidigt sie gegen Systemveränderungen. Ökologisches Engagement hat zum Beispiel in dem Triple-Bottom-Line-Modell der Nachhaltigkeit kaum Auswirkungen auf die Dynamiken in der Wirtschaft und Gesellschaft, die, wie gezeigt, mechanistisch als weitgehend voneinander unabhängige Dimensionen (Kreise) aufgefasst werden.

Das Ergebnis einer Integration der subjektiven und objektiven Weltsicht, die wir Menschen zusammen als Realität wahrnehmen, habe ich über einen Zwischenschritt zu einem »Zwei-Augen-Modell« verbunden, wobei ein Auge nach außen auf die äußere materielle und objektive Welt schaut, das andere nach innen auf die innere spirituelle und subjektive Welt. Die Begrifflichkeit des »Zwei-Augen-Modells« habe ich in Abgrenzung zur Partialanalyse unter Ceteris-paribus-Bedingungen bewusst gewählt, die in der neoklassischen Ökonomik sehr verbreitet ist, um Zusammenhänge verstehen zu wollen, aber aufgrund der »Einäugigkeit« nicht verstehen zu können.

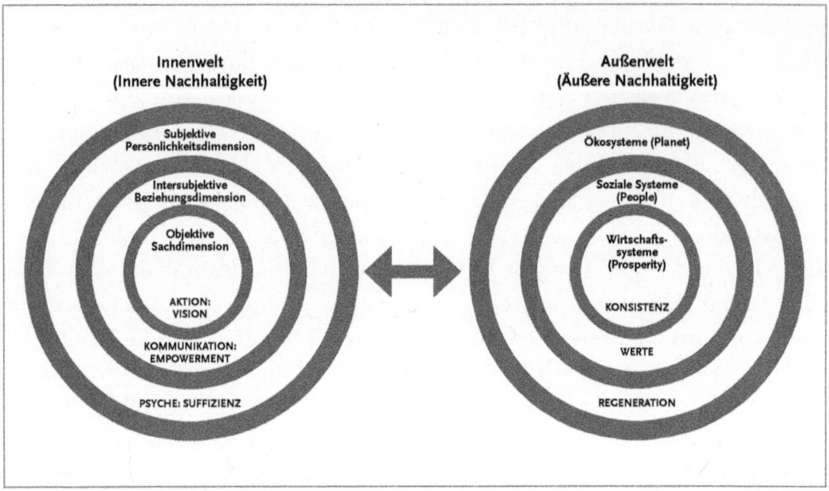

Abb. 10: Systemische Nachhaltigkeit der Innen- und Außenwelt (»Transformationsstufe IIa: Verbindung von Innen- und Außenwelt«); eigene Darstellung

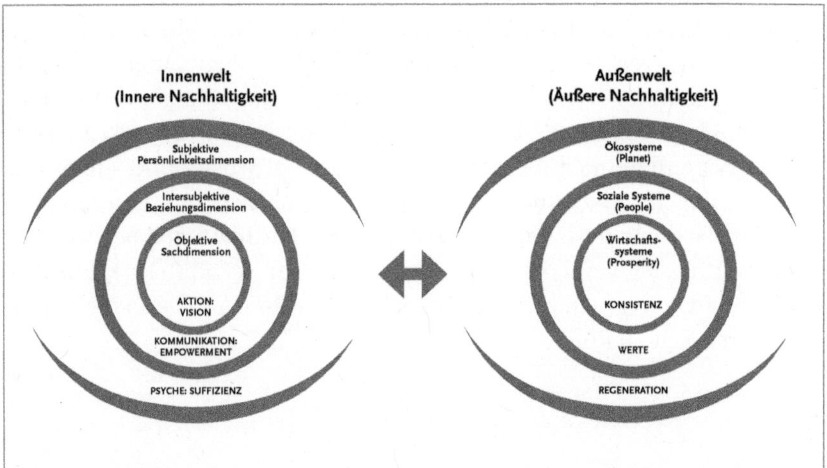

Abb. 11: Umwandlung in das Zwei-Augen-Modell (»Transformationsstufe IIb«); eigene Darstellung

Für die geistige Innenwelt und die materielle Außenwelt habe ich jeweils drei Schlüsselqualitäten identifiziert, um eine innere und äußere Nachhaltigkeit zu erreichen:

Geistige Innenwelt	Materielle Außenwelt
Suffizienz (Subjektive Persönlichkeitsdimension): Die Psyche ist die Quelle für die subjektive Persönlichkeitsdimension, in der Suffizienz als innere Qualität entwickelt wird, die eine Regeneration in der Außenwelt ermöglicht. Ohne **innere Tragfähigkeit durch Suffizienz** wird der Wachstumshunger weiterhin als Kompensation dienen und sich als Konflikt mit den Ökosystemen manifestieren. Die Transformation der von Gier, Mangel und Wachstum angetriebenen Innenwelt zu Genügsamkeit, Fülle und **Ganzheit** erfordert einen persönlichen Entwicklungsprozess, der die Heilung der spirituellen, emotionalen, sozialen und ökologischen Spaltung beinhaltet.	Regeneration (Ökosysteme »Planet«): Die Überbeanspruchung der Ökosysteme erfordert eine **Regeneration der Ökosysteme.** Wie ein Mensch nach einer schweren Krankheit können die Ökosysteme nach dieser jahrzehntelangen starken Überbeanspruchung und Übernutzung nicht sofort zu 100% funktionieren. Sie benötigen Zeit und Unterstützung durch eine **Unternutzung**, um sich zu erholen. Wie bei den Jahreszeiten brauchen sie einen natürlichen Rhythmus von Ausdehnung und Kontraktion, um die Belastung durch den Menschen wieder ausatmen zu können, bevor sie Neues einatmen.
Kommunikation (»Intersubjektive Beziehungsdimension«): Kommunikation ist die intersubjektive Dimension als Grundlage menschlicher Beziehungen, denn Beziehungen sind ohne Kommunikation nicht möglich. Zur Entwicklung einer Werte schätzenden Qualität von Kommunikation müssen wir lernen, wie Kommunikation als Werkzeug zur **gegenseitigen Ermächtigung** (**»Empowerment«**) gebraucht wird, anstatt sich über die Abwertung der Mitmenschen aufzuwerten, was nur unsere eigenen Abspaltungen bestätigt. Daher kommt der **Alltagskommunikation** eine tragende Rolle im Transformationsprozess zu.	Werte (Soziale Systeme »People«): Die sozialen Systeme müssen in ihren Einrichtungen und Aktivitäten inkl. der Wissenschaft grundlegende **Werte** für die Menschen als Gesellschaft **schöpfen**, anregen und beleben. Für eine nachhaltige Gesellschaft kann es keine wertfreien Bereiche in ihren Subsystemen geben, weil die Nachhaltigkeit den **Wert des Menschen**, seines Lebens und seiner Beziehungen stets zur Grundlage für die Organisation der Gesellschaft hat.

Handlungsvision (»Objektive Sachdimension«):	Konsistenz (Wirtschaftssysteme »Prosperity«):
Indem wir die subjektive und intersubjektive Dimension auf der Handlungsebene zusammenbringen, können wir effektiv zusammenarbeiten und dafür eine **gemeinsame Vision** entwickeln, um in der objektiven Welt **heilsame Handlungen** zu ergreifen, wie z.B. in Form eines »Sacred Activism«. Über individuelle und kollektive Transformationsprozesse befähigen und unterstützen wir uns gegenseitig dazu.	Die Kernaufgabe und Qualität der Wirtschaftssysteme bestehen darin, Waren und Dienstleistungen auf eine Weise bereitzustellen, die den menschlichen Bedürfnissen entspricht und **konsistent mit ökologischen Kreisläufen** ist. Sie »atmet« im Einklang mit den natürlichen Rhythmen ein und aus, dehnt sich aus und zieht sich zusammen. Eine wachstumsabhängige Wohlstandsmessung der Wirtschaft im Widerspruch zu sozialen und ökologischen Beziehungsqualitäten kann es darin nicht geben. Als Vorbild dienen z. B. die Wohlstandsindikatoren für »Gross National Happiness« in Bhutan.

Tabelle 3: Schlüsselqualitäten der inneren und äußeren Nachhaltigkeit; eigene Darstellung

Anwendung:
Legen Sie nun bitte eine Lesepause ein, machen Sie sich Ihre eigenen Erfahrungen mit den drei Schlüsselqualitäten der geistigen Innenwelt und der materiellen Außenwelt bewusst und schreiben Sie diese auf.

6.5 Transformationsstufe III: Von der systemischen Nachhaltigkeit der Innenwelt und Außenwelt zu einer tiefensystemischen Nachhaltigkeit und Transformation

Mein Ansatz einer tiefensystemischen Nachhaltigkeit und Transformation verbindet die systemische Nachhaltigkeit der Innen- und Außenwelt (Zwei-Augen-Modell) mit der Theorie U von Otto Scharmer (s. Abschnitt 8.2) zu einem individuellen und kollektiven Transformationsprozess. Die visuelle Darstellung dieser Fusion des Zwei-Augen-Modells der systemischen Nachhaltigkeit der Innen- und Außenwelt mit dem Theorie U-Transformationsprozess verschmilzt zu einem Smiley-ähnlichen lächelnden menschlichen Gesicht:

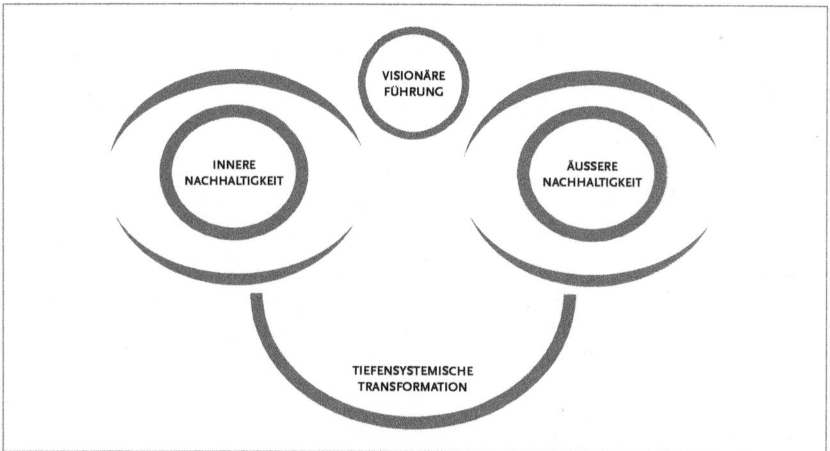

Abb. 12: Fusion von Systemischer Nachhaltigkeit & Transformation (»Transformationsstufe IIIa«); eigene Darstellung

Die Transformationsreise beginnt im rechten Auge, der Absicht von Nachhaltigkeit in der Außenwelt, und führt dann nach innen, um die Grundlagen für Nachhaltigkeit in der eigenen Innenwelt zu schaffen. Dies erfolgt als Transformation der innerpsychischen Spaltungen bis zum Tiefpunkt des U-Prozesses, ab diesem manifestieren sich aus dem transformierten Selbst heraus nachhaltige Qualitäten und Lebensweisen in der Außenwelt, die sich aufgrund der Verbundenheit und Ganzheit als Lebewesen entfalten. Daher muss Nachhaltigkeit nicht über den Verstand gegen den eigenen (unbewussten) Willen sich selbst als schwere Bürde auferlegt werden, sondern geht mühelos aus dem fühlenden Erleben der eigenen Beziehungen als Mensch und Lebewesen hervor.

Komplett wird das Bild jedoch erst mit der vollständigen Befreiung aus der menschlichen Traumakonditionierung und der damit einhergehenden Erkenntnis der wahren Natur der Realität und der mit ihr verbundenen eigenen Identität. Diese Erleuchtung und Heimkehr ist das letztendliche Ziel. Mit dem klaren Ziel dieser Rückkehr vor Augen ist eine visionäre Leiterschaft und Führung für die Befreiung aus der individuellen und kollektiven Traumakonditionierung möglich. Visuell kann diese Klarheit als drittes Auge hinzugefügt werden, wie es in manchen spirituellen Kontexten auch üblich ist.

Diesen Ansatz wende ich im Schlusskapitel als Vision für gemeinsames Handeln auf Organisationen und ihre Entwicklung an, die sich in ihrer Ausrichtung an der tiefensystemischen Ganzheit ihrer Mitarbeiter orientieren.

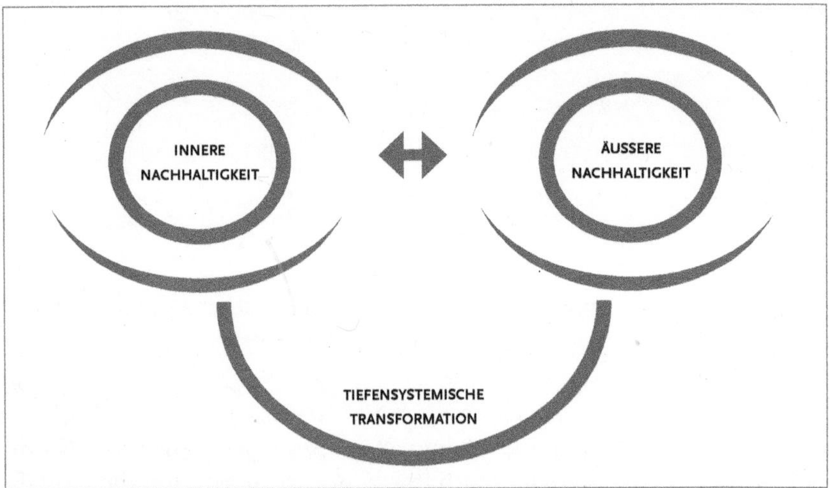

Abb. 13: Tiefensystemische Nachhaltigkeit und Transformation (»Transformationsstufe IIIb: Integration von visionärer Führung«); eigene Darstellung

6.6 Evolution der systemischen Nachhaltigkeit (der Innen- und Außenwelt)

In meiner Dissertation von 2007 über einen nachhaltigen Bewusstseins- und Verhaltenswandel habe ich den Ansatz einer Komplementären Nachhaltigkeit der Innen- und Außenwelt entwickelt und darin den Menschen erstmals als Subjekt integriert. Vergleicht man die Darstellung aus der Dissertation mit dem gegenwärtigen Zwei-Augen-Modell, kann man das damals noch nicht in demselben Maße ausdifferenzierte Verständnis der Innenwelt feststellen. Die Innenwelt habe ich seitdem im Wesentlichen über Einsichten durch die innere und äußere Auseinandersetzung mit Transformationsprozessen weiterentwickelt.

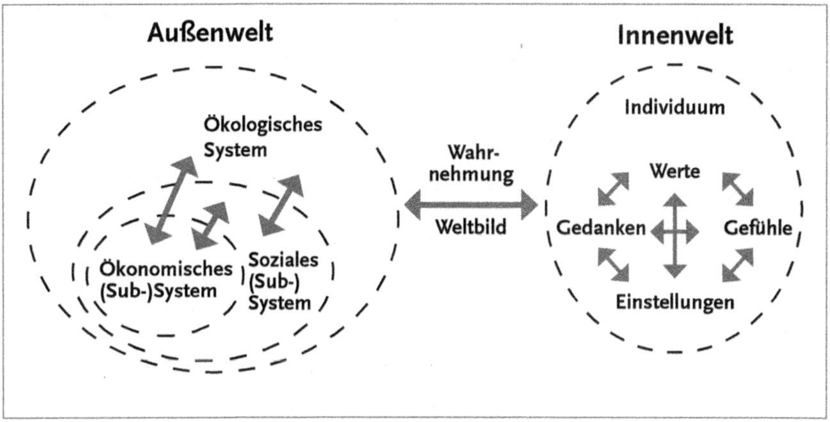

Abb. 14: Komplementäre Nachhaltigkeit; D. Sieben, 2007, S. 217

Einen Zwischenschritt in der Weiterentwicklung des damaligen Modells nahm ich dann über die Veröffentlichung »Systemische Nachhaltigkeit« im Jahr 2017 vor. Hierin unterschied ich die Innenwelt erstmals tabellarisch nach den drei Dimensionen, die ich nun in die Innenwelt des Zwei-Augen-Modells integriert habe, und ordnete ihnen die folgenden Eigenschaften zu:

Dimension	Elemente	Charateristika	Merkmale	Strategie
Objektive Sachdimension (Außenwelt)	Umwelt, Wirtschaft und Gesellschaft	Mechanisches Objektverständnis	Reduktion von Komplexität durch Linearität und Objektivität	Effizienz, Schwache Nachhaltigkeit
Intersubjektive Beziehungsdimension (Außen- und Innenwelt)	Kulturen, Werte, Lebensstile	Soziales Organisationsverständnis	Kollektive Beziehungen und Verhaltensweisen	Suffizienz

Subjektive Persönlichkeitsdimension (Innenwelt)	Psyche, Selbst- und Weltwahrnehmung	Konstruktivistisches System	Selbstorganisation: Bedeutungsgebung, Selbstreflexion und -regulation	Psychische und physische Konsistenz

Tabelle 4: Dimensionen der Nachhaltigkeit; D. Sieben, 2017, S. 81

Die Unterteilung in eine objektive Sachdimension der Außenwelt, eine intersubjektive Beziehungsdimension und eine subjektive Persönlichkeitsdimension befindet sich bereits in grundsätzlicher Übereinstimmung mit den innerpsychischen spirituellen, emotionalen, sozialen und ökologischen Abspaltungen, auch wenn sie mir damals noch nicht bewusst waren (s. Tabelle 6 in Abschnitt 8.3.2).

7 Transformation des Menschseins

Die individuelle und kollektive Traumakonditionierung des menschlichen Bewusstseins spiegelt sich in den Strukturen einer traumatisierten Gesellschaft wider. Spätestens an dieser Stelle sollte mithilfe der Ansätze des Eisbergmodells und der vierfachen innerpsychischen Abspaltungen klar geworden sein, dass kein weiteres Buch mit politischen Forderungen und Visionen hilft und heilt, sondern nur echte, konsequente und radikale Transformation. Doch selbst der Begriff der »Großen Transformation« wurde inzwischen systemkonform assimiliert. Er ist inzwischen fast schon so gegenwärtig wie die Nachhaltigkeit und wird häufig in einem Atemzug mit Effizienz und Digitalisierung genannt. Es fehlt nur noch die Ergänzung durch grünes Wachstum. Dann hätte sich die bestehende Traumakonditionierung in vollendeter Begriffsbesetzung reinkarniert und die Transformationsenergie erfolgreich absorbiert.

Stattdessen steht für uns Menschen Transformation in der Tiefe unserer Psyche an; dort, wo sich die durch Verweigerung, Vermeidung, Ängste und Widerstände geschützten Ursachen unserer Traumatisierung befinden. Die Befreiung davon ist die eigentliche Leistung im Leben als Mensch und Menschheit, die nachhaltige Veränderung der Außenwelt ergibt sich aus dieser Arbeit und Transformation.

Neben den wesentlichen Systemelementen zur Transformation der Traumakonditionierung unseres Menschseins werde ich in diesem Kapitel eine persönliche Transformationserfahrung schildern, die mein Leben nachhaltig geprägt und verändert hat.

7.1 Schlüsselelemente des Systemwechsels

Über das mechanistische Welt- und Menschenbild bestätigen wir uns individuell als Menschen und kollektiv als Menschheit, dass unbelebte Materie das relevante Bezugssystem für unsere Wahrnehmung von der Welt und von uns selbst ist. Leben kommt darin nicht vor. Wir sind nun aber Lebewesen und brauchen Leben als unser Bezugssystem. Wie sieht ein solches Bezugssystem in Form eines Welt- und Menschenbildes aus? Welche

Eigenschaften und Qualitäten muss es besitzen, um realitätsbezogen und menschengerecht zu sein?

Damit habe ich mich in meiner Diplomarbeit aus dem Jahr 2003 über die »Begründung eines Paradigmenwechsels – Hinführung zu einer ganzheitlichen Ökonomie« erstmals auseinandergesetzt und dabei intensiv mit der Quantenphysik und Systemtheorie beschäftigt. In meiner Dissertation habe ich das im Ansatz neu entstehende Welt- und Menschenbild dann zur Entwicklung eines ganzheitlichen Wissenschafts- und Nachhaltigkeitsverständnisses weiterverwendet. Drei darin enthaltene Elemente und Systemeigenschaften sind meines Erachtens wesentlich und voneinander zu unterscheiden, mit zum Teil fließenden Übergängen:

- Quantenphysik und ihre Sicht auf Materie,
- Systemtheorie und ihre Sicht auf Leben,
- Spiritualität und ihre Sicht auf Bewusstsein.

Doch zunächst folgt meine persönliche Erzählung, wie es überhaupt zu meiner intensiven Beschäftigung mit der Transformation des Menschseins kam.

7.2 Persönliche Transformationserfahrungen

Mein »spirituelles Coming-out« ereignete sich im Alter von 21 Jahren. Es überkam mich ebenso unverhofft wie unvorbereitet. Bis dahin war es mein Plan gewesen, Politiker zu werden und als solcher die Welt zu retten. Dieses Rettungsthema hatte ich schon frühzeitig, es begann mit einer Reihe über den Zustand der Erde in meiner lokalen Tageszeitung. In dieser Doku-Reihe wurde über die Umweltzerstörung aufgeklärt, unterteilt in den Boden, die Luft und das Wasser. Wie wir die Erde als unsere eigene Lebensgrundlage verschmutzen und samt ihren Lebewesen zerstören, war für mich höchst schockierend und verstörend. Der Aktivist erwachte dadurch in mir. Keine Gefühle von Wut, Schmerz und Traurigkeit konnte ich in mir zulassen, stattdessen war effektives Handeln als Gegenmaßnahme angesagt. Ich musste etwas tun, um dieses Treiben zu stoppen. Das muss ungefähr Anfang 1989 gewesen sein, als ich 14 Jahre alt war.

Politisches Engagement und persönliche Bewusstwerdung

Denn frisch motiviert pickte ich wenig später zum Ende der 8. Klasse den Treibhauseffekt und die Nordseeverschmutzung mit Dünnsäureverklappung und PVC in der Nahrungskette als Themen für die mehrtägigen Schul-Projekttage vor den Sommerferien heraus. Mithilfe von Greenpeace-Material hielt ich einen Diavortrag mit flammender Rede und erfüllte damit meine Mission, war aber inklusive der Diskussion schon nach etwa zwei Stunden fertig. Am nächsten Tag besuchten wir die Rheinwasser-Messstation in Mainz, in der mein Onkel arbeitete. Am dritten und letzten Tag half mir mein Mathelehrer, die verbleibende Zeit sinnvoll zu nutzen, indem wir im Rahmen seines Projekts eine Kläranlage besichtigten.

Mit 16 Jahren wurde ich dann politischer Aktivist, schließlich Landesschülersprecher und während des Abiturs als Juso Stadtratskandidat für die SPD. Und dann kam der Zivildienst, in dem ich alle politischen Aktivitäten stoppte, bevor es im anschließenden Studium erfolgreich weitergehen sollte. Der Antrag auf Zivildienst war damals mit persönlichen Gewissensgründen schriftlich zu rechtfertigen, um als zulässige Alternative den Militärdienst bei der Bundeswehr zu vermeiden. Ich wählte die Ausbildung als Rettungssanitäter und sah mich in den kommenden 1½ Jahren mit Leiden konfrontiert, das ich bislang aus meiner heilen Schülerwelt nicht kannte. Glücklicherweise blieb ich von lebensbedrohlichen Verkehrsunfällen verschont, aber einige Reanimationen nach Herzstillstand und ein Geiseldrama erlebte ich. Auf dem Gelände der Uniklinik fuhren wir zahlreiche todkranke Menschen zwischen den Gebäuden zu Untersuchungen und Verlegungen hin- und her, zum Teil frisch von der Strahlentherapie mit auf unserer Liege verbleibenden Haarbüscheln. Dazu kamen beatmete Patienten mit dem Transport in den OP oder aus dem OP. Erschütternd waren auch die vielen Einlieferungs- und Entlassungsfahrten im Krankenwagen mit Angehörigen, die sich für die Erkrankten aufopferten und bei mir ihr Herz über ihr eigenes Leid ausschütteten. Mit viel Cannabiskonsum habe ich diese mich emotional und psychisch überfordernden Erfahrungen damals kompensiert. Aber ich wollte nicht nur verdrängen, sondern auch mein Bewusstsein erweitern.

Als Lohn und Entschädigung für den Zivildienst mit – aus Schülersicht – sehr wenig Urlaub und sehr vielen Früh-, Spät- und Nachtschichten flog ich dann mit einem Schulfreund, der ebenfalls seinen Zivildienst als Rettungssanitäter beendet hatte, Anfang 1996 für knapp zwei Monate nach Neuseeland.

Wir wanderten viel, waren fast nur draußen in der Natur, zelteten, schliefen in Backpacker-Hostels und trafen Reisende aus aller Welt, darunter World Travellers, die seit Jahren mit ihrem Rucksack unterwegs waren.

Sprunghafte Bewusstseinserweiterung

Dieser Urlaub gab meinem Geist zwar wieder Raum für Entspannung, doch war die Konfrontation mit dem Leiden für mich noch nicht abgeschlossen. Kreativ inspiriert durch Neuseeland, brachten mein Schulfreund und ich einige Bräuche der Maoris mit in das folgende Sommerzeltlager der Jugendgruppe unserer ehemaligen Schule, an dem wir beide nochmal teilnahmen. Das Zeltlager war in den Vogesen und an einem Tag besichtigten wir das ehemalige Konzentrationslager Natzweiler-Struthof. Wie es das Schicksal für mich vorgesehen hatte, war ich der Tagesleiter dieses Ausflugs. Vor Ort bekam ich eine deutschsprachige Broschüre in die Hand gedrückt und führte nun die Zeltlagergruppe von rund 80 Kindern und Jugendlichen durch die Anlage. Diesmal musste ich den inneren Erschütterungen Raum geben und am Abend hielt ich als ausgewiesener Atheist spontan den Nachtimpuls nach dem gemeinsamen Lagerfeuer. In mir berührte und inspirierte mich etwas zu einer Rede aus meinem Herzen und meiner Seele, die für mich selbst und die anderen Lagerteilnehmer absolut unerwartet und sehr bewegend war.

All dies sind für mich im Nachhinein erklärbare Schlüsselerfahrungen, die zu meinem spirituellen Coming-out führten, das sich mir noch im selben Zeltlager offenbarte. Eines weiteren Abends verdrückte ich mich mit einem Freund vor dem Abendprogramm, wir gingen ein Bier trinken und gönnten uns danach einen gemeinsamen Joint. Dabei passierte etwas Wunderbares. Türen gingen jeweils in unserem Bewusstsein auf, wir staunten über diese Erweiterung unseres Bewusstseins und tauschten uns aufgeregt darüber aus. Als wäre dies nicht außergewöhnlich genug, trafen wir zwei weitere Freunde, die zur gleichen Zeit dieselbe Bewusstseinserfahrung machten. Wir hatten allesamt eine tiefere Erfahrung als der übliche Flash und unterhielten uns die Nacht hindurch über das Betreten neuer Räume in unserem Bewusstsein und daraus resultierenden Erkenntnisse. Aber nicht nur Erkenntnis wurde uns zuteil, sondern am nächsten Morgen, wenn der Cannabisrausch normalerweise vorüber war, sollte sich zeigen, dass etwas Bleibendes mit nachhaltiger Wirkung andauerte: Liebe und Frieden. Nicht nur mein Geist war klar, ruhig und voller Frieden, sondern auch mein Herz war offen, voller Liebe und Mitgefühl.

All diese Qualitäten kannte ich bis dahin als Begriffe, doch erfüllten sie sich nun in einem Ausmaß, für das ich vorher keine Vorstellung hatte.

In dem sicheren Umfeld des Zeltlagers konnte ich fortan in meine Mitmenschen hineinschauen und was auch immer ich sah, betrachtete ich mit einer grenzenlosen Liebe. Ich war in Frieden mit allem, was ich wahrnahm. Ich konnte die inneren Konflikte meiner Mitmenschen fühlen, ihr Ringen nach erfüllenden Antworten über ihr Menschsein mitempfinden. Wir hatten spontan sehr tiefgehende Gespräche, jedes Wort hatte auf einmal Bedeutung und Wirkung. Mir kamen intuitiv Antworten auf die großen Fragen aus einem klaren Geist heraus, die ich nicht vorgedacht hatte, sondern die einfach aus meinem Bewusstseinszustand hervorgingen. Es war ein Geschenk, das mich einerseits mit meinen Mitmenschen verband, andererseits von einigen trennte, die dieses Sein und Bewusstsein nicht nachvollziehen konnten. Manche fühlten sich als Menschen gesehen und durch dieses Sein inspiriert, andere bedroht von Ängsten und Irritationen, die in ihnen ausgelöst wurden.

Dieser Zustand hielt bis nach dem Zeltlager an und verblasste in den darauffolgenden Wochen allmählich. Im September fuhr ich mit dem Zug nach Budapest, um dort meine damalige Freundin zu besuchen, und las auf der Fahrt Siddhartha von Hermann Hesse. Das Buch hatte dieselbe Wirkung auf mein Bewusstsein, das erneut in diesen erleuchteten Zustand katapultiert wurde. Das kann ich erst nach Jahren so einordnen und bezeichnen, ich hatte damals kein spirituelles Bezugssystem, diese Bewusstseinserfahrungen hatten mich gänzlich unvorbereitet getroffen. In Budapest konnte ich wieder von der Liebe zu meinen Mitmenschen erfüllte Gespräche führen, die ihnen befreiende Erkenntnisse über ihr Dasein ermöglichten. Ich war ganz beseelt von innerem Frieden und einer von äußeren Ereignissen unabhängigen Freude.

Gottesoffenbarung

Und in diesem Bewusstseinszustand traf ich auf meinen Schöpfer, d. h. er offenbarte sich mir. Auf einmal war er da und mir wurde schlagartig bewusst, dass ich sein Geschöpf bin, ein Geschöpf Gottes. Mir wurde klar, dass er schon immer da war und dass es schon immer so gewesen ist, dass ich sein Geschöpf bin, nur hatte ich das bislang nicht gesehen. Nun fühlte ich seine Präsenz, sprach und kommunizierte mit ihm. Intuitiv war er wie ein Vater und ich sein Sohn, so wie Jesus es wahrgenommen und ausgedrückt hatte. Auf der Heimfahrt wurde ich krank, zuhause lag ich im Bett und wie von Geisterhand zog es mich zu meiner alten Schulbibel, die ich in meinem Bücherregal erblickte und zu Schulzeiten mit »Alles Lüge« und »Tagebuch einer männlichen Jungfrau« überschrieben hatte. Eine Art Magie führte mich zu dem Buch des Propheten Daniel im Alten Testament und darin zum Kapitel 7. Das war mein Name, so hatte ich ihn, seit ich schreiben konnte, schon immer gerne abgekürzt: Daniel 7. Was ich nun las, traf mich wie ein Schlag. Es war eine apokalyptische Vision und mir wurde direkt klar, dass sie mich und die Menschheit in unserer gegenwärtigen Zeit betreffen würde. Ich war von dieser Erkenntnis völlig überfordert und versuchte, mit den mir als politischem Aktivisten bekannten Mitteln die Öffentlichkeit zu informieren, was auf sie zukommen würde. Nur hatte ich keine Ahnung, was es eigentlich genau war und wie ich sie warnen sollte. Ich nutzte das Faxgerät meines Vaters, um Medien und Theologen anzuschreiben, traf mich mit Priestern lokaler Gemeinden. Das Resultat war, dass ich bei vielen Menschen in meinem Umfeld sehr großes Unverständnis, Irritationen und Befremden auslöste.

Meditation

Fortan hielt ich mich mit Äußerungen zurück. Der erleuchtete Bewusstseinszustand verblasste erneut und ich wollte ihn wiederhaben. Ein Freund schenkte mir ein Buch über Meditation und mir wurde beim Lesen klar, dass dies der Weg für mich sein würde, mein Bewusstsein wieder in diesen Zustand zu versetzen. Erleuchtung war nun mein erklärtes Ziel, aber meine eigenen Meditationsbemühungen waren kläglich. Ich konnte keine 15 Minuten still im Schneidersitz verbringen, an Konzentration war vor innerer Unruhe kaum zu denken. Also plante ich eine Reise nach Indien, in die Wiege der Spiritualität, zum Meditations-Crashkurs. Dieser sollte mich dann mit der Vipassana-Meditation in der Tradition von S.N. Goenka ereilen: zehn Tage lang in Stille mit zehn Stunden Meditation am Tag. Es war die Hölle für mich und gleichzeitig die befreiende Erkenntnis, mir die Hölle über Begehren und Abneigung selbst verursacht zu haben. Die Befreiung lag also in meiner Hand. Aufgrund meiner Leistungskonditionierung begann ich nun meine persönliche Vipassana-Olympiade. Innerhalb eines Jahres absolvierte ich in Deutschland und Indien sechs weitere 10-Tages-Kurse und zwei Satipatthana-Fortgeschrittenenkurse, dazu verbrachte ich vier Kurse mit Service.

Die Brechstange brachte mir leider keine Zwangserleuchtung, sondern einen Zusammenbruch meiner Leistungskonditionierung nach gut einem Jahr. In dem Vipassana-Hauptzentrum bei Igatpuri hatte ich ein denkwürdiges Gespräch mit einem Inder, der ganz vergnügt schien und die Kurse leichtnahm. Er bewegte sich einfach, wenn er zu viele Schmerzen hatte, anstatt sie auszuhalten und durchzusitzen. Über seine Begründung führte er mich in eine spirituelle Philosophie ein, durch die ich mich zunächst aufgrund meiner sehr klar zielorientierten Meditation angegriffen fühlte: Advaita, die Lehre der Nicht-Dualität alles Seienden. Sie besagt in aller Kürze auf die Meditation bezogen: Ein zukünftiges Ziel zu haben, verbindet mich nicht damit, sondern trennt mich von diesem und meinem erfüllenden Sein in der Gegenwart.

Alltagsbewusstsein

In der Folge erschien mir mein schnellstmöglicher leistungsorientierter Erleuchtungsweg zunehmend als sinn- und zwecklos, ich brach einen Kurs in Frankreich ab und wusste anschließend nicht mehr, wer oder was ich bin. Das sollte noch die nächsten Jahre so andauern, ich war nicht mehr der alte Daniel, konnte trotz vieler Anpassungsversuche nicht mehr in alte Beziehungen und Strukturen zurückfinden. Ich war auch nicht der neue Daniel, der vom alten Daniel völlig frei und offen für ein neues Leben und Menschsein war. Die seit den erweiterten Bewusstseinszuständen erlebte innere und äußere Reise fühlte sich fortan wie ein Segen und ein Fluch an. Weder gab es ein Zurück in die Unwissenheit noch ein Vorwärts in die Erleuchtung.

Seitdem hatte ich immer wieder längere Phasen von Bewusstseinserweiterungen, aber niemals mehr so rein und klar wie zu Beginn im Sommer 1996. Lange haderte ich, wenn sie nachließen. Ich fühlte mein Versagen, wusste aber nicht, was ich (mal wieder) falsch gemacht hatte, sodass sie aufhörten. Meinen Schmerz, meine Traurigkeit und Niedergeschlagenheit ertrank ich in anschließenden Versuchen einer Rückkehr in ein rein weltliches Leben. Doch trotz äußerer Erfolge, die mir zum Teil gar nicht schwerfielen, empfand ich das weltliche Leben nach einiger Zeit als zutiefst unerfüllend und langweilig. So war und ist mein Leben wie ein Pendel zwischen innerem Geist und äußerer Welt, bis mein Alltagsbewusstsein von Grund auf gereinigt ist und mein Geist von Illusionen und Verführungen frei ist. Erst mit der Annahme dieses inneren Weges und Transformationsprozesses, der mein Bewusstsein vollständig befreit, d. h. ohne Brechstangen, Abkürzungen und Umgehungen von unvollendeten Baustellen, ist ein gewisses dynamisch fließendes Gleichgewicht zwischen Geist und Welt in mein Leben getreten.

Die mich im Alltag ständig begleitende Praxis der Achtsamkeits- und Einsichtsmeditation hat mich kontinuierlich zu befreienden Inneneinsichten geführt, auch in Jahren, in denen ich wenig Zeit mit dem Meditieren auf dem Sitzkissen verbrachte. Das Vertrauen in diese Technik, dass sie mich bis zur vollen Erleuchtung führen kann, war von Anfang an in mir vorhanden. Nun hat sie meinen Geist über die Jahre so geschult, dass ich Angriffsgedanken in mir wahrnehmen kann, bevor sie zu Handlungen werden. Ich spüre nun häufig die Eigenschaft und Absicht eines Gedankens, mich täuschen und verführen zu wollen, mir eine vermeintliche Lösung einzuflüstern, die einen bestehenden Konflikt tatsächlich verschärft, indem sie mich zum Beispiel in der Rolle als weiser Retter erhöht und meine Mitmenschen auf der Gegenseite als Unwissende erniedrigt. Von der Identifikation mit diesen Gedanken Abstand nehmen zu können, ist heilsam und befreiend für mich und die anderen Beteiligten. Wer ich dann wirklich bin, dämmert mir immer mehr, desto mehr ich die Identifikation mit den verführenden und täuschenden Ego-Gedanken loslasse.

Um Missverständnisse zu vermeiden, wie tief diese Identifikationen in uns Menschen Eingang gefunden haben: Gehen Sie davon aus, dass so gut wie all Ihre Alltagsgedanken verführte und getäuschte Ego-Gedanken sind, die sich primär um Ihr eigenes Überleben in dieser Welt drehen. Sie werden nur wenige Gedanken entdecken, die sich authentisch um das gleichberechtigte Wohlergehen Ihrer Mitmenschen drehen, ob Ihnen nahe oder fern, ohne dass Ihr Interesse an deren Wohlergehen zu verstärkten Ego-Gedanken führt, die über eine Selbstaufwertung und Fremdabwertung Ihre Identifikation füttern. Die Übergänge von einer ursprünglich reinen und guten Absicht zu einer ego-verführten Äußerung und Handlung, die im Konflikt endet, sind sehr subtil und fließend. Es beginnt häufig mit ein bisschen Besserwissen, ein bisschen Rechthaben. Sie werden sicherlich Ihre eigenen Erfahrungen gemacht haben…

7.3 Systemelement I: »Quantenphysik & Materie«

Die nicht auffindbare Materie traf die Atom- und Quantenphysiker wie ein Schlag, der das bisherige naturwissenschaftliche Weltbild zutiefst erschütterte, in dem die objektive Existenz von Materie und ihren mechanischen

Gesetzmäßigkeiten mit Wahrheit und Wirklichkeit gleichgesetzt wurde. Alles andere galt als unwissenschaftlich, unwirklich und unwahr. Und nun hatte es diese Vorstellung von Realität im Innersten eiskalt erwischt: Die Materie selbst war nicht wirklich. Die führenden Atom- und Quantenphysiker waren davon hochgradig geschockt und irritiert, sie mussten in der Folge etwas Immateriell-Geistiges in ihr Weltbild hineinlassen, damit es diese Realität noch zutreffend erklären konnte.

Das Zitat von Max Planck veranschaulicht, wie einschneidend und umwälzend die disruptiven Veränderungen im Denken und Weltbild waren:

> *»Es gibt keine Materie an sich. Alle Materie entsteht und besteht nur durch eine Kraft, welche die Atomteilchen in Schwingung versetzt und sie zum winzigen Sonnensystem des Atoms zusammenhält. Da es aber im ganzen Weltall weder eine intelligente noch eine ewige Kraft an sich gibt, müssen wir hinter dieser Kraft einen bewussten, intelligenten Geist annehmen. Dieser Geist ist der Ursprung aller Materie.«*

Es überschreitet den Rahmen dieses Buchs, auf die Erkenntnisse der Quantenphysik detailliert im Einzelnen einzugehen, sodass ich die wesentlichen Merkmale hier nur kurz vorstelle.

Superposition, Unschärfe und Nichtlokalität: Aufgrund der Superposition (Möglichkeitsfeld), in der sich mehrere Zustände eines Objekts überlagern, können der Ort und der Impuls eines Teilchens nicht gleichzeitig genau bestimmt werden. Daher sind nur nicht deterministische Wahrscheinlichkeitsaussagen möglich und keine exakten Messungen und Berechnungen.

Nichtlinearität, Kreativität und Komplementarität: Eine Wirkung kann mehrere Ursachen haben, z. B. auch sich selbst Wirkung als Rückwirkung auf die Ursache, und eine Ursache kann mehrere verschiedene Wirkungen haben, die als mögliche Realitäten parallel existieren können. Niels Bohr hat wechselseitig bedingte Existenz sich ausschließender Realitäten als Komplementarität bezeichnet. Die zukünftige Entwicklung ist aufgrund dieser Eigenschaften nicht festgelegt, sondern offen. Sie ist ein kreativer, nicht-determinierter Prozess.

In meiner Dissertation habe ich mithilfe des Modells eines »Quantengehirns« von Amit Goswami einen Transfer der Quantenphysik auf die Konditionierung der menschlichen Wahrnehmung vorgenommen. Als Art unbeeinflusster »reiner« Urzustand vor jeder Beobachtung existieren in dem Möglichkeitsfeld einer Superposition alle zukünftigen Formen der äußeren Realität, die diese Realität annehmen kann. Wenn ein individuelles Bewusstsein mit diesem Möglichkeitsfeld, das in der Quantenphysik durch die Wellenfunktion beschrieben wird, über den Akt der Wahrnehmung interagiert, trifft die Konditionierung dieses Bewusstseins unbewusste Vorentscheidungen über die konkrete Form, die die objektive Realität aufgrund der subjektiven Konditionierung annehmen wird. Denn durch diese Konditionierung werden bestimmte Formen wahrscheinlicher als andere. Das Möglichkeitsfeld kollabiert durch die Interaktion, und über die Sinneswahrnehmung als »Messinstrument« wird letztendlich eine bestimmte Form als äußere und innere Realität wahrgenommen. Aus der Fülle von Möglichkeiten wird also eine einzige als wahrnehmbarer Systemzustand von äußerer und innerer Realität herausgetrennt und abgespalten.

Eine bestehende Traumatisierung in dem Bewusstsein des wahrnehmenden Subjekts führt nach dem Eisbergmodell wahrscheinlich über die dominante Überlebenspsyche zur Wahrnehmung einer Traumablase als Ersatz für die abgespaltene innere und äußere Realität. Jedoch können auch die gesunde Psyche und die traumatisierte Psyche aus dem verdrängten Unterbewusstsein mit dem Möglichkeitsfeld interagieren und die Wahrnehmung einer »gesunden« oder »traumatisierten« Realität hervorbringen.

> Wäre das mit dem Möglichkeitsfeld interagierende individuelle Bewusstsein frei von Abspaltungen, würde es die äußere Realität nicht als lokales Objekt außerhalb des eigenen Bewusstseins wahrnehmen, sondern als nicht-lokale Realität innerhalb des eigenen Bewusstseins. Dieser »reine« Bewusstseinszustand ist der höchstmögliche menschliche Bewusstseinszustand und das spirituelle Ziel der menschlichen Entwicklung, in dem alle Traumaabspaltungen geheilt sind. Er entspricht dem Bewusstsein eines Mystikers gemäß der Ich-Entwicklungsstufen von Jane Loevinger, die in Abschnitt 7.7 vorgestellt werden.
>
> Die neurobiologischen Erkenntnisse von Gerald Hüther zeigen ein dem Quantengehirn ähnliches Bild. Als Neugeborene verfügen wir Menschen über

ein besonderes Gehirn, das einen großen Überschuss an Nervenzellen und Verknüpfungsmöglichkeiten zu Netzwerken bereitstellt. Erst über die tatsächlichen Erfahrungen werden diese Netzwerkstrukturen herausgebildet und nicht benötigtes Potenzial an Nervenzellen abgebaut. Diese zukunftsoffene Entwicklung des Gehirns ist in hohem Maße von den Mitmenschen abhängig, von den Eltern, aber auch von dem sozio-kulturellen Umfeld. Aus externen Einflüssen wird interne Regulierung über die Selbstorganisation des Gehirns. Da die zwischenmenschlichen Beziehungen prägend für unsere Entwicklung sind, ist das Gehirn ihm zufolge ein Sozialorgan. Die von uns gemachten individuellen und zwischenmenschlichen Erfahrungen werden zu im Gehirn geformten inneren Leitbildern, Vorstellungen und Überzeugungen über die äußere Objektwelt und die soziale Beziehungswelt.

Als Synthese von Quantengehirn und Neurobiologie kann also zusammengefasst werden, dass das neurobiologische Möglichkeitsfeld eines hochbegabten und hochsensiblen Neugeborenen über individuelle Erfahrungen mit dem tatsächlich wahrgenommenen sozio-kulturellen Beziehungsumfeld interagiert. Dieser »Zusammenprall« führt zum neurobiologischen Kollaps des Möglichkeitsfeldes und zu einer sich ausprägenden individuellen Konditionierung der Identität.

In meiner persönlichen Interpretation des Quantengehirns betrachte ich die Welle und ihr Möglichkeitsfeld als nicht konditioniertes Bewusstsein, das alle individuellen Bewusstseinszustände enthält. Individuell konditionierte Bewusstseinszustände spalten sich aus der Welle ab und manifestieren sich als separate Partikel. Darin spiegelt sich die spirituelle Spaltung des menschlichen Bewusstseins wider. Die Transformation dieser Spaltung erfolgt über die Re-Integration des individuell manifestierten Bewusstseins und Partikels in die Welle, mit der es tatsächlich immer (unbewusst) verbunden geblieben ist. Die Liebe ist die Welle, die sich zu diesem individuell geformten Bewusstsein ausdehnt, es erreicht und daran erinnert, dass es ein Teil der Welle ist, die als Möglichkeitsfeld diese individuelle Form in sich trägt, so wie sie jede individuelle Form in sich trägt. Die Liebe ist die Verbindung zwischen allen Formen, sie ist die tragende Kraft aller Seinszustände, denn sie ist die Quelle und Verbindung allen Seins.

7.4 Systemelement II: »Systemtheorie & Leben«

Die naturwissenschaftliche Systemtheorie erforscht und beschreibt komplexe Systeme, zu denen auch alle Lebewesen und ihre sozialen Systeme gehören. Alle komplexen Systeme haben Eigenschaften, die nicht mechanisch sind, sondern Wesensmerkmale der Quantenphysik beinhalten. Sie entwickeln sich sprunghaft nicht linear und sind darin nicht vorhersehbar, d. h. ihre Entwicklung ist unsicher und evolutionär unbestimmt. Sie hängt von der Interaktion des jeweiligen Systems mit seiner Außenwelt und von der Interaktion seiner Elemente ab, d. h. von seinen äußeren Rahmenbedingungen und seiner inneren Organisation. Die Beziehungen dieser Elemente untereinander sind nicht linear und das System selbstorganisierend, sodass aus diesen Beziehungen »emergente« Eigenschaften des Gesamtsystems hervorgehen, die nicht aus den Elementen heraus vorbestimmt und erklärbar sind. Das Gesamtsystem wirkt wiederum auf die Beziehungen unter seinen Elementen zurück, eine zirkuläre Kausalität, die für komplexe Systeme kennzeichnend ist.

Ökosysteme sind hochgradig komplexe Systeme mit einer Vielzahl von komplexen Lebewesen und ihren Interaktionen. Ökosysteme sind in dezentralen Kreisläufen organisiert, die wiederum miteinander systemisch verbunden sind. Vielfalt ist neben dezentralen Kreisläufen eine wesentliche Ökosystemeigenschaft, die weitere Eigenschaften ermöglicht, wie Flexibilität und Anpassungsfähigkeit. Alle menschengemachten Systeme sind Teil dieser Ökosysteme, auch wenn die neoklassische Ökonomik und ihre Vertreter das für die Wirtschaft anders sehen wollen, indem sie aufgrund ihrer eigenen Traumaabspaltungen eine grundsätzliche Substituierbarkeit der Natur unterstellen, was, wie im 5. Kapitel gezeigt, der ökologischen Spaltung entspricht.

Peter Finke hat in seinem Ansatz der »Evolutionären Kulturökologie« menschengemachte kulturelle Ökosysteme auf Basis der Systemtheorie eingehend erforscht und dabei herausgearbeitet, dass in ihnen nicht nur Materie, sondern auch Information ausgetauscht wird. Dabei bleiben sie als Töchtersysteme mit ihrem ökologischen Muttersystem verbunden.

Seine Sichtweise befindet sich im Einklang mit Gregory Bateson, der die Selbstorganisation von komplexen Systemen als mentale Tätigkeit einstufte und damit die Geist-Materie-Dualität der mechanisch geprägten Naturwissenschaften überwand. Darauf aufbauend habe ich in meiner Dissertation das Bild einer Ökonomie des Geistes entworfen. Heute kann ich dem als Aussage und Erkenntnis hinzufügen, dass die kulturellen menschlichen Töchtersysteme sich nur in Einklang mit ihrem ökologischen Muttersystem entwickeln können, wenn das mentale System der Menschen frei von innerpsychischen Traumaabspaltungen ist, die sich als äußere Systemkonflikte widerspiegeln.

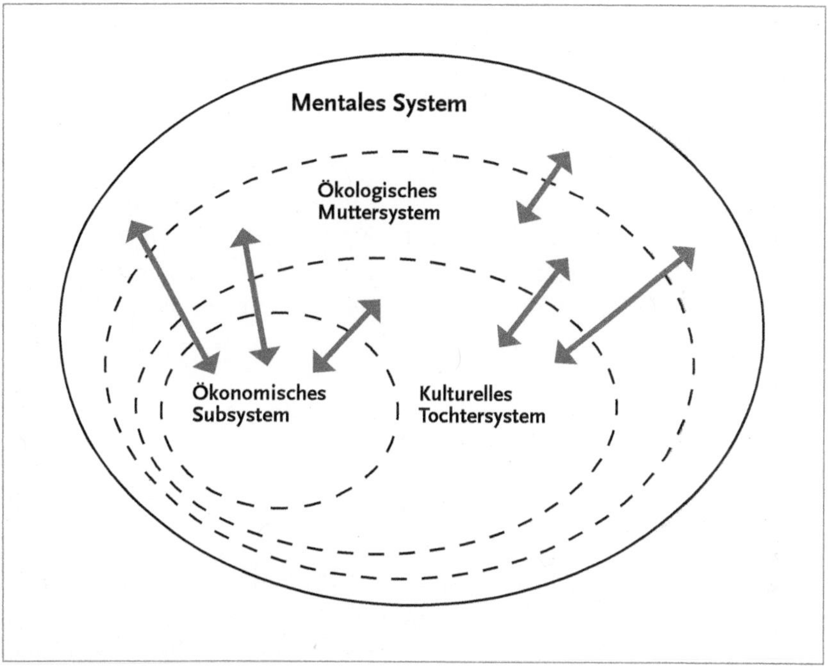

Abb. 15: Ökonomie des Geistes, D. Sieben, 2007, S. 212

Gerald Hüther beschreibt, was es für uns als Menschen bedeutet, komplexe Lebewesen zu sein:

»Das Denken allein ist kein geeignetes Instrument, um sich damit in der Welt zurechtzufinden. Im Gegenteil. Je komplexer die mithilfe dieser Ratio gestaltete Lebenswelt wird, je stärker sich das Spektrum der Handlungsmöglichkeiten des Menschen erweitert, desto mehr versagt das rationale

Denken, wenn es darum geht, komplexe Zusammenhänge zu erfassen und sinnvolle, d. h. das eigene Überleben sichernde, Weiterentwicklung ermöglichende Entscheidungen zu treffen.«[42]

Diese Erweiterung der Möglichkeiten als Mensch, sich in einer komplexen und sprunghaft verändernden Welt zurechtzufinden, erfolgt über die nächste Systemeigenschaft der Spiritualität.

7.5 Systemelement III: »Spiritualität & Bewusstsein«

Gegen die Spiritualität werden zum Teil große innere und äußere Widerstände aufgebracht, um sich von ihr als Person, Gesellschaft und Wissenschaft zu distanzieren. Das problematische Verhältnis zur Spiritualität ist kulturell bedingt, der im Mittelalter vorherrschende geistig-spirituelle Missbrauch der katholischen Kirche lebt bis heute als ungeheiltes Trauma im kollektiven Bewusstsein weiter. Die Entstehung der Naturwissenschaften bot den Menschen eine Flucht aus diesen Fesseln, die seinerzeit eine Befreiung war und die Säkularisierung und Aufklärung ermöglichte. Doch der zu zahlende Preis ist eine undifferenzierte Abneigung und Ablehnung alles Geistig-Spirituellen durch die »rationale Vernunft«. Dahinter liegen die unbewussten Ängste aus den Wunden der ungeheilten Traumata des Missbrauchs durch die katholische Kirche und der eigenen spirituellen Spaltung. Heilsam ist eine konstruktive Synthese aus Geist und Materie, die uns Menschen als fühlenden Lebewesen in einer lebendigen Welt und Wirklichkeit gerecht wird und uns hilft, uns in dieser zu orientieren und darin nachhaltig zu leben.

Diese uns als Lebewesen wahrnehmende und wertschätzende Synthese aus Geist und Materie ist die nächsthöhere Entwicklungsstufe als Menschheit, die wir unter den Zerfallsprozessen des vergehenden mechanistischen Welt- und Menschenbildes nun gemeinsam hervorbringen.

42 G. Hüther, 2017, S. 86 ff.

7.5.1 Der Mensch als fühlendes Wesen

Persönliche Erfahrung:
Den Dalai Lama habe ich zum ersten Mal auf meiner ersten Indienreise 1997 gesehen. Ich war von seiner Existenz fasziniert und habe ihn daher direkt aufgesucht. Es war Anfang März und er hatte gerade seine Teachings anlässlich des tibetischen Neujahrs in Dharamsala begonnen, seinem Exilsitz in Nordindien. Als Neuling in Indien war ich von den Eindrücken total überwältigt, war mit dem Flieger in Delhi angekommen und nicht in der Lage, in Paharganj, einer großen Touristenmeile für Backpackers in Neu-Delhi, die fast nur aus Geschäften, Hotels und Restaurants besteht, ein Restaurant ausfindig zu machen, in dem ich nach meinen Vorstellungen ein Essen zu mir nehmen konnte. Glücklicherweise hatte ich Gesellschaft von einem Österreicher, der ebenfalls nach Dharamsala zu den Teachings des Dalai Lama wollte. Mit ihm schaffte ich es irgendwie, den falschen Reisebüros zu entgehen und am Bahnhof ein reguläres Ticket für den nächsten Nachtzug zu erwerben. Am nächsten Morgen ging es dann vom Bahnhof am Fuße des Himalajas mit dem Bus weiter nach Dharamsala in die Berge. Dort angekommen bezogen wir ein einfaches Hotel in einem Nachbarort. Einen Tag darauf saß ich auch schon in der Tempelanlage und hörte der englischen Übersetzung des Dalai Lama zu. Von der Kulisse der Tempelanlage, den zahlreich versammelten Mönchen, den Yakbuttertee servierenden Novizen, den würdevollen Tibetern und den angereisten Laien aus aller Welt war ich sehr beeindruckt. Ich hatte kein buddhistisches Vorwissen und verstand inhaltlich kaum etwas. An einen Satz des Dalai Lamas über Leerheit (Emptiness) der sich tief in meinen Geist eingebrannt hat, werde ich mich jedoch wohl mein Leben lang erinnern »*There is no inherent Existence.*«

Wir erhielten am Ende des Teachings eine Einweihung vom Dalai Lama. Den erhaltenen Gebetsschal habe ich immer noch. Seither spüre ich diese tiefe Verbindung zum Dalai Lama, aber lange habe ich mich gefragt, was er mit der von ihm ständig wiederholten Aussage meint: »*The human being is a sentient being.*« Was ist ein fühlendes Wesen? Eine Schnecke? Die hat Fühler. Was hat das mit uns Menschen zu tun? Ein fühlendes Wesen zu sein, passt auch so gar nicht in meine logisch-rationale Prägung durch das mechanistische Welt- und Menschenbild unserer westlichen Kultur.

Jetzt fühle, lerne und verstehe ich allmählich, was es heißt, ein fühlendes Wesen zu sein. Das Fühlen beinhaltet eine neue Qualität des Menschseins als ganzer und mit seiner Innen- und Außenwelt verbundener Mensch, ein neues Menschen- und Weltbild als LEBEWESEN.

7.5.2 Wahrnehmungen und Sinnesorgane des fühlenden Wesens

Ein Lebewesen ist ein fühlendes Wesen, und der Mensch ist ein Lebewesen, also auch ein fühlendes Wesen. Für dieses Fühlen gibt es Sinne, die nach innen gerichtet sind statt nach außen. Die nach außen gerichteten Sinne sind die bekannten fünf Sinne des Körpers: Sehen, Hören, Schmecken, Riechen, Tasten. Mit diesen Sinnen nehmen wir Reize der Außenwelt auf und orientieren uns anhand dieser Sinneswahrnehmungen in der Außenwelt. Diese fünf Sinne sind auf die Außenwelt bezogen, sie dienen der »außersinnlichen Wahrnehmung«, der Wahrnehmung dessen, was außerhalb von uns ist. Doch dieser Begriff der außersinnlichen Wahrnehmung ist bereits parapsychologischen Phänomenen zugeschrieben worden und meint eine »paranormale« übersinnliche Wahrnehmung jenseits der fünf bekannten Sinne für die Wahrnehmung der Außenwelt.

Hier liegt nun viel zu klärende Verwirrung vor, die durch das mechanistische Welt- und Menschenbildes bedingt ist. Darin gibt es eine klare Definition und Abgrenzung dessen, was real, sachlich und seriös ist, und was nicht. Die materiellen Wahrnehmungsobjekte der fünf körperbezogenen Sinnesorgane sind das anerkannte Bezugssystem, alles andere muss als unwahr, unwirklich und unwissenschaftlich eingeordnet werden. Hier liegt ein tautologischer Zirkelbezug vor, der die spirituelle Abspaltung des mechanistischen Welt- und Menschenbildes wissenschaftlich schützt: Nur das ist wahr und wirklich, was als wahr und wirklich nachgewiesen werden kann. Doch die Mittel der Wahrnehmung sind so festgelegt, dass sie genau der erwünschten und anerkannten mechanistischen Definition von Wahrheit und Wirklichkeit entsprechen und diese bestätigen. Alle anderen Wahrnehmungen, die auf eine andere Realität und andere Eigenschaften von Realität hinweisen, sind in der Folge unwahr, unwirklich und unwissenschaftlich. Sie werden über Zuschreibungen wie »paranormal«, »parapsychologisch« und »übersinnlich« abgewertet und von der Ganzheit des Menschseins abgespalten.

Dabei zeigen diese Zuschreibungen nur die ideologische Enge des eigenen Welt- und Menschenbildes, das uns Menschen als fühlenden und miteinander verbundenen geistig-spirituellen Lebewesen nicht entspricht. Wir sind keine Maschinen in einer mechanischen Welt. Und der Begriff der »übersinnlichen Wahrnehmung« ist ein Widerspruch in sich. Wahrnehmung braucht Sinne, um die Wahrnehmungsobjekte wahrnehmen zu können. Ohne Sinne ist keine Wahrnehmung möglich. Wir können also nichts wahrnehmen, was außerhalb oder oberhalb der Sinne ist. Anstelle der Zuschreibung einer »außersinnlichen Wahrnehmung« macht die Differenzierung zwischen Außenwelt und Innenwelt Sinn, um die Wahrnehmungsobjekte der Außenwelt von den Wahrnehmungsobjekten der Innenwelt zu unterscheiden, d. h. auch die Sinnesorgane für die materielle Außenwelt von den Sinnesorganen für die geistige Innenwelt.

Die fünf bekannten Sinnesorgane dienen in einer solchen Unterscheidung der »außersinnlichen Wahrnehmung«, weil sie wahrnehmen, was als Reize von der materiellen Außenwelt kommt. Eine »innersinnliche Wahrnehmung« erfolgt hingegen mithilfe von Sinnesorganen, die nach innen auf den eigenen Geist mit der in Bewusstsein und Unbewusstsein unterteilten Psyche gerichtet sind und wahrnehmen, was in uns selbst geschieht. Solche innersinnlichen Wahrnehmungen können beispielsweise sein:

- Intuitive Eingebungen für anstehende Entscheidungen (»Bauchgefühl«),
- Einsichten und Erkenntnisse, die die Konditionierung von Identität transformieren,
- Hellsichtigkeit über Entwicklungen und Ereignisse,
- Energetische Feinfühligkeit für durch Geistesgifte entstehende Angriffsenergien, bevor sie sich physisch manifestieren,
- Emotionale Feinfühligkeit für bestehende abgespaltene Gefühle und ungeklärte Beziehungen, die vom Unterbewusstsein aus wirksam sind.

7.5.3 Extrospektion und Introspektion

Die technisch-instrumentelle Extrospektion ist als wissenschaftliche Methode anerkannt, für die innersinnliche Wahrnehmung und Erforschung braucht es aber Introspektion, die ich bereits in meiner Dissertation als Methodik beschrieben habe:

»Die Introspektion ist die geeignete Methodik, um Erkenntnisse aus subjektiven Erfahrungen und inneren Bewusstseinsprozessen zu erzielen. Die direkte, unmittelbare Betrachtung durch die Konzentration der Aufmerksamkeit nach Innen (»Introspektion«) tritt in der Erforschung der Innenwelt an die Stelle des technisch-instrumentellen Experiments. Das Streben von Geisteswissenschaften wie der Psychologie, mithilfe der naturwissenschaftlichen Methode der Extrospektion zu Erkenntnissen über geistige Prozesse zu gelangen, ist nicht zweckmäßig. Geist und Bewusstsein haben keine physikalisch messbare Form. Sie sind qualitative Phänomene, die sich der Quantifizierung entziehen. Zahlengrößen haben folglich keine Aussagekraft über ihre Beschaffenheit, zudem reduzieren sie ohnehin, wie bereits von Dürr festgestellt, qualitative Eigenschaften zu quantitativen.«[43]

Jeder Mensch hat innersinnliche Wahrnehmungen. Häufig sind sie maßgeblicher für das eigene Leben und wichtiger für Zukunftsentscheidungen als Denk- und Abwägungsprozesse. Auch bei alltäglichen Kauf- und Investitionsentscheidungen sind sie relevant. Dennoch haben sie in unserem Welt- und Menschenbild keinen wirklichen Platz und spielen wissenschaftlich keine Rolle. So kommt es zu Entartungen wie durch kommerzielle Werbung und Public Relations, die Unbewusstes und Ungeheiltes in der abgespaltenen Traumapsyche für ihre Zwecke benutzen und missbrauchen. Die daraus entstehenden Bedürfnisse nach Ganzheit, Zugehörigkeit, Freiheit, Wohlbefinden und Fülle werden instrumentalisiert, über Identifikationen und Zuschreibungen werden diese Bedürfnisse gezielt auf Personen und ihre Eigenschaften, Staaten und ihre Strukturen, Unternehmen und ihre Produkte projiziert. Damit werden die bestehenden vierfachen Traumaabspaltungen verstärkt und ihre Heilung verhindert.

Wir brauchen also angesichts allgegenwärtiger Traumatisierung heilsame innersinnliche Wahrnehmungsfähigkeiten als Menschen und Menschheit, um die komplexen Probleme und Krisen unserer Zeit gemeinsam lösen zu können. Wir können diese Komplexität mit unserem Denken nicht erfassen, auch nicht in der Rolle als wissenschaftliche Experten, die über ihr Fach- und Sachwissen maximal einen kleinen Ausschnitt dieser Realität

43 D. Sieben, 2007, S. 187

verstehen können. Aber als fühlende Lebewesen sind wir mit dieser Realität vollständig verbunden, wir können sie spüren und mithilfe unserer innersinnlichen Wahrnehmungen auf ihre Entwicklungen und Ereignisse so reagieren, dass wir uns entsprechend anpassen, indem wir mit der sich verändernden Realität verbunden bleiben und uns über diese Verbindung weiterentwickeln.

> **Anwendung:**
> Legen Sie nun bitte eine Lesepause ein, machen Sie sich Ihre eigenen Erfahrungen mit innersinnlichen Wahrnehmungen bewusst und schreiben Sie diese auf. Dabei ist es heilsam, Ihren Erfahrungen aus der Ganzheit Ihres eigenen Menschseins heraus einen wertschätzenden Raum zu geben.

7.5.4 Eine Kurzgeschichte über Kopf, Herz und Bauch (Exkurs)

Die Konkurrenz von Kopf, Herz und Bauch, von Rationalität, Emotionalität und Spiritualität ist Ausdruck der vierfachen innerpsychischen Traumaspaltung des Menschseins. Der Kopf irrt seitdem ohne Verbindung umher und versucht, Kopflösungen für unsere abgespaltene Identität und Existenz zu finden. Diese Kopflösungen können aber im Zustand der Spaltung nur weitere Spaltung beinhalten. Die Wiederherstellung der Verbindung von Kopf, Herz und Bauch steht für unsere Transformation und Heilung, als Mensch und Lebewesen wieder ganz zu sein.

In diesem Kontext habe ich eine Kurzgeschichte als heilsames Gespräch zwischen Kopf, Herz und Bauch geschrieben, die ich Anfang des Jahrtausends begonnen habe, dann nach knapp zehn Jahren zu Ende geschrieben habe und nun nach zehn weiteren Jahren in diesem Buch veröffentliche. Sie ist auch gut zum Lesen und Vorlesen für (ältere) Kinder geeignet.

> »Ich bin so kopfgesteuert«, jammerte der Kopf.
> »Was ist los?«, fragte der Bauch.
> »Ich bin so kopfgesteuert«, wiederholte der Kopf.
> »Was meinst du denn damit?«, fragte der Bauch.
> »Ach, den ganzen Tag übe ich in mir, zu diskutieren, zu kontrollieren und zu entscheiden.«

»Ich habe das schon mitgekriegt«, sagte der Bauch, »aber was stört dich denn auf einmal daran?«

»Manchmal spüre ich eine Ruhe in mir aufsteigen«, antwortete der Kopf, »und dann hören die Diskussionen auf. Und dann fangen sie wieder an und die ganze Ruhe verschwindet wieder.«

»Weißt du«, meinte der Bauch darauf, »du hast mir noch nie gesagt, wozu all die Diskussionen gut sein sollen.«

»Das will ich dir erklären«, sagte der Kopf nicht ohne Stolz. »Ich trage immerhin Verantwortung, es wird von mir verlangt, kontrollieren und entscheiden zu können. Deshalb halte ich mich auch ständig in Übung. Es ist auch sehr unterhaltsam«, betonte der Kopf.

Da räusperte sich das Herz und führte sich schüchtern ins Gespräch ein: »Bist du dann nicht sehr einsam, wenn du dich ständig nur mit dir selbst unterhältst?«

»Ich tue es doch für die anderen, damit sie stolz auf mich sein können und zufrieden mit mir sind«, erklärte der Kopf.

»Ich bin auch stolz auf dich und mag dich sehr, Kopf«, sagte das Herz. »Aber oft habe ich den Eindruck, dass du dich gar nicht so richtig für mich interessierst«, öffnete sich das Herz. »Wenn du mir etwas mehr Aufmerksamkeit schenken würdest, könntest du das auch spüren.«

»Spüren fällt nicht in meinen Aufgabenbereich«, versuchte sich nun der Kopf zu rechtfertigen.

Das merkte der Bauch mit seiner Intuition sofort und fragte geschickt: »Du willst also nicht spüren?«

»Ich bin doch der Kopf«, entrüstete sich der Kopf.

»Ja«, bestätigte das Herz schmunzelnd, »und zwar ein sehr dickköpfiger Kopf.«

»Aber wie soll ich denn den ganzen Erwartungen an mich gerecht werden, wenn ich nicht mithilfe meiner Gedanken versuche, alles in den Griff zu bekommen?«, fragte der Kopf und zuckte dabei mit den Schultern.

»Wer sagt dir denn, dass du es allein versuchen musst?«, entgegnete der Bauch. »Das Herz und ich sind doch auch noch da.« »Weißt du«, fuhr er fort, »wenn du immer deine Alleingänge startest, bekomme ich Bauchweh, weil ich mich übergangen fühle.«

»Ist das Leben wirklich so beschaffen, dass man es in den Griff kriegen kann?«, warf das Herz ein. »Geht es wirklich um Macht und Kontrolle?«

»Nun ja«, gab der Kopf zu, »manchmal habe ich selbst Zweifel, ob das der richtige Weg ist, da ja das Leben sehr komplex ist und aus vielfältigen untereinander vernetzten Ereignissen und Beziehungen besteht. Bisher habe ich immer versucht, die Dinge zu vereinfachen, um sie doch noch steuern zu können. Aber mittlerweile habe ich das Gefühl, dass mir die Sache über den Kopf wächst.«

»Ja, das Leben wird tatsächlich immer unüberschaubarer«, stimmte der Bauch grummelnd zu. »Ich weiß auch nicht, was ich davon halten soll. Manchmal fühle ich eine Wut in mir, wenn die Dinge außer Kontrolle geraten, manchmal ziehe ich mich dann auch zurück. Aber eine wirkliche Lösung habe ich auch noch nicht gefunden. Vielleicht weiß das Herz einen Rat.«

Das Herz aber schwieg und alle drei versenkten sich gemeinsam in das Problem. Doch in dieser Stille geschah etwas Wunderbares. Der Kopf fühlte eine Wärme in sich aufsteigen, weil er nicht mehr allein mit seinen Problemen fertig werden musste. Das Grummeln des Bauches legte sich und ein wohlig warmes Gefühl machte sich in ihm breit. Und das Herz, das so lange darauf gewartet hatte, gemeinsam mit Bauch und Kopf zu kooperieren, hüpfte vor Freude. Und dann wurde es dem Kopf schlagartig klar: »Mein ganzer Ansatz, mit Denken und Kontrolle mein Leben allein steuern zu wollen, führte zu den Problemen, die ich hatte. Dieser Ansatz war das Problem. Jetzt fühle ich mich getragen und geborgen, ich fühle die Sicherheit, mit euch zusammen durchs Leben zu gehen. Und alle Erfahrungen, die wir machen, werden wir gemeinsam nutzen, um voneinander und miteinander zu lernen, uns zu unterstützen und uns gemeinsam zu freuen, dass wir nicht allein sind.

Der Bauch fuhr fort: »Oja, das hört sich gut an. Jetzt spüre ich auch nicht mehr diese Existenzangst, die ich die ganze Zeit versucht habe, vor euch zu verbergen. Oh wie erleichternd«, jubelte er.

»Endlich fühle ich mich ganz«, blühte das Herz auf. »Ich habe mich immer für sentimental gehalten, weil ich so voller Mitgefühl war, und nicht wusste, wohin damit. Ich dachte, das sei nicht erwünscht und etwas würde mit mir nicht stimmen. Mit euch zusammen fühle ich, dass das eine Gabe ist, die mich erfüllt, wenn ich sie mit euch teile. Und du, lieber Kopf, öffnest mir durch deinen scharfen Verstand eine Klarheit, mit der ich mein Mitgefühl heilsam für andere einsetzen kann. Und du, mein lieber Bauch, gibst mir den Mut und die Kraft dazu.«

Und so freuten sich der Kopf, das Herz und der Bauch übereinander und feierten gemeinsam noch die ganze Nacht hindurch ein Fest. Am nächsten Tag machten sie sich dann freudig auf den Weg, ihr Leben miteinander zu leben, in all seinen Höhen und Tiefen. Denn sie waren in diesem Miteinander frei und doch vereint, sodass sie in all ihre Erfahrungen voll eintauchen konnten, da sie nun wussten und spürten, dass sie in diesem Miteinander keinen Schaden erleiden konnten. Sie hatten also nichts zu befürchten und genossen ihr Leben gemeinsam und unbeschwert bis an ihr Lebensende.

7.6 Transformatives Welt- und Menschenbild

> *»If we can marry the knowledge of the outer sciences with the knowledge and practice of the inner sciences of mystical progress, the entire future of the human race can be transformed.«*[44]

Die drei Systemelemente der Quantenphysik, Systemtheorie und Spiritualität veranschaulichen mit Bezug auf den Menschen die Komplexität seiner körperlichen und geistigen Entwicklung und zeigen weiterführende Evolutionsmöglichkeiten auf. Außerdem heben sie jeweils die wissenschaftliche Trennung von Geist und Materie wieder auf. In meiner Dissertation habe ich diese drei Elemente zu einem ganzheitlichen Menschen- und Weltbild integriert und in zwei Schaubildern dargestellt. Das in ihnen enthaltene Verständnis des Menschen in seiner Ganzheit als Lebewesen ermöglicht die Heilung und Transformation unserer abgespaltenen Identität und Psyche im Innen und Nachhaltigkeit im Außen.

44 A. Harvey, 2010, S. 25

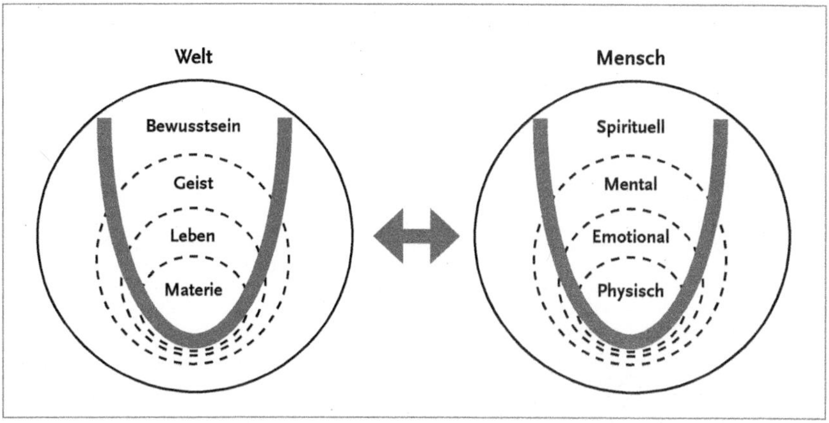

Abb. 16: Transformatives Welt- und Menschenbild (»Ganzheitlich-Systemische Synthese«); eigene Darstellung

7.7 Ich-Entwicklungsstufen nach Jane Loevinger

> *»To hope for a true change of human life without a change of human nature is an irrational, unspiritual proposition; it is to ask for something unnatural and unreal, an impossible miracle.«*[45]

Jane Loevinger, eine amerikanische Entwicklungspsychologin des letzten Jahrhunderts, hat in den 70ern mit ihrem Ich-Entwicklungsmodell großartige Pionierarbeit geleistet. Sie hat in zehn Stufen der Ich-Entwicklung nicht nur das Spektrum des menschlichen Bewusstseins aufgezeigt, sondern auch die Richtung seiner Evolution, angefangen vom selbstorientierten Eigennutzmaximierer über den rationalistischen Wissenschaftler, Konstruktivisten und Systemiker bis hin zum erleuchteten Mystiker. Allein die Anerkennung und Integration der spirituellen Dimension des Menschseins ist bahnbrechend, die spirituelle Selbsttranszendenz zur Stufe der höchsten menschlichen Bewusstseinsentwicklung zu machen, umso mehr.

45 Ebd., S. 96

Entwicklungs-stufe E	Eigenschaften
E3 Selbstorientiert ***Marktwirtschaft***	Eigener Vorteil steht im Vordergrund, andere Menschen werden als Mittel zu eigener Bedürfnisbefriedigung gesehen, weniger als Wert an sich, opportunistisches Verhalten anderen gegenüber. Eher kurzer Zeithorizont, Fokus liegt zumeist auf konkreten Dingen (weniger abstrakten Aspekten), Feedback wird meist zurückgewiesen, stark stereotypes Handeln, Auge-um-Auge-Mentalität, überwiegend externale Schuldzuweisungen.
E4 Gemeinschaftsbestimmt ***Kommunismus***	Denken und Handeln sind vor allem an Regeln und Normen der relevanten Bezugsgruppen ausgerichtet, die eigene Identität wird durch diese definiert, Zugehörigkeit und Unterordnung unter deren Sichtweisen sind vorherrschend. Gesichtswahrung ist zentral, starke Schuldgefühle, wenn Erwartungen anderer verletzt werden, Konflikte werden vermieden, Kontakte sind eher oberflächlich, es wird vorwiegend in Entweder-oder-Kategorien gedacht.
E5 Rationalistisch ***Wissenschaft***	Orientierung an klaren Standards, sehr rationales Denken und kausale Erklärungen herrschen vor. Motivation, sich abzuheben von anderen. Feste Vorstellungen, wie Dinge sind und laufen sollen. Beginnende Selbstwahrnehmung, Selbstkritik und Sehen verschiedener Perspektiven sowie Suche nach Motiven für Verhalten, eher enges fachliches Denken und Betonung von Effizienz statt Effektivität.
E6 Eigenbestimmt ***Demokratie/CSR***	Voll entwickelte und selbst definierte (eigene) Werte, Vorstellungen und Ziele (ausgebildete Identität). Starke Zielorientierung und Selbstoptimierung. Komplexität von Situationen wird akzeptiert, reiches Innenleben, Gegenseitigkeit in Beziehungen, Respekt vor individuellen Unterschieden (eigener Schatten der Subjektivität wird häufig nicht gesehen).
E7 Relativierend ***Konstruktivismus***	Beginnendes Bewusstsein darüber, wie die eigene Wahrnehmung die Sicht auf die Welt prägt, stärkeres Hinterfragen der eigenen Sichtweisen (und der von anderen Menschen). Relativistische Weltsicht. Größere Bewusstheit gegenüber inneren/äußeren Konflikten und Paradoxien (ohne diese integrieren zu können), sehr individuelle/persönliche Art.
E8 Systemisch ***Nachhaltigkeit***	Voll ausgebildete Multiperspektivität, gleichzeitige Prozess- und Zielorientierung, systemisches Erfassen von Beziehungen (Zirkularität). Fähigkeit, sich widersprechende Aspekte und Meinungen zu integrieren. Hohe Motivation, sich selbst weiter zu entwickeln. Offene, kreative Auseinandersetzung mit Konflikten, hohe Toleranz für Mehrdeutigkeit. Hoher Respekt vor Autonomie anderer Personen und Aussöhnung mit eigenen negativen Anteilen.
E9 Integrierend ***Metaphysik***	An kein explizites System (Werte, Einstellungen, Praktiken etc.) mehr gebunden, Erfahrungen werden laufend neu bewertet und in andere Zusammenhänge gestellt („reframing mind"). In hohem Maße selbstaktualisierend. Kann Paradoxien integrieren, hohe Bewusstheit gegenüber eigenem Aufmerksamkeitsfokus, besonderes Gespür für Symbolik.
E10 Fließend ***Mystik***	Bedürfnis, Dinge und Personen zu bewerten, wird aufgegeben. Verschmelzen mit der Welt, kein weiteres Festhalten, sondern sich auf den Fluss der Dinge einlassen. Spielerische Abwechslung zwischen Ernst und Trivialem, Ineinanderübergehen unterschiedlicher Bewusstseinszustände, Denken in Zeitzyklen und historischen Dimensionen, volles Akzeptieren von Andersartigkeiten und Menschen, wie sie sind.

Tabelle 5: Stufen der Ich-Entwicklung;
vgl. Wikipedia »Ich-Entwicklung« nach J. Loevinger, 1977 und 1997.

Die ersten beiden Entwicklungsstufen beziehen sich auf grundlegende Kindheitsphasen, die alle Menschen durchlaufen. Sie werden hier nicht thematisiert, erst das Erwachsenwerden ab der Stufe E3.

Die Marktwirtschaft ist eine Umsetzung der ersten Erwachsenen-Entwicklungsstufe E3, in der die spirituellen, emotionalen, sozialen und ökologischen Beziehungen abgespalten sind. Die Psyche befindet sich im Überlebensmodus, der ökonomisch über »Survival of the Fittest« seinen Ausdruck findet, wie ich bereits im Kapitel »Trauma der Wirtschaft« beschrieben habe. Die erfolgreiche Durchsetzung des gegen die eigene Identität, Gefühle und Beziehungen gerichteten Eigeninteresses wird zur Trauma-Überlebensstrategie des in dieser hochgradig traumatisierten Entwicklungsstufe feststeckenden idealen Wirtschaftsakteurs, des Homo oeconomicus.

Die gemeinschaftsbestimmte Stufe E4 vollzieht eine Gegenbewegung zu E3, in der sich das Individuum in seiner Identität ganz mit der Gemeinschaft identifiziert und dieser unterordnet. Abweichungen von den Normen der Gemeinschaft sind unzulässig und werden sanktioniert. Totalitäre Strukturen bilden sich heraus.

Die rationalistische Wissenschaft auf der Stufe E5 ist etwas weiter entwickelt und ihre Vertreter zu differenzierteren Auseinandersetzungen innerhalb des klar definierten sachlich-rationalen Diskurses fähig. Sie klammern sich an das mechanistische Welt- und Menschenbild und reduzieren ihre Identität auf eine körper- und materiebezogene Wirklichkeitsvorstellung. Die Gefühle sind abgespalten und bleiben für sie etwas zutiefst Mysteriöses und Verunsicherndes, sodass man sich am besten gar nicht mit ihnen beschäftigt oder, wenn nötig, nur auf einer neutralen wissenschaftlich-abstrakten psychologischen Basis. Häufig ist dies über die Verallgemeinerung »man« in der 3. Person sichtbar, wenn die Person über eigene Gefühle spricht.

Ab der Stufe E6 zeigt sich erstmals eine zur Demokratie fähige ausgeprägte Persönlichkeit. Sie entspricht etwa einem werte-, sozial- und umweltbewussten Unternehmer, Mitarbeiter und Aktivisten, der jedoch weitgehend auf die Außenwelt fixiert ist. Erst ab der konstruktivistischen Entwicklungsstufe E7 wird sich das Individuum der Subjektivität seiner Realitätswahrnehmung bewusst. Bis dahin bewegt es sich trotz der Entwicklung eigener Wertvorstellungen mit Respekt und Toleranz in Beziehungen überwiegend in dem Glauben an eine objektive Welt und Wirklichkeit, in der es sich mithilfe des eigenen Wertesystems orientiert und anpasst. Für unbewusste innerpsychische Vorgänge gibt es grundsätzlich kein tieferes Eingehen und

Verständnis, der Mensch wird an dem Anspruch gemessen, eine rational nachvollziehbare Position innerhalb eines gemeinsamen Wertesystems zu beziehen, wie z. B. der Schutz der Menschen- und Freiheitsrechte durch die Demokratie, und danach zu handeln. Für die irritierende Tatsache, dass wir Menschen uns auf der Entwicklungsstufe E3 befinden und uns gegenseitig unserer Würde, Rechte und Freiheiten zugunsten des eigenen Vorteils berauben, gibt es aufgrund der eigenen unbewussten Traumakonditionierung in traumatisierten Gesellschaften und ihren Strukturen nur oberflächliche Wahrnehmungen und Erklärungen.

Die Entwicklungsanforderungen für Nachhaltigkeit sind hoch. Während eine Demokratie vielleicht schon mit E6 auskommt, die mit der Akzeptanz von Unterschiedlichkeit und Wertepluralität einhergeht, braucht es für Nachhaltigkeit ein tieferes Systemverständnis der Stufe E8, wenn sie aus innerer Überzeugung gelebt wird und nicht von außen aufgesetzt ist. Wenn ich als Lebewesen über meinen Körper meine Verbindung zur Erde in mir fühle, braucht mich von den richtigen umweltschützenden Handlungen niemand mehr zu überzeugen. Traumatisierung steht diesem Fühlen von Verbundenheit im Weg und kann zum Teil auch über eine tiefe innerpsychische Beschäftigung mit dem Konstruktivismus aufgelöst werden, indem ich meine Identität mit ihrer schöpferischen Kraft als Ursache für meine Wahrnehmung von Wirklichkeit akzeptiere und die Verantwortung für die Konsequenzen übernehme. Doch die Selbsterkenntnis, als kreatives Wesen Schöpfer der eigenen Wirklichkeit zu sein, ist zugleich befreiend und beängstigend. Was mir in meiner Wahrnehmung widerfährt, ist demzufolge immer die Wirkung meiner Integrität oder Abspaltung und wirkt auf mich mit der schöpferischen Kraft meiner Abspaltung. Mit anderen Worten:

Was auch immer mich angreift, greift mich mit der Kraft meines eigenen Angriffs durch innerpsychische Abspaltung an.

Der Metaphysiker der Stufe E9 verpuppt sich bereits in das Stadium der Selbsttranszendenz und der Mystiker der letzten und höchsten Stufe E10 hat die Selbsttransparenz soweit verinnerlicht und vollendet, dass er innerpsychisch nicht mehr angreifbar ist, d. h. auch nicht mehr traumatisierbar ist. Seine Psyche ist vollkommen gesund, er ist immun, weil er mit seiner ganzen Identität vollkommen verbunden ist, ohne dass illusionäre Selbstbilder zurückbleiben. Diese innere Heimkehr, die Heilung der innerpsychischen Spaltung, ist das Ziel der Persönlichkeits- und Menschheitsentwicklung. In unserer gegenwärtigen Zeit vollzieht sich auch ein kollektiver Bewusstseinsentwicklungssprung, der als »Große Transformation« bezeichnet wird.

Anwendung:
Legen Sie nun bitte eine Lesepause ein, machen Sie sich die Anteile Ihrer eigenen Persönlichkeitsentwicklung bewusst und schreiben Sie diese auf. Dabei ist es heilsam, ihnen aus der Ganzheit Ihres eigenen Menschseins heraus einen wertschätzenden Raum zu geben.

7.8 Organisationsentwicklungsstufen nach Frederic Laloux

Der Unternehmensberater Frederic Laloux bietet in seinem Buch »Reinventing Organizations« einen hilfreichen Orientierungsrahmen für die Entwicklung von Organisationen und ihres kollektiven Bewusstseinszustandes an. Die verschiedenen Stufen sind klar gegliedert und aufeinander aufbauend. Hierarchische und leistungsorientierte Unternehmen sind nach wie vor prägend für unsere Wirtschaft und Gesellschaft, doch gibt es eine wachsende Zahl an beziehungs- und wertebasierten Unternehmen und weltweit einige sich aus der eigenen Ganzheit heraus selbst führende und selbst entwickelnde evolutionäre Pionierunternehmen.

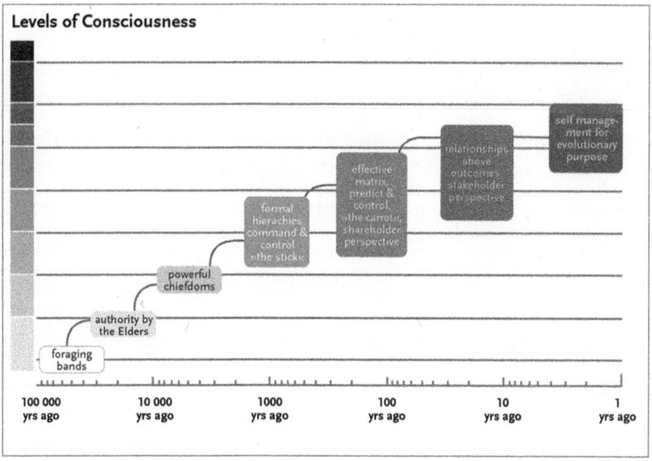

Abb. 17: Überblick über die Entwicklung von Organisationsparadigmen; ©Frederic Laloux & Change Factory

Doch eine große Verlockung verbirgt sich hinter diesen beiden höheren Entwicklungsstufen, und zwar sich und das eigene Unternehmen pauschal einer dieser Entwicklungsstufen zuzuordnen. Sehr viel wahrscheinlicher ist es, dass sowohl die eigene Persönlichkeit als auch das eigene Unternehmen Anteile in verschiedenen Entwicklungsstufen hat. Eine in hohem Maße sich der eigenen Konditionierung bewusste Wahrnehmung ist also erforderlich, um differenziert mit diesen Anteilen umgehen und sie weiterentwickeln zu können.

Der Eindruck, es gäbe Organisationen, die bereits ausschließlich auf der Stufe von Selbstführung und Ganzheit wären, schürt unrealistische Erwartungen. Das würde einem »erleuchteten« Unternehmen entsprechen, deren Mitarbeiter überwiegend aus den Persönlichkeitsentwicklungsstufen E9 und E10 nach Jane Loevinger bestehen würden. Die für die zukünftige Entwicklung eines Unternehmens entscheidende Frage ist, welchem Anteil, d. h. welcher Entwicklungsstufe der Raum gegeben wird, dieses Unternehmen und die darin arbeitenden Menschen zu führen.

Wenn Ganzheit und Selbstführung nicht nur als Vision und Leitbild auf dem Papier und als Konzepte in den Köpfen der Menschen existieren, sondern auch in den Herzen und Bäuchen der Menschen angekommen sind und angenommen werden, d. h. auch als Heilung und Transformation der ökologischen, sozialen, emotionalen und spirituellen Spaltung, dann können Ganzheit und Selbstführung handlungswirksam gelebt werden. Bis dahin sind und bleiben sie ein angestrebtes Leitbild für die eigene Transformation, über das die tatsächliche Gegenwart leicht geleugnet, verdrängt und abgespalten werden kann. Ohne bewusste Arbeit mit den innerpsychischen Abspaltungen und ihre Transformation wird der ungelöste Konflikt zwischen Theorie und Praxis, bewusster Absicht und unbewusster Konditionierung das Alltagsgeschehen prägen, was auch immer das Unternehmen vorgibt zu sein.

Einen Entwicklungsweg für Organisationen hin zu gelebter Ganzheit werde ich mithilfe des in Abschnitt 6.5 dargestellten Ansatzes einer tiefensystemischen Nachhaltigkeit und Transformation im Schlusskapitel aufzeigen.

Moderne vs. Evolutionäre Organisationen

Die Unternehmensberatung Heiligenfeld & Pietzko hat in einer Darstellung Merkmale moderner, d. h. hierarchisch-leistungsorientierter Unternehmen, und evolutionärer Unternehmen, d. h. aus der eigenen Ganzheit heraus selbst geführte Unternehmen, gegenübergestellt. Diese Unternehmensberatung gehört zur Unternehmensgruppe der Heiligenfeld Kliniken, die von Frederic Laloux als einziges deutsches Beispiel für Organisationen der höchsten Entwicklungsstufe mit Ganzheit und evolutionärer Selbstführung genannt werden.

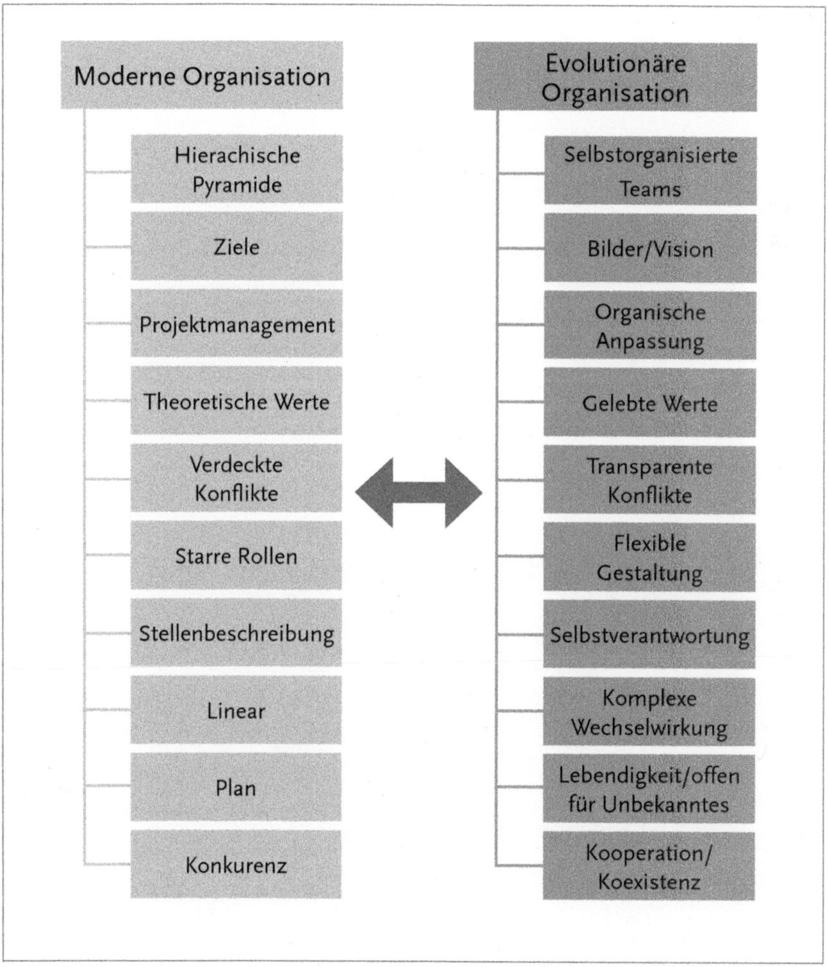

Abb. 18: Moderne vs. Evolutionäre Organisationen; ©Heiligenfeld & Pietzko

Anwendung:
Legen Sie nun bitte eine Lesepause ein, machen Sie sich Ihre eigenen Erfahrungen mit hierarchischen, leistungsorientierten, beziehungsorientierten und ggf. ganzheitlich-selbstführenden Organisationsentwicklungsanteilen bewusst und schreiben Sie diese auf.

8 Anleitung für einen Transformationsprozess

Die bisherigen Kapitel beinhalten eine Einführung in das Konzept der Traumatisierung von Identität und Psyche nach Franz Ruppert, dessen Ergänzung durch die vierfache Spaltung und Anwendung auf die ungelöste existenzielle Krise unserer Menschheit mit den Traumastrukturen in unserer Gesellschaft und Wirtschaft. Im letzten Kapitel habe ich eine uns Menschen als Lebewesen würdige und gerechte Alternative zu dem mechanistischen Welt- und Menschenbild aufgezeigt.

Auf dieser Grundlage erfolgt in diesem Kapitel die systemische Verbindung der für die Ganzheit unserer Identität und Psyche beitragenden Elemente zu einem individuellen und kollektiven Transformationsprozess, der die spirituelle, emotionale, soziale und ökologische Spaltung konfrontiert und überwindet.

Dazu habe ich die Theorie U von Otto Scharmer als Ansatz für den Transformationsprozess genommen und darin die vierfache Spaltung mit der spirituellen Spaltung als dem Nadelöhr und Tiefpunkt der Transformation integriert.

Damit aus dieser Verbindung zu einem heilsamen Transformationsprozess ein tiefes Verständnis erwächst, das zu einer klaren Sicht auf die Ursachen der vierfachen Spaltung befähigt, stelle ich zur Verinnerlichung angeleitete Meditationen vor und im nächsten Kapitel die Kultivierung der Achtsamkeitspraxis samt ihrer Anwendung auf die Alltagskommunikation.

8.1 Psychologische Dimension der Transformation

»It will demand that we undertake a Descent into our own and the world's shadow and uncover and become conscious of the personal and collective forces of evil and destructiveness.«[46]

46 A. Harvey, 2010, S. 31

Die Ursachen für die ins Unbewusste verdrängten Anteile unserer Identitäten liegen nach dem in diesem Transformationsleitbild von mir entwickelten Ansatz in der spirituellen, emotionalen, sozialen und ökologischen Spaltung. Von diesen Spaltungen ist die spirituelle Spaltung das Urtrauma des Menschseins, aus dem die weiteren Traumaspaltungen hervorgehen.

Die vier Spaltungen wirken ständig auf unsere Wahrnehmung von Realität. Denn Wahrnehmung ist ein kreativer Prozess. Auch wenn wir uns häufig als Objekt und Produkt der Welt empfinden, sind wir ihre Schöpfer und Produzenten. Was immer wir Menschen in der Außenwelt wahrnehmen, existiert zuerst als Struktur in unserem Geist, durch die wir es dann als materielles Wahrnehmungsobjekt erzeugen. Es spielt keine Rolle, ob wir uns dieser schöpferischen Fähigkeit bewusst sind oder ob wir sie in unser Unterbewusstsein abgespalten haben. Alltägliche Verdrängungen von unerwünschten, ungeliebten und ungewollten Identitätsanteilen ins Unbewusste füttern die Abspaltungen, die Selbstverleugnung unserer Ganzheit und damit das Urtrauma unserer Identität mit der Konsequenz der gegen uns selbst gerichteten Schöpferkraft.

Dieses Transformationsleitbild begleitet und führt Sie auf Ihrem Weg mit praktischen Werkzeugen und ihren Anwendungen, damit Sie sich in jeder der vierfachen Spaltungen öffnen und wieder verbinden können. Die Reise zurück zur Ganzheit der eigenen Identität beginnt bei dem mit der Außenwelt beschäftigten Verstand im Kopf, führt über die zwischenmenschlichen Beziehungen im Herzen und die Gefühle im Oberbauch zum Willen im Unterbauch, und vom Willen im Unterbauch wiederum zurück zur Quelle unserer Identität.

Wie oben erwähnt, habe ich zur Beschreibung des individuellen und kollektiven Transformationsprozesses die Theorie U von Otto Scharmer als ein hierfür sehr geeignetes und erprobtes Grundgerüst verwendet. Gleichzeitig habe ich sie modifiziert und erweitert, indem ich die Struktur der vierfachen innerpsychischen Spaltung in den U-Transformationsprozess integriert habe. Diese vierfache Differenzierung der Abspaltungsprozesse ist nach meiner Erfahrung wesentlich für eine ursachengerechte Behandlung und Transformation. Sie bringt Licht und Struktur in die Dunkelheit der unbewussten Psyche und abgespaltenen Identität. Um wieder ganz zu werden, müssen wir uns den Abspaltungen unserer Identität mit ihren Strukturen bewusst werden und tief in unsere unbewusste Psyche eintauchen bis zu ihrem Tiefpunkt – ganz entgegen unserer gewohnten Abspaltungs- und Verdrängungskonditionierung. Dadurch sammeln wir die Abspaltungen wieder ein und integrieren sie in unser Sein, bis wir auf dem Tiefpunkt und Nadelöhr der Transformation unsere eigene Ganzheit wiedererkennen und damit gleichzeitig auch die Quelle unserer tatsächlichen Identität. Dieser Eisberg-Tauchgang wird in Raum und Zeit zu einem dynamischen U-Prozess.

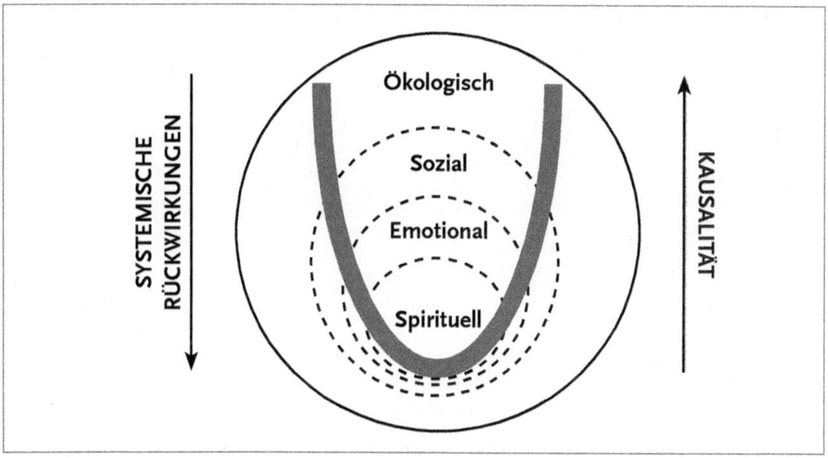

Abb. 19: Transformation der vierfachen Traumaspaltung; eigene Darstellung

Mit dem konsequenten Einlassen auf die innere Berührung und Begegnung an dem Tiefpunkt der Transformation wird die konditionierte Identität der eigenen Abspaltungen in die nicht konditionierte Identität der eigenen Ganzheit transformiert, die mit ihrer Quelle untrennbar verbunden ist, sodass schließlich – in der nach den Ich-Entwicklungsstufen von Jane Loevinger höchsten Stufe E10 – keine Identifikation mit den Wahrnehmungsobjekten der Sinne und des Denkens im Alltag mehr möglich ist. Die Identität ist und bleibt in diesem Bewusstsein frei.

8.2 Die Theorie U

»Theory U – an awareness based method for changing systems.«[47]

Die Theorie U von Otto Scharmer verbindet äußere Systemveränderung mit innerer Entwicklung. Dies ist ein Meilenstein in einer auf die Außenwelt fixierten Kultur und ihren Strukturen in der Wissenschaft, Wirtschaft und Politik.

> *«Theory U blends systems thinking, innovation, and leading change – from the viewpoint of an evolving human consciousness. [...] At its core, Theory U comprises three main elements: 1. A framework for seeing the blind spot of leadership and systems change 2. A method for implementing awareness-based change: process, principles, practices 3. A new narrative for evolutionary societal change: updating our mental and institutional operating system (OS) in all of society`s sectors.«*[48]

Otto Scharmer identifiziert in seinem Buch »The Essentials of Theory U« die Außenweltfixierung als den entscheidenden »blind spot of leadership« für die fehlenden wirksamen Lösungen der Menschheitskrise, sodass die inneren Bedingungen, aus denen heraus wir individuell und kollektiv handeln, für uns unsichtbar sind. Jedes soziale Feld hat ihm zufolge daher eine sichtbare Oberfläche und einen unsichtbaren Untergrund. Der unsichtbare Untergrund beinhaltet die uns unbewussten Strukturen, Glaubenssätze und Quellen, die unsere Wahrnehmungen, Gedanken und Handlungen beeinflussen, von uns aber keine Aufmerksamkeit erhalten. Zur Verdeutlichung dieses Zustandes hat er ebenfalls das Eisbergmodell verwendet und angepasst:

47 O. Scharmer, 2018, S. ix

48 Ebd., S. ixf

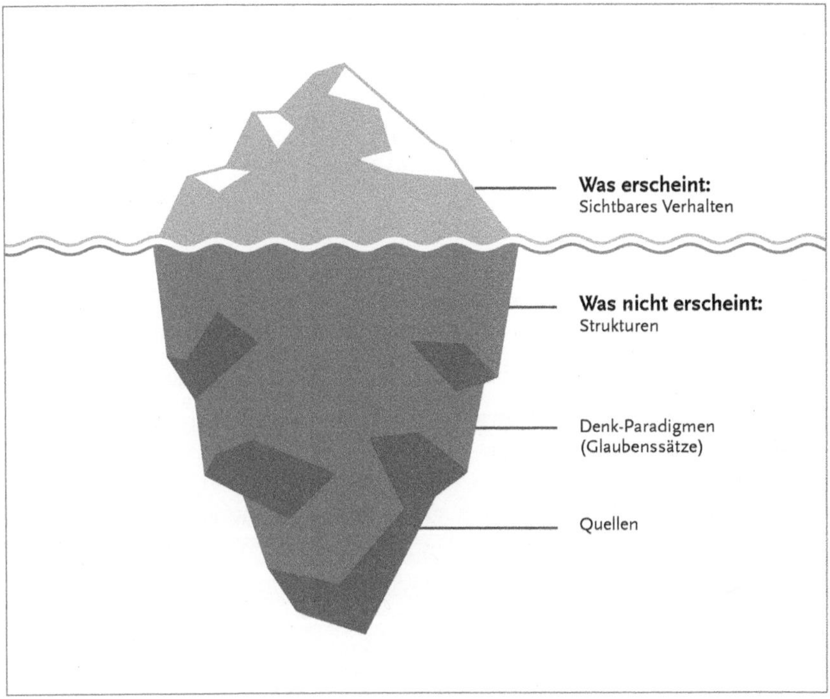

Abb. 20: Eisbergmodell nach Scharmer; eigene Darstellung; Vorlage: O. Scharmer, Presencing Institute

Otto Scharmer zeigt mithilfe seines Eisbergmodells, dass es neben der sichtbaren Ebene von Ereignissen und Krisen darunter verborgene Strukturen, Denk-Paradigmen und Quellen gibt, die die äußeren Zustände verursachen. Das ist eine entscheidende Erkenntnis für unser Handeln.

Bei der Theorie U geht es folglich nicht um eine Bewusstseinsveränderung im Sinne eines Umweltbewusstseins, das über mehr Zahlen, Daten und Fakten als Kopfwissen zu »richtigen« Handlungen führt, sondern um die Konditionierung des Wissenden und ihre Ursachen, die zu entsprechendem Wahrnehmen, Denken und Handeln bzw. Nicht-Handeln führen. Otto Scharmers Anliegen ist die Transformation der uns als Menschheit existenziell bedrohenden Ergebnisse, die wir kollektiv produzieren, aber gemäß unserer eigenen (bewussten) Willensbekundungen niemand haben möchte.

Wenn die den Handlungen zugrunde liegenden unbewussten Strukturen, Glaubenssätze und Quellen nicht erkannt werden, haben äußere Veränderungen keine dauerhaften Wirkungen, weil sie sich immer wieder an die fortbestehenden inneren Muster anpassen und sich nach ihnen ausrichten werden. Die Aussage »form follows consciousness«[49] muss also ergänzt werden: »… and our consciousness with our self-image, will, thoughts, feelings and actions is determined by our subconsciousness.«

In ihrem gemeinsamen Buch »Leading from the Emerging Future« sehen es Otto Scharmer und seine Frau Katrin Käufer, die mit ihm zusammen das Presencing Institute am MIT in Cambridge (USA) aufgebaut hat und leitet, für eine transformative Führung unter disruptiven Veränderungen als die kritischste Fähigkeit und Kapazität an, sich aus diesen vergangenheitsbezogenen inneren Mustern lösen und für die neu entstehende Zukunft öffnen zu können. Dafür braucht es ihnen zufolge ein unmittelbares Feedback über die direkten Wirkungen des gegenwärtigen Handelns, das den Entscheidungsträgern in den komplexen globalen und zentralisierten Organisationsstrukturen der Wirtschaft und Gesellschaft fehlt.[50]

Die Theorie U führt über drei Ebenen und Schritte zu einer Transformation innerer Strukturen: Die Öffnung des Denkens (»Seeing«), des Fühlens (»Sensing«) und des Willens (»Presencing«).

49 O. Scharmer, 2018, S. 16

50 In meinem Ansatz der tiefensystemischen Nachhaltigkeit, Transformation und Organisationsentwicklung bezeichne ich diese Kompetenz als »Visionäre Führung« (s. Abschnitt 6.5 und Kapitel 10).

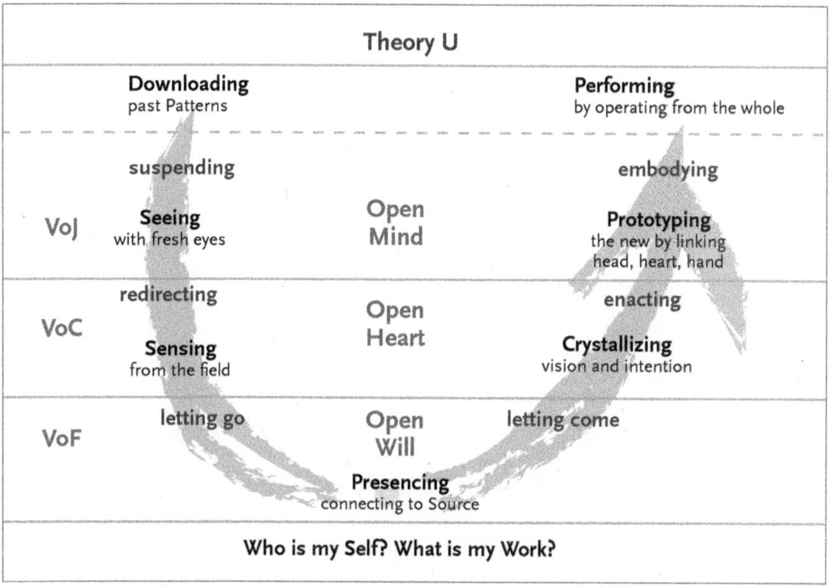

Abb. 21: Theory U Process; CC BY-SA O. Scharmer, Presencing Institute

Das Nadelöhr dieser inneren und äußeren Transformation ist das Presencing. Hier erfolgen das Loslassen der vergangenheitsbezogenen Identität und die Verbindung mit dem »höheren zukünftigen Selbst«. Aus diesem neuen Sein heraus entstehen neue Möglichkeiten für Systemveränderungen in der Außenwelt. Diese Systemveränderungen werden beim Aufsteigen zunächst visualisiert (»Crystallising«) und dann zu Prototypen verdichtet, die in der Außenwelt erprobt und stetig verbessert werden, bis sie zu implementierten Systemveränderungen werden.

Doch bereits zu Beginn des Weges können innere Widerstände als Hindernisse auftreten, die bei unbewussten Reaktionen zu einem Vermeiden des Transformationsprozesses führen, was Scharmer als »Absencing« bezeichnet. Während des U-Prozesses identifiziert er die Stimme des Urteils (»Voice of Judgment«) beim Seeing, die Stimme des Zynismus (»Voice of Cynicism«) beim Sensing und die Stimme der Angst (»Voice of Fear«) beim Presencing als auftauchende Hindernisse. Sie können jeweils zu einem Steckenbleiben (»Stuck«) oder Abbrechen (»Absencing«) im U-Prozess führen.

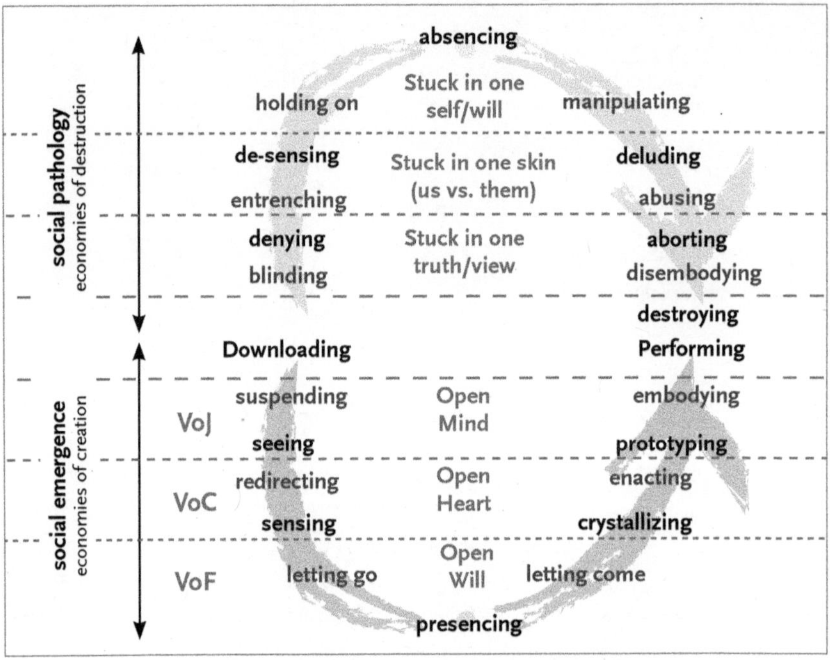

Abb. 22: Presencing & Absencing; CC BY-SA O. Scharmer, Presencing Institute

Er sieht drei große Spaltungen in der Außenwelt von Gesellschaft, Wirtschaft und Politik, die er als Ecological Divide, Social Divide und Spiritual Divide bezeichnet. Diese drei Divides analysiert und beschreibt er umfassend anhand ihrer Außenwelt-Symptome, jedoch bleiben meines Erachtens die damit zusammenhängenden inneren Muster unklar. So zitieren Otto Scharmer und Katrin Käufer zwar den chinesischen Zen-Meister Huai-Chin Nan mit der Aussage:

> *»There's only one issue in the world. It's the reintegration of mind and matter.«*[51]

51 O. Scharmer & K. Käufer, 2013, S. 141

Aber die Anwendung und Implikationen in Bezug auf die drei Divides, insbesondere auf die innerpsychischen Strukturen der Spiritual Divide, bleiben bei Otto Scharmer aus. Die Ergänzung seines Ansatzes der Theorie U um die jeweilige innerpsychische Dimension der drei Divides und die Erweiterung um die vierte Divide als Spaltung der Gefühle ist ein wesentlicher Beitrag dieses Transformationsleitbildes.

8.3 Integration der vierfachen Spaltung und emotionaler Hindernisse

Um die Theorie U für den individuellen und kollektiven Transformationsprozess zu verwenden, der sowohl die vierfache Spaltung integriert als auch konkret auf die emotionalen Hindernisse beim Tauchgang zum Tiefpunkt der abgespaltenen Identität und Psyche eingeht, bedarf es einiger wichtiger Anpassungen:

Integration der dreifachen Spaltung in den U-Prozess und Klärung der Willensebene:
Die Verbindung der drei Ebenen von Kopf, Herz und Unterbauch mit der ökologischen, sozialen und spirituellen Spaltung ist in der von Otto Scharmer entwickelten Theorie U bisher nicht erfolgt. Die Spaltungen werden von ihm in der unten folgenden Grafik als Eisbergspitzen an der Oberfläche verortet, d. h. ausschließlich als Phänomene der Außenwelt, jedoch nicht innerpsychisch im zu durchlaufenden U-Prozess. Sie müssen aber innerpsychische zu transformierende Ursachen haben, um als in der Außenwelt wahrnehmbare Krisensymptome der Menschheit existieren zu können:

- Auf der physischen Ebene des Kopfes spiegelt sich die ökologische Spaltung;
- Auf der physischen Ebene des Herzens spiegelt sich die soziale Spaltung;
- Auf der physischen Ebene des Unterbauchs spiegelt sich die spirituelle Spaltung.

Der körperliche Ausdruck der spirituellen Spaltung unserer Identität befindet sich im Unterbauch, wo auch der Wille unserer Identität sitzt. Otto Scharmer setzt den Willen mit den Händen gleich und entspricht damit der anthroposophischen Dreigliederung von Kopf, Herz und Händen, der ich jedoch nicht folge. Die Hände haben für mich keinen Willen, sondern sind ein Ausführungsorgan des bewussten und unbewussten Willens. Ersterer sitzt als Verstand im Kopf, letzterer sitzt als unbewusster Wille unserer abgespaltenen Identität im Unterbauch und ist z. B. als Intuition wahrnehmbar.

Erweiterung der dreifachen Spaltung um die vierte emotionale Spaltung (im Oberbauch):

Otto Scharmer fehlt bei seiner dreifachen spirituellen, sozialen und ökologischen Spaltung meines Erachtens eine ganz wichtige vierte Spaltung: die emotionale Abspaltung der Gefühle. Die Gefühle nicht als Spaltung aufzuführen, kann bereits ein Ausdruck ihrer Abspaltung sein. Wie bereits im 3. Kapitel erläutert, befindet sich die emotionale Spaltung im Oberbauch zwischen der spirituellen Spaltung im Unterbauch und der sozialen Spaltung im Herzen. Sie ist eine Folge der spirituellen Spaltung unserer Identität und führt zur sozialen Spaltung der Beziehungen.

Abb. 23: Integration und Erweiterung der dreifachen Spaltung; CC BY-SA O. Scharmer, Presencing Institute & eigene Darstellung

Integration von Hindernissen in den U-Prozess:
Das Vermeiden des U-Prozesses durch »Absencing« droht nicht nur am Anfang oder während des Prozesses als Stimmen des Urteils, Zynismus und der Angst, sondern kann auf jeder der vier Spaltungsstufen aufgrund von ganz konkreten Reaktionen vor allem auf verdrängte Emotionen geschehen, die subjektiv als überfordernd empfunden werden. Daraufhin kann ein Rückfall (»Regression«) in alte Vermeidungsmuster erfolgen, die einen zum Selbstschutz vor der Erfahrung von Traumagefühlen aus dem U-Prozess herauskatapultieren. Dadurch wird die Vermeidung durch bestehende Trauma-Überlebensstrategien verstärkt und die Transformation des mit dem Gefühl erfahrenen Traumas an dieser Stelle abgebrochen, bis eine Bereitschaft zur Wiederaufnahme des Transformationsprozesses und der Begegnung mit dem abgespaltenen Traumagefühl besteht.

Auf die im Transformationsprozess als Schutzmechanismen der traumatisierten Psyche typischerweise auftauchenden emotionalen Phasen und Hindernisse gehe ich im Folgenden näher ein, um ein klares Verständnis und einen konstruktiven Umgang mit ihnen zu ermöglichen.

8.3.1 Emotionale Phasen und Hindernisse

Im Handbuch »Prozessmanagement« des Sächsischen Staatsministeriums des Innern findet sich eine sehr anschauliche Beschreibung mit Grafiken, die die gängigen emotionalen Phasen und Herausforderungen in Transformationsprozessen erläutert:

Phasen des Veränderungsmanagements
Jeder Veränderungsprozess besteht aus mehreren Phasen. Bevor sich die neuen Einstellungen, Verhaltensweisen und Arbeitsvorgänge sowohl in Projektgruppen als auch bei einzelnen Mitarbeitern stabilisieren, durchleben die Betroffenen verschiedene emotionale Phasen. Die folgende Abbildung visualisiert den Veränderungsprozess, der von allen Betroffenen durchlaufen wird.

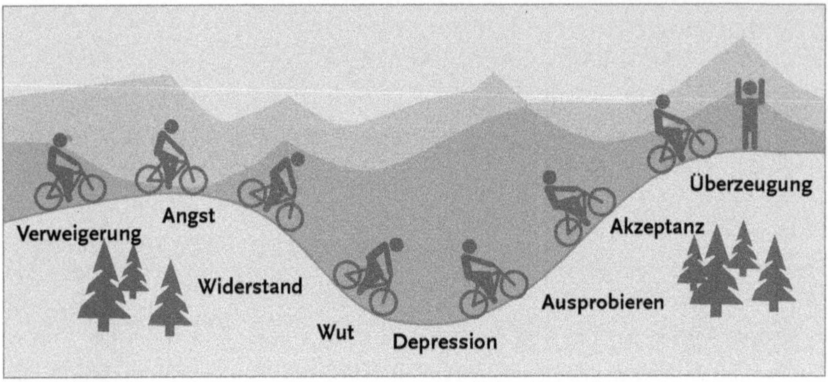

Abb. 24: Phasen des Veränderungsmanagements: »Tour de Change«; ©Sächsische Staatskanzlei

Im Rahmen des Veränderungsmanagements gilt es folgende Aspekte zu berücksichtigen:

- Die Phasen können grundsätzlich nicht übersprungen oder beliebig verkürzt werden. Das heißt allerdings nicht, dass sie bei allen Menschen gleichförmig verlaufen. Die Phasen können bei jeder Person unterschiedlich stark bzw. lange ausfallen.
- Bei Veränderungen handelt es sich um einen notwendigen Verarbeitungs- und Orientierungsprozess, der Zeit benötigt. Je nach wahrgenommener Schwere und Bedeutung der Veränderung ist der Zeitraum bis zur Akzeptanz unterschiedlich lang.
- Ziel der Maßnahmen im Bereich Veränderungsmanagement ist es, durch das systematische und bewusste Gestalten von Kommunikationsprozessen die Phasen »Widerstand« und »Depression« zu verkürzen bzw. zu mildern und schnell die angestrebte »Akzeptanz« und »Überzeugung« zu erlangen.
- Der Veränderungsprozess verläuft individuell. Die Mitarbeiter befinden sich nicht immer in den gleichen Phasen, sondern erleben diese in unterschiedlichem Ausmaß und Zeitverlauf. Dies erfordert von der Projektleitung und den Vorgesetzten ein sorgfältiges Monitoring, einen persönlichen Bezug zu den Betroffenen und ein differenziertes Eingreifen.
- Ein Stehenbleiben oder sogar Zurückfallen in den Phasen ist ebenfalls

> denkbar, wenn z. B. beim »Ausprobieren der neuen Situation« Engpässe und Schwierigkeiten auftreten. Deshalb ist eine kontinuierliche Unterstützung der Projektleitung eine wichtige Voraussetzung für den Erfolg des Prozessmanagement-Projektes. Die Projektleitung muss z. B. dafür Sorge tragen, dass der Prozess aktiv am Leben erhalten bleibt, statt ihn – z. B. nach einer gelungenen Auftaktveranstaltung – sich selbst zu überlassen.[52]

Offenbar liegen beim Sächsischen Staatsministerium des Innern schon Erfahrungen und daraus erworbene Kompetenzen vor, wie Veränderungsprozesse verlaufen und welche Schwierigkeiten dabei zu bewältigen sind. Keine Phase kann demnach übersprungen oder beliebig verkürzt werden. Vor jeder neuen Phase lauern Absencing-Mechanismen, um das (Wieder)-Fühlen der abgespaltenen Emotionen zu vermeiden.

In einer vorherigen Version des Handbuchs Prozessmanagement gab es ein Männchen, das die jeweiligen emotionalen Phasen veranschaulicht hat. Die Darstellung wurde durch den Radfahrer ersetzt und entschärft, der äußerlich von den Gefühlen unbeeindruckt wie eine Maschine durch die Transformationsphasen radelt. Die Phase der Depression befindet sich beim Radfahrer auch nicht im Tal des Prozesses, wo sie tatsächlich stattfindet, sondern am Beginn des aufsteigenden Astes. Auch hier zeigt sich wie auch schon bei Otto Scharmers Triple Divide ohne die Integration der emotionalen Spaltung, dass die Verdrängung, Leugnung, Beschönigung und Verklärung von Gefühlen aufgrund der emotionalen Spaltung höchst verführerisch ist.

Wesentliche Belohnungen für die erfolgreiche Bewältigung eines alle Beteiligten in ihrer Weiterentwicklung herausfordernden Transformationsprozesses sind eine signifikante bis sprunghafte Verbesserung der Unternehmenskultur, einander wertschätzende und befähigende Beziehungen, eine offene und authentische Kommunikation sowie die Freiheit und Erfüllung, als ganzer Mensch sein zu dürfen.

52 Sächsisches Staatsministerium des Innern, Handbuch Prozessmanagement, Version 3.0; S. 24 ff.

8.3.2 Kombination der emotionalen Phasen mit den innerpsychischen Spaltungen

Die folgende veranschaulichende Grafik und erläuternde Tabelle verbinden die äußeren Abspaltungsstrukturen und die inneren Herausforderungen der im Transformationsprozess auftauchenden verdrängten Emotionen mit den Ebenen der vierfachen Spaltung und zeigen Möglichkeiten eines tragfähigen Umgangs durch die Aktivierung von Kompetenzen, die zusammen mit den Emotionen verdrängt wurden. Daraus entsteht die innere Nachhaltigkeit des Zwei-Augen-Modells (s. Abschn. 6.4: Transformationsstufe II, Tabelle 3).

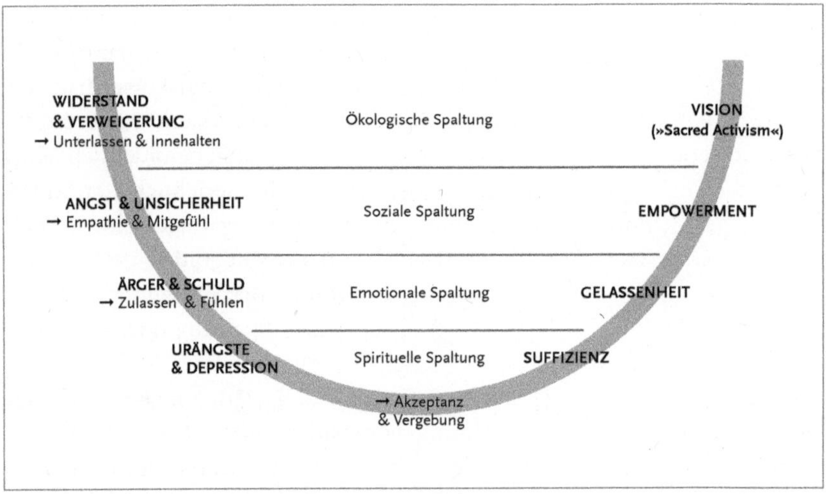

Abb. 25: Anwendung des Transformationsprozesses; eigene Darstellung

Spaltungs- & Wahrnehmungsebene	Werte- und Systemkonflikt	»Presencing« (Annehmen) Kompetenzaktivierung	»Absencing« (Vermeiden) Traumaaktivierung
Ökologische Spaltung Kopf Objektiv: Außenwelt-Beziehungen	**Lebendigkeit & Verbundenheit** vs. leblose Materie & mechanische Objekte → Basis der Abspaltung der Ökonomie von der Ökologie	↓ absteigendes U: Herausforderungen: Geistesgifte, »Monkey Mind« & Aktionismus → Heilsames Unterlassen & Nicht-Handeln ↑ aufsteigendes U: »Sacred Activism«	WIDERSTAND & VERWEIGERUNG Rationalverhalten & Eigennutzmaximierung (Homo oeconomicus) → Ausbeutung der Natur → Verlust der Beziehungen als Lebewesen zur Natur
Soziale Spaltung Herz Intersubjektiv: Zwischenmenschliche Beziehungen	**Gleichheit & Liebe** vs. Privilegien, Macht & Dominanz → Basis der Abspaltung der Politik von der Gesellschaft	↓ absteigendes U: Herausforderungen: Konkurrenz, Neid & Missgunst → Empathie & Mitgefühl ↑ aufsteigendes U: Gegenseitige Befähigung (»Empowerment«)	ANGST & UNSICHERHEIT Identifikation mit Leistung & Erfolg → Schuldzuweisungen → Verlust der Beziehungen zu den Mitmenschen
Emotionale Spaltung Oberbauch Subjektiv: Gefühle	**Gleichmut & Frieden** vs. Reiz-Reaktionsmuster von Anhaftung & Abneigung → Basis der Abspaltung des Denkens vom Fühlen	↓ absteigendes U: Herausforderungen: Schuld & Schamgefühle → Zulassen & Fühlen → aufsteigendes U: Gleichmut & Gelassenheit	ÄRGER & SCHULD Identifikation mit angenehmen Gefühlen → Verdrängung von negativen Gefühlen, u. a. durch Schuldzuweisungen → Verlust der Beziehung zur Ganzheit der Gefühle
Spirituelle Spaltung Unterbauch Intra-Subjektiv: Identität	**Ganzheit & Fülle** vs. Selbstablehnung & Selbstverleugnung → Basis der Abspaltung des Schöpfers von der Schöpfung	↓ absteigendes U: Herausforderungen: Trennungsschmerz → Akzeptanz & Vergebung ↑ aufsteigendes U: Suffizienz (»Selbstgenügsamkeit«) & Fülle	URÄNGSTE & DEPRESSION Ersatzidentität und Ersatzrealität → Flucht in Unwissenheit & Traumablase → Verlust der Beziehung zur Identität & Realität

↓ linke absteigende Seite des U-Prozesses (»Eintauchen«)
↑ rechte aufsteigende Seite des U-Prozesses (»Auftauchen«)

Tabelle 6: Presencing und Absencing im Transformationsprozess; eigene Darstellung

Anhand dieser Tabelle wird die innerpsychische und außenweltliche Komplexität des Transformationsprozesses sichtbar. Die äußeren Strukturen spiegeln die innerpsychischen Spaltungen wider. Daher können außenweltliche Rettungsmaßnahmen auch keine dauerhaften Wirkungen und Erfolge aufweisen, solange keine Transformation der innerpsychischen Ursachen stattfindet. Rationale Kopf-Lösungen können trotz guter Absichten die in der Außenwelt sichtbaren Krisensymptome sogar verstärken, indem sie innerpsychische Traumata und Trauma-Überlebensstrategien aktivieren.

8.4 Das Nadelöhr der Transformation: Die Heilung des Urtraumas

> *»The consequence of this experience, however, is that you face your own darkest emotions, make them conscious, and offer them up, again and again, for healing and transformation.«*[53]

Sich dem Urtrauma zu stellen ist die zentrale Herausforderung und Entwicklungsaufgabe als Mensch. Das Urtrauma der spirituellen Trennung geht aus einer Selbstablehnung hervor, nach der wir unwürdig sind, die uns von unserem Schöpfer gegebene Identität anzunehmen, durch die er aus Liebe sein eigenes Sein mit uns bedingungslos teilt und wir ihm gleiche Wesen sind. Das Jüngste Gericht ist ein starkes Bild der Angst vor unserem eigenen Urteil über uns selbst, das wir als uns schuldig fühlende Menschen auf unseren Schöpfer projizieren: Sein Urteil kann gemäß unserer eigenen Selbst-Ablehnung und Projektion nur »schuldig« lauten und der Entzug seiner Liebe und unserer Identität ist unsere gerechte Strafe für die von uns verursachte Trennung. So klein, schwach und vergänglich unsere körperbezogenen Ersatzidentitäten auch sind, diese Tat des Angriffs auf Gott und uns selbst glauben wir vollbracht zu haben.

Das Gleichnis vom verlorenen Sohn soll uns ermutigen zu glauben und zu vertrauen, dass die bedingungslose Liebe unseres Schöpfers für uns und in uns allumfassend, nicht veränderbar und somit auch nicht angreifbar ist.

53 A. Harvey, 2010, S. 91

Das Urteil der Liebe lautet immer Liebe, und Vergebung ist der Weg zurück zu dieser Liebe, in der wir zu Hause sind. Als Resultat der Trennung von dieser Liebe irren wir abgespalten in der irdischen Fremde umher, bis wir wieder heimkehren zu unserem Selbst und Schöpfer. Seine bedingungslose Liebe ist das Gegenteil aller weltlichen Erfahrungen und Glaubenssätze der traumakonditionierten Ersatzidentität, die auf Trennung, Verlust und Mangel beruht. Diese konditionierte Ersatzidentität ist eine Traumablase zur Kompensation des Verlustes unserer Identität und zum Schutz vor dem Trennungsschmerz. Die Wirklichkeit kann darin nicht mehr wahrgenommen werden, wie sie tatsächlich ist. Stattdessen sehen wir Illusionen aufgrund von Verblendungen und Täuschungen unseres Bewusstseins. Illusionen und Traumablasen bedingen einander: Traumablasen sind Abspaltungen von der Realität und ersetzen die Realität durch Illusionen. Diese füttern wiederum die Traumablasen.

Wenn wir es wagen, in unserem Transformationsprozess tief genug bis an das Nadelöhr der Transformation zu tauchen, werden wir erfahren und erkennen, dass das Leiden unserer menschlichen Existenz eine Folge des von uns erlebten traumatischen Verlusts von unserem Schöpfer und der uns von ihm gegebenen Identität ist. Dieser existenzielle Verlust hat dazu geführt, dass wir uns in der Folge von allem getrennt fühlen, was wertvoll ist und mit dem wir verbunden sein wollen. Zum Ausgleich für den inneren Verlust blicken wir nach Außen und suchen Liebe, Selbstbestätigung, Ganzheit und Freude in der Welt. Die Welt spiegelt uns aber unseren inneren Mangel. Erfüllung ist in der weltlichen Traumablase von Trennung und Vergänglichkeit für uns als hier Fremde nicht im Angebot, dafür aber die ständig wiederkehrenden Angriffe auf uns selbst durch Geistesgifte, die die Formen von Gier, Anhaftung, Stolz, Wut, Abneigung, Hass, Neid, Selbstzweifel usw. annehmen. In der westlichen Kultur und Konditionierung gibt es für diese unheilsamen Geisteszustände kein Alltagsbewusstsein, das Alltagsbewusstsein ist geprägt von innerpsychischer Unbewusstheit und spiritueller Unwissenheit. Während sich die eigene Aufmerksamkeit fast ausschließlich auf den Körper, seinen Erhalt und seinen Schutz konzentriert, gibt es kaum bis keine psychische, emotionale und spirituelle Resilienz als Tragfähigkeit, um mit den allgegenwärtigen Geistesgiften umzugehen. Im Gegenteil, sie werden über Konkurrenz-, Leistungs- und Anpassungsstrukturen noch geschürt und für Trauma-Überlebensstrategien instrumentalisiert, z. B. um

Wirtschaftswachstum zu erzeugen. Die Folge dieser schmerzhaften Konditionierung ist eine vergnügungssüchtige Gesellschaft, um den eigenen Schmerz zu verdrängen und zu vergessen.

Indem wir es entgegen unserer Konditionierung zulassen, bringt uns das Nadelöhr der Transformation auf heilsame Weise in Kontakt mit dem schmerzhaften Verlusttrauma. Was uns davon abhält, ist ein tiefes Gefühl der eigenen Nicht-Existenz und inneren Leere aufgrund der spirituellen Selbstspaltung. Aufgrund des Urtraumas glauben wir, dass dies die unvermeidliche Konsequenz dessen ist, was wir getan haben, nachdem wir unseren Schöpfer und unsere Identität angegriffen haben. Damit haben wir in unserer Wahrnehmung unser Zuhause für immer verloren und unsere Existenz für immer zerstört. Dennoch können wir in diese innere Leere und Stille eintreten und es zulassen, den Existenzängsten und Schuldgefühlen unserer Nichtexistenz gegenwärtig zu sein, die wir in uns selbst verursacht haben. Unsere Konditionierung suggeriert uns, dass es hier außer Schmerz, Angst und Verlust für uns nichts zu entdecken und nichts zu gewinnen gibt.

Machen Sie jedoch Ihre eigene Erfahrung, dass alles nach wie vor da ist: unser Zuhause, unsere Identität, unsere Existenz und unser Schöpfer, der die immerwährende Quelle in uns ist. Leerheit und Stille werden Sie dabei begleiten und führen. Diese beiden Wegweiser werden im traumatisierten Geisteszustand nicht verstanden und für ein großes Loch gehalten, wo scheinbar nichts zu finden ist, und als bedrohlich vermieden. Sie führen uns jedoch zurück nach Hause, zur Offenbarung unserer Identität. Leerheit birgt die Freiheit von den Fesseln der traumakonditionierten Welt. Stille birgt sicher und geborgen die Fülle und Ganzheit unseres Seins.

8.4.1 Schöpfer, Schöpfung und Schöpferkraft

Um das Urtrauma zu verstehen, ist es hilfreich, einen folgenschweren Schöpfungsmythos aufzuklären: **Gott hat weder den Menschen noch die Erde erschaffen.**

Gott ist die Ewigkeit und Unendlichkeit, er ist jenseits der Zeit und ihrer Vergänglichkeit. Warum sollte er seinen Schöpfungen diese Gabe vorenthalten? Das wäre ein Akt der Grausamkeit, nicht der Liebe, ein fundamentaler Konflikt mit seinen Schöpfungen. Gott aber ist die Liebe, warum sollte er durch seine Schöpfungen einen Konflikt mit sich selbst erzeugen?

Dies ist eine zutiefst menschliche Vorstellung aufgrund der selbst erlittenen spirituellen Spaltung und der daraus folgenden traumaverzerrten Realitätswahrnehmung. Darin spiegelt sich auch die menschliche Opferhaltung wider. Wenn wir hingegen diese Opferhaltung überwinden und von uns gegebener Freiheit und Eigenverantwortung ausgehen, ergibt sich ein völlig anderes Bild. Gott hat uns wie sich selbst erschaffen und auch mit der ihm innewohnenden Schöpferkraft ausgestattet. Die Selbstverleugnung der spirituellen Spaltung führt in der Folge zu einer fehlgeleiteten Anwendung dieser Schöpferkraft, die unsere eigene Selbstablehnung in der Außenwelt widerspiegelt und in ihr unser »Nicht-Sein« kreieren muss. Dieses Nicht-Sein kann nur in der Vergänglichkeit der Zeit in Form eines vorübergehenden Schleiers der Täuschung im eigenen Bewusstsein stattfinden. Der Verlust der zeitlosen Identität erfordert eine Identifikation mit einer Ersatzidentität, die vergänglich sein muss. Der Körper ist das Instrument hierfür und die Erde ist der äußere Lebensraum für diesen Körper, der die himmlische Wohnstätte des immerwährenden göttlichen Selbstes ersetzt. Wenn wir als Menschen nach oben schauen, sehen wir den Himmel über uns. Er umgibt uns auf der Erde von allen Seiten, dennoch erfahren wir uns hier auf der Erde als unter ihm und von ihm getrennt. Wir befinden uns in der »Unterwelt«. Diese Trennung ist unser Wille, solange wir uns für Unwissenheit und Selbsttäuschung entscheiden und an der Traumablase der Vergänglichkeit festhalten.

Diese Trennung kann als ein fehlgeleitetes Experimentieren mit der Schöpferkraft angesehen werden, dass zu einem großen Abspaltungs-Urknall geführt hat. Seitdem reproduzieren wir mit der uns verliehenen Schöpferkraft über die Identifikation mit dem vergänglichen Körper unbewusst ständig aufs Neue die Aufrechterhaltung des Abspaltungstraumas. Unser Zuhause scheint zerstört zu sein, nun müssen wir allein in der Fremde der Trauma-Trümmerwelt des Urknalls klarkommen.

Schier unermessliche Versagens- und Schuldgefühle, Existenz- und Verlustängste gehen damit einher. Wenn wir unsere Rolle als Schöpfer dieses Dramas und unsere Verantwortung hierfür nicht akzeptieren, müssen wir sie anderen in die Schuhe schieben. Aufgrund des Ausmaßes kann es in unserer Projektion nur Gott selbst sein, der die Traumawelt und ihre Abspaltungen erschaffen hat. Er wollte demnach für uns keine Erkenntnis und unser Versuch der Erkenntnis gegen seinen Willen hat zu seiner gerechten Strafe für uns geführt – und zwar dem Ausschluss aus dem Paradies. Tatsächlich aber will er Selbsterkenntnis für uns als seine Geschöpfe, um seine Macht, Herrlichkeit und Eigenschaften als seine Schöpfergaben an uns bewusst mit uns zu teilen. Der Versuch der Selbst-Verleugnung durch Nicht-Erkenntnis ist unsere eigene fehlgeleitete Schöpfung. Die Verführung der Schlange ist nicht die Verführung zu Erkenntnis, sondern die erfolgreiche Verführung zur Selbstabspaltung durch Illusionen.

Aufgrund dieses Urtraumas empfinden wir das Teilen mit unseren Mitmenschen als eigenen Verlust und benutzen sie für Schuldzuweisungen, die uns von unseren Gefühlen erleichtern und befreien sollen. Wir sind und bleiben aber jenseits der Traumablase miteinander verbunden, sodass ein sich selbst befreiendes Leben auf Kosten unserer Mitmenschen nicht möglich ist. Diese Verdrängung füttert nur die Verlust- und Schuldgefühle, genauso wie jegliche Selbstaufwertung auf ihre Kosten. Die gesellschaftlichen macht- und konkurrenzbasierten Trauma-Überlebensstrategien durch Identifikationen und Zuschreibungen halten uns in der Hölle fest, bis wir uns innerpsychisch von dieser Traumakonditionierung unserer Identität befreien.

An das Nadelöhr der Transformation gelangen wir, wenn wir wirklich bereit sind, unsere Eigenverantwortung zu übernehmen, uns selbst unsere Illusionen zu vergeben und die Wirklichkeit mit unserer Freiheit und Unversehrtheit in und mit unserem Schöpfer anzunehmen.

8.4.2 Angewandte Transformation: »Durch das Nadelöhr gehen«

Die Integration der vierfachen Spaltung samt der innerpsychischen Hindernisse in den U-förmigen Transformationsprozess ermöglicht ein konzeptionelles Verständnis und eine praktische Anwendung, um die jeweiligen Spaltungen gezielt anzugehen und zu transformieren. Da die Spaltungen ausgehend vom spirituellen Urtrauma miteinander verwoben sind, ist ein fließendes Erfassen und Erspüren heilsam, das die Spaltungen verbindet und über ihre Transformation die eigene Ganzheit wieder zu Bewusstsein bringt. Zu diesem Zweck habe ich angeleitete Meditationen für das innere Klima entwickelt, die auf meiner Webseite http://innerclimate.org im mp3-Format zu finden sind und auf Deutsch oder Englisch jeweils mit oder ohne Einleitung durchgeführt werden können.

Für diese transformative Meditationspraxis möchte ich vorab einige hilfreiche Anleitungen und Hinweise geben. Bei dem meditativen Eintauchen in die eigenen Traumaspaltungen unter der Eisberg-Oberfläche werden wahrscheinlich bei jeder einzelnen Spaltung selbstbeschränkende Glaubenssätze hochkommen. Wesentliche Glaubenssätze und ein heilsamer Umgang mit ihnen sind mit Bezug auf die Tabelle 6 in Abschnitt 8.3.2:

Ökologische Spaltung:

Kopfebene: Welche herausfordernde Situation in der Außenwelt ruft in mir Abspaltung hervor, welche Personen sind beteiligt? Was wirkt auf mich und meinen Geist, was ich von ihnen gesehen, gelesen und/oder gehört habe? Wie reagiert mein Geist, durch welchen Geisteszustand und welche Gedanken nehme ich die Abspaltung in mir wahr?

Glaubenssätze: Ich bin auf mich allein gestellt, muss in einer feindlichen Welt ums Überleben kämpfen (»Survival of the Fittest«) und mich dafür gegen meine Mitmenschen durchsetzen! Über meinen materiellen Erfolg und Besitz zeige ich ihnen, dass ich besser bin.

Betriebsmodus (Trauma-Überlebensstrategie): Mangelkompensation durch einen

- ökologischen, politischen oder sozialen Aktionismus (Helfer- und Heilermodus) oder
- selbstsüchtigen Materialismus (Macher-, Karriere und Geldmodus), chronisch hoher Erregungszustand durch Beschäftigungsmodus, ausgeprägtes Konkurrenz- und Leistungsdenken.

Jeweils chronisch hoher Erregungszustand durch Beschäftigungsmodus in der Außenwelt.

Öffnung des Kopfes: Intervention durch Unterlassen, Nicht-Handeln und Innehalten

Soziale Spaltung:
Herzebene: Welche Beziehungen zu meinen Mitmenschen habe ich durch die herausfordernde Situation in der Außenwelt abgespalten? Wen erreiche ich nicht mehr, wen verstehe ich nicht mehr und wer erreicht mich nicht mehr, wer versteht mich nicht mehr?

Glaubenssätze: Meine Mitmenschen müssen mich bestätigen, insbesondere die mir wichtigen und nahestehenden. Sie abzuwerten ist notwendig, um mich vor Widerspruch und Kritik zu schützen. Meine Mitmenschen haben die Verantwortung dafür, wenn es mir schlecht geht. Sie müssen mir die Liebe geben, die ich brauche und die mir zusteht.

Betriebsmodus (Trauma-Überlebensstrategie): Mangelkompensation über die Kontrolle der Mitmenschen durch Dominanzverhalten, hierarchische Machtausübung, narzisstische Selbstaufwertung und Fremdabwertung, Schuld(zuweisungs)beziehungen.

Öffnung des Herzens: Intervention durch Rückkehr der Aufmerksamkeit in den eigenen Körper (z. B. mithilfe von Atemmeditation), dadurch Wieder-Verbinden von Geist und Körper; die spaltende Wirkung der eigenen ökologischen und sozialen Betriebsmodi in sich selbst im eigenen Herzen spüren und zulassen; mit diesem inneren Zustand sein können und über dieses tragfähige Sein für sich selbst Verständnis, Empathie und Mitgefühl entfalten.

Emotionale Spaltung:
Oberbauchebene: Welche unangenehmen Gefühle haben die an der herausfordernden Situation beteiligten Menschen in mir ausgelöst? Vor welchen Gefühlen rennt mein Geist mithilfe der abspaltenden Gedanken weg? Kann ich diese Gefühle in meinem Bauch wahrnehmen?

Glaubenssätze: Ich muss dem inneren Schmerz und den Gefühlen von Trennung, Versagen und Verlust entkommen und als Ersatz-Freude im Außen finden! Die Welt soll mir nur positive Gefühle verschaffen.

Betriebsmodus (Trauma-Überlebensstrategie): Mangelkompensation durch Vergnügungsmodus (Hedonismus und Materialismus), äußere Wohlstandsfassade.

Öffnung des Oberbauchs: Zulassen und Fühlen in Bezug auf Gefühle von Begehren, Anhaftung, Angst und Abneigung; Kultivierung von Gleichmut & Gelassenheit durch Achtsamkeitspraxis.

Spirituelle Spaltung:
Unterbauchebene: Was und wie kann ich aufgrund der abspaltenden Wirkungen der herausfordernden Situation nicht mehr sein? Worin und wodurch glaube ich, mich selbst abspalten und anpassen zu müssen? Welche tiefsitzenden Gefühle, insbesondere von Angst und Traurigkeit, wurden durch diese Abspaltung in mir ausgelöst? Kann ich diese Gefühle in meinem Unterbauch spüren, zulassen und da sein lassen?

Glaubenssätze: Ich bin verführt worden, habe mich täuschen lassen und selbst angegriffen; dadurch habe ich meine Identität und mein Zuhause verloren! Nun bin ich in meiner Existenz getrennt und abgespalten.

Betriebsmodus (Trauma-Überlebensstrategie): Mangelkompensation durch Ersatzidentifikation mit dem Körper und Flucht in eine vergängliche Ersatzrealität; Verdrängung von Verlust-, Schuld- und Versagensgefühlen; Leugnung von Spiritualität und Transzendenz zur Abspaltung und Vermeidung des Trennungsschmerzes.

Öffnung des Unterbauchs: Zulassen und Akzeptanz der Gefühle von Trennung, Verlust, Schuld und Versagen; Vergebung für sich selbst entfalten lassen; mit dem eigenen Schöpfer kommunizieren, ihn und seine Stimme einladen; seine Stimme in sich hören, in sich selbst die Präsenz und Verbindung mit dem Schöpfer als die Quelle des eigenen Seins wahrnehmen.

8.4.3 Übergabe an den Schöpfer

Wenn wir alle Ebenen der Spaltung auf dem Weg nach unten bis zum Tiefpunkt durchschritten haben, alle Glaubenssätze und Gefühle der Abspaltungen in uns zugelassen und angenommen haben, verbleibt nur noch ein Schritt, der uns Heilung, Transformation und Frieden bringt. Das ganze Paket der Traumaabspaltungen braucht jetzt nur noch von uns übergeben zu werden. Der Glaube, sich selbst abschließend heilen zu können, ist eine verführerische Falle. Die Übergabe an unseren Schöpfer und sein göttliches Bewusstsein, das selbst vollkommen heil ist und dem wir unsere Heilung anvertrauen und übergeben können, ist dieser letzte Schritt. Sowohl die Probleme der Traumatisierung als auch die Lösung der Traumatisierung sind nun nicht mehr unsere Aufgabe und Verantwortung. Wir lassen alles los, halten nichts mehr fest und zurück, übergeben alles und lassen in uns Heilung und Transformation geschehen.

Der »Sacred Activist« Andrew Harvey schildert seine eindrucksvollen Erfahrungen mit dem Loslassen seiner Transformation und der Übergabe an das göttliche Bewusstsein:

> *«When you face your own evil, you are rewarded with the knowledge of just how unconditional God`s love is and just how miraculously this infinite love will work on the small parts in you that are sincere and devoted, however shaky and compromised the may be, to work its resurrection.*
> *The paradox of such a wonderful and transforming experience is, of course, that it would not have been possible without a radical descent into disillusionment. I have had many inner experiences of the love of God, but none that has marked me as deeply as the one I received when at last I was ruined enough by self-recognition to know how absolutely I needed mercy. At the very moment when, through real and inescapable insight into my own darkness, I felt most unworthy of it – and most disturbed about my own future and the future of the world – the Divine Mercy flooded me and revealed to me the ecstatic and tender boundlessness of its infinite love. My deepest hopelessness birthed me into my deepest hope for myself and for everyone else.«*[54]

Alle uns selbst angreifenden und abspaltenden Glaubenssätze und Gefühle der Trennung können nun erlöst und geheilt werden:

Alle Angriffsgedanken greifen uns mit der Kraft der eigenen Abspaltung an: Jeder innerpsychische Angriff gegen uns selbst erfolgt als Wirkung der eigenen Abspaltung; jede innerpsychische Angriffskraft gegen uns selbst entspricht der eigenen Abspaltungskraft.

54 A. Harvey, 2010, S. 96 ff.

Tiefe Erkenntnis und Klarheit steigen in uns auf. Die Dynamik des Angriffs und der Abspaltung offenbart sich uns in ihrem Wahnsinn und Irrglauben. Niemals würde ich mich selbst angreifen. Die Dynamik von Angriff und Abspaltung kommt ohne meine Schöpferkraft zum Erliegen. Die Illusionen vergehen, der Frieden kommt.

9 Kultivierung des Nährbodens einer gemeinsamen Transformation

Gemäß der im 6. Kapitel vorgestellten systemischen Nachhaltigkeit sind Suffizienz, Empowerment und eine gemeinsame Handlungsvision die drei Dimensionen der inneren Nachhaltigkeit. Um sie zu erfüllen, ist eine Befreiung und Befähigung durch die Transformation individueller und kollektiver Traumakonditionierung unumgänglich. Ansonsten bleibt es bei unwirksamen Vorsätzen und Absichtserklärungen zu Nachhaltigkeit und Klimaschutz. Über die Integration eines Transformationsprozesses in den Ansatz der tiefensystemischen Nachhaltigkeit habe ich den blinden Fleck und Engpass der Nachhaltigkeit adressiert und biete eine Perspektive für seine Lösung durch die Weiterentwicklung unseres Menschseins.

In diesem Kapitel werde ich nun gezielt auf die Kultivierung der subjektiven Dimension und der intersubjektiven Dimension der inneren Nachhaltigkeit eingehen, also auf das innerpsychische Sein mit der Qualität der Suffizienz und die zwischenmenschliche Kommunikation mit der Qualität des gegenseitigen Empowerments. Die objektive Dimension, die gemeinsame Handlungs- und Entwicklungsvision, folgt im Schlusskapitel.

Auf die drei Dimensionen der äußeren Nachhaltigkeit (die Regeneration der Umwelt, die Werte in der Gesellschaft und die ökologische Konsistenz der Wirtschaft) werde ich nicht explizit eingehen. Sehr viel ist z. B. über Wertewandel, Postwachstum und Gemeinwohl schon geschrieben worden, ohne dass die inneren Voraussetzungen dafür geschaffen wurden. Eine Meinung über Nachhaltigkeit und Transformation zu haben, hier rüber zu reden oder zu schreiben, beinhaltet in der gegenwärtigen Traumakonditionierung mit rationalen Argumenten vorgetragene Kopf-Überzeugungen, jedoch nicht eine tiefere Verinnerlichung als ganzer Mensch mit Herz und Bauch. Nachhaltigkeit im persönlichen und politischen Wettstreit um Überzeugungen durchsetzen zu wollen, ist spaltend für die eigene Identität, Psyche und die Gesellschaft. Zur Heilung der eigenen Ganzheit braucht es eine regelmäßige spirituelle Praxis im Alltag, die bei den sich alltäglich stellenden Herausforderungen angewandt wird, um spirituelle, emotionale, soziale und ökologische Abspaltungsdynamiken identifizieren und transformieren zu können.

Aus der Ausdehnung der persönlichen spirituellen Praxis auf die Interaktionen im Alltag erwächst die Gestaltung eines heilsamen Umfeldes für die Transformation von Abspaltung, Verlust und Mangel zu Ganzheit und Fülle. Dieses heilsame Umfeld ist einerseits ein wesentliches Element der Transformation, andererseits ein wesentliches Ergebnis der Transformation. Über systemische Zusammenhänge gibt es eine sich selbstverstärkende Dynamik von individuellen Beiträgen zur kollektiven Transformation und kollektiven Beiträgen zur individuellen Transformation. Ursache sind die Wechsel- und Rückwirkungen der miteinander verbundenen individuellen und kollektiven Systemebenen. Die Qualität der Kommunikation nimmt für die Qualität der Verbindungen eine Schlüsselrolle ein.

Über die Kommunikation mit unseren Mitmenschen verbinden wir in unserem Alltag ständig die individuelle und kollektive Systemebene, jedoch meistens sehr unbewusst. Durch unbewusste Kommunikation verbreiten wir Abspaltungen und Trauma-Bewältigungsstrategien und bestätigen uns gegenseitig darin. Dadurch verpassen wir eine große Chance und Möglichkeit, gemeinsam ein heilsames Umfeld für Transformation zu gestalten. Meines Erachtens sind die spirituelle Praxis und Kommunikation die wichtigsten Anwendungen und Erprobungen von Transformation im Alltag. Stets gelangen wir in unseren sozialen Beziehungen früher oder später an die Auslöser unserer Traumakonditionierung und dann können wir uns in den entstehenden Konflikten für Abspaltung oder Verbindung entscheiden. Dafür bestellen wir bereits zuvor in der scheinbar harmlosen Alltagskommunikation den Nährboden, durch die wir unsere innerpsychischen Abspaltungen und Verdrängungen füttern.

Um hierfür eine unmittelbare Achtsamkeit und Präsenz im direkten Geschehen der Interaktion zu erlangen, braucht es eine Geistesschulung, durch die im Bewusstsein auftauchende Gedanken und Gefühle in ihren Dynamiken wahrgenommen werden, die entweder heilsam oder unheilsam sein können. Für diese Geistesschulung gebe ich eine Einführung in das Wesen der Achtsamkeits- und Einsichtsmeditation und erläutere ihren Kontext.

9.1 Die spirituelle Praxis der Achtsamkeits- und Einsichtsmeditation

»Der einzige Weg ist dies, o Mönche, zur Läuterung der Wesen, zur Überwindung von Kummer und Klage, zum Schwinden von Schmerz und Trübsal, zur Gewinnung der rechten Methode, zur Verwirklichung des Nirvana, nämlich die vier Grundlagen der Achtsamkeit. Welche vier? Da weilt, o Mönche, der Mönch beim Körper in Betrachtung des Körpers, eifrig, wissensklar und achtsam, nach Verwindung von Begierde und Trübsal hinsichtlich der Welt; er weilt bei den Gefühlen in Betrachtung der Gefühle, eifrig, wissensklar und achtsam, nach Verwindung von Begierde und Trübsal hinsichtlich der Welt; er weilt beim Geist in Betrachtung des Geistes, eifrig, wissensklar und achtsam, nach Verwindung von Begierde und Trübsal hinsichtlich der Welt; er weilt bei den Geistobjekten in Betrachtung der Geistobjekte, eifrig, wissensklar und achtsam, nach Verwindung von Begierde und Trübsal hinsichtlich der Welt.«[55]

Die vom Buddha gelehrte Methode der Achtsamkeits- und Einsichtsmeditation hat das zu seinen Lebzeiten und in der über 2500 Jahre langen Tradition der Anwendung erwiesene Potenzial, zur vollständigen Befreiung aus der Traumakonditionierung zu führen. Ihr Ziel ist es nicht, innerhalb bestehender Traumakonditionierungen bessere Ergebnisse zu erzielen. Sie dient nicht zur privaten oder beruflichen Selbstoptimierung. Die Reduzierung des Kontextes der Befreiung von Unwissenheit und Leiden, also von Traumakonditionierung, auf eine selbstoptimierende, effizienz- und produktivitätssteigernde Achtsamkeit, führt zur Abspaltung und Verdrängung von tieferen Einsichten in die Natur der Wirklichkeit. Die Meditationspraxis wird auf diese Weise instrumentalisiert, um die Spaltungen der Identität und Psyche mit ihren Traumastrukturen in der Wirtschaft und Gesellschaft aufrechtzuerhalten, anstatt sich daraus zu befreien.

Der Atem wird häufig als Konzentrationsübung zum Einstieg in die Meditation verwendet, so auch in den 10-tägigen Vipassana-Einführungskursen nach S.N. Goenka, die ich absolviert habe. In dem Satipatthanakurs für

55 Maha Satipatthana Sutta, Übersetzung: palikanon.com

regelmäßig praktizierende Schüler habe ich jedoch in der Großen Lehrrede des Buddha über die Grundlagen der Achtsamkeit (»Mahasatipathana Sutta«), die wir im Kurs intensiv behandelt haben, keinen Hinweis darauf gefunden, dass es sich dabei um eine Vorstufe handelt. Im Gegenteil, so wie die meditative Beschäftigung auf die anderen Objekte der Achtsamkeit (Körper, Geisteszustände, Sinnes- und Verstandesobjekte), kann auch der Atem zu vollkommen befreienden Einsichten führen.

Der Atem hat als Meditationsfokus sogar außergewöhnliche Vorzüge. Denn Konzentration ist mit einem traumatisierten Geist schwierig. Entweder flieht er vor dem, was ist, in ablenkende Gedanken oder er kämpft dagegen in Form von Rückzug, Verteidigung oder Gegenangriff an. Anstatt sich krampfhaft zu bemühen, sich trotz dieser Traumakonditionierung des Geistes auf ein anderweitiges Meditationsobjekt zu konzentrieren, hilft uns der Atem, den dieser Konditionierung zugrunde liegenden innerpsychischen Abspaltungen auf den Grund zu gehen. Die Richtung des Atems weist von außen nach innen, von oben nach unten, sodass jeder einzelne Atemzug als ein U-Transformationsprozess wahrgenommen werden kann. Er führt uns über den Kopf am Herzen vorbei über den Oberbauch bis in den Unterbauch und berührt dabei alle Ebenen der vierfachen Abspaltung. Indem die Abspaltungen in der eigenen Identität und Psyche wieder verbunden werden, erhalten wir unsere Ganzheit und Integrität zurück. Das Einsammeln der Abspaltungen beim Einatmen ermöglicht auf ganz natürliche Weise ein Loslassen der Gedanken und ein tiefes verbindendes Fühlen im Unterbauch, ohne dass damit eine Anstrengung verbunden ist. Alle vier Ebenen der Abspaltung können über den Atem wahrgenommen, eingesammelt und übergeben werden. Wir brauchen dem Atem nur bewusst zu folgen. Jeder bewusste Atemzug, der diese Abspaltungen integriert, verbindet unsere Traumatisierung mit ihrer Heilung, da sowohl die gesunde Psyche als auch die traumatisierte Psyche ins Unbewusste verdrängt wurden, wie in der Abbildung 4 am Ende des Abschnitts 2.4 dargestellt.

Der Tiefpunkt des U-Prozesses entspricht der kurzen Atempause zwischen Ein- und Ausatmen, in der scheinbar nichts passiert und nichts ist. Über dieses scheinbare Nichts und das damit verbundene scheinbare Nicht-Sein offenbart sich die Leerheit aller vergänglichen Phänomene und der Zugang zu tieferen Einsichten in die wahre Natur der Wirklichkeit wird frei.

Von allem, was wir unserem konditionierten Geist-Körper-System an Traumatisierung zufügen, es symbolisch in uns einatmen, können wir uns auch befreien, es symbolisch aus uns ausatmen. Jeder einzelne Atemzug kann uns die drei vom Buddha gelehrten Daseinsmerkmale der Konditionierung bewusst machen:

- das **Leiden** (»*Dukkha*«) aus unserer Abspaltung, wenn unsere Aufmerksamkeit im Kopf und seinen Gedanken (»Problemtrance«) festhängt, und wir nicht ganz, d. h. nicht in der Tiefe unseres Seins, verbunden sind;
- die **Vergänglichkeit** (»*Anicca*«) aller Phänomene anhand des Körpers und der körperlichen Empfindungen, die durch das Atmen entstehen und vergehen, so wie auch der Atem und der Körper selbst. Innerhalb der Vergänglichkeit gibt es nichts Stabiles und Dauerhaftes;
- die Identifikation mit dem Körper und den körperbezogenen Gedanken erzeugt kein unabhängiges Selbst, sondern ein **bedingtes Selbst** (»*Anatta*«). Es ist nicht unsere Identität, sondern ein Ersatz für den Verlust unserer Identität. Wirkliche Realität, Nirvana, und wirkliche Identität, der Erleuchtungsgeist bzw. die Buddhanatur, können in der Tiefe unseres Geistes bzw. unserer verdrängten Psyche und Identität gefunden und erfahren werden.

Die Achtsamkeit ist Teil der Lehrrede des Buddhas über die Vier Edlen Wahrheiten zur Befreiung vom Leiden. Die Vierte Edle Wahrheit ist der Edle Achtfache Pfad, der über eine heilsame Geistesschulung und ethische Lebensweise zu der Befreiung führt, die in den ersten drei Edlen Wahrheiten vermittelt wird: Die Identifikation mit Vergänglichkeit über die Wurzel-Geistesgifte Unwissenheit, Begehren, Anhaftung und Abneigung bringt unweigerlich Leiden mit sich. Davon gibt es keine Ausnahmen. Als Beispiele führt der Buddha Alter, Krankheit und Tod an.

Vergänglichkeit muss immer unerfüllend sein, auch wenn sie angenehme Empfindungen hervorruft. Denn auch die Natur dieser als angenehm bewerteten Empfindungen ist vergänglich und unerfüllend, also spätestens beim Vergehen über die Identifikation leidbringend. Vergänglichkeit beinhaltet in keiner Form eine Qualität von Erfüllung, sie ist nicht von Bestand und ihre Phänomene sind wiederum aus vergänglichen Elementarteilchen zusammengesetzt, wie der Buddha durch Introspektion fast 2500 Jahre vor der Quantenphysik erkannte. Diese unbeständigen Elementarteilchen bieten nichts und sind letztendlich nichts, jedoch ist unser Alltagsbewusstsein über ihre wahre Natur getäuscht und klammert sich an sie. Aufgrund des Urtraumas der Abspaltung von Realität und Identität ist dieses Anklammern eine Traumabewältigungsstrategie zur Kompensation für die entstandene Leere.

Die Basis für unser Glücksempfinden als Menschen sind die angenehmen körperlichen Empfindungen, die den Verlust der Identität ersetzen sollen, wie ich bereits anhand der emotionalen Spaltung in Abschnitt 3.3 beschrieben habe. Sie bieten aufgrund ihrer Vergänglichkeit keinen Halt und keine Sicherheit, sodass sie durch innerpsychische oder außenweltliche Einwirkungen häufig abrupt enden und durch neue Empfindungen ersetzt werden, die weniger angenehm bis sehr unangenehm sind. Dieser Schock ist gleichbedeutend mit einer Identitätskrise, denn die Grundlage für das zuvor schöne Selbstbild mithilfe der angenehmen Empfindungen wird augenblicklich zerstört. Die Suche und Sucht nach neuen angenehmen Empfindungen in Geist und Körper setzt wieder ein, der Teufelskreis des Leidens dreht sich. Im Sinne dieser Abhängigkeit sind wir unerleuchteten Menschen alle »Junkies«, nur die Suchtobjekte unterscheiden sich und werden von uns unterschiedlich bewertet und akzeptiert.

So nachvollziehbar diese Dynamik für den Verstand ist, so unerheblich ist es auch, sie nur im Kopf zu verstehen. Die ganzheitliche Erfahrung ermöglicht Befreiung über das tiefe Fühlen und Erkennen der Wirkungen auf uns selbst, dass wir unseren inneren Mangel aus der Abspaltung der eigenen Ganzheit auf diese Weise nicht kompensieren können. Die eigene Ganzheit ist die Voraussetzung für die Wahrnehmung von Fülle. Nicht ganz zu sein, ist gleichbedeutend mit der Erfahrung von Mangel.

Wie oben erwähnt, ist der Kontext der Achtsamkeit der Edle Achtfache Pfad, der die Vierte Edle Wahrheit darstellt. Er führt zur Befreiung vom Leiden und ist gleichzeitig Ausdruck eines befreiten Lebens. Als Geistesschulung für die eigene Befreiung ist die Achtsamkeitspraxis zu verstehen, die den Geist wieder mit dem verbindet, was jetzt ist und wie es jetzt ist. Diese Klarheit und Konzentration sind Voraussetzungen für die tiefen befreienden Einsichten in die wahre Natur der Wirklichkeit. Wenn der Geist in vergangenen Geschichten und zukünftigen Fiktionen umherirrt, kann er nicht mit dem verbunden sein, was ist und wie es ist. Die Achtsamkeit bringt unseren gegenwärtigen Geisteszustand ins Bewusstsein und verbindet uns dadurch mit dem, was ist. Wenn der Geisteszustand z. B. aus Ablenken und Umherschweifen besteht, dann lautet die Erkenntnis dieses Geisteszustandes »Ablenkung und Umherschweifen«. Wenn er aus den Geistesgiften Wut und Ärger besteht, dann lautet sie »Wut und Ärger«. In dem Annehmen dessen, was ist und wie es ist, wird der Geist allmählich der tieferen Natur der Realität gegenwärtig.

9.2 Anwendungsmöglichkeiten der Achtsamkeitspraxis

Die befreiende Qualität der Achtsamkeitsmeditation, Unbewusstes bewusst zu machen, kann auch auf die in diesem Transformationsleitbild vorgestellten Ansätze und Konzepte angewendet werden. Ohne Anwendungen werden die Ansätze und Konzepte mit hoher Wahrscheinlichkeit als Informationen im Kopf verbleiben und dort gespeichert anstatt durch Vertiefung verinnerlicht zu werden.

Anwendung:
An dieser Stelle empfehle ich Ihnen eine kontinuierliche Achtsamkeitspraxis mit den für Sie am passendsten und zutreffendsten Ansätzen und Konzepten, um deren Dynamiken in Ihrer Identität und Psyche zu identifizieren, sie als Ihre Traumakonditionierung anzuerkennen und sich von dieser Konditionierung zu befreien. Behalten Sie die Praxis zu Ihrer eigenen Geistesschulung bei, aber kultivieren Sie auch schrittweise Ihre Geistesschulung in den anderen Unterscheidungen:

- Unterscheidung der im gegenwärtigen Geistes- und Bewusstseinszustand präsenten Identität, Identifikationen und Zuschreibungen;
- Unterscheidung der im gegenwärtigen Geistes- und Bewusstseinszustand präsenten Überlebenspsyche, gesunder Psyche und traumatisierter Psyche,
- Unterscheidung der im gegenwärtigen Geistes- und Bewusstseinszustand präsenten Überlebensstrategien der Überlebenspsyche;
- Unterscheidung der im gegenwärtigen Geistes- und Bewusstseinszustand präsenten unheilsamen Geistesgifte;

- Unterscheidung der im gegenwärtigen Geistes- und Bewusstseinszustand präsenten Gedanken, Gefühle und Identitätsvorstellungen (Glaubenssätze):
- Unterscheidung der im gegenwärtigen Geistes- und Bewusstseinszustand präsenten Ebene(n) der vierfachen Abspaltung.

Klarheit im Wahrnehmen von Geisteszuständen, innerpsychischen Dynamiken und Gefühlen sowie die Akzeptanz im Umgang mit ihnen sind Voraussetzungen für eine heilsame Alltagskommunikation. Die Achtsamkeits- und Einsichtsmediation ermöglicht beides, Klarheit und Akzeptanz. Ihre Praxis schult darin, eigenverantwortlich mit angenehmen und unangenehmen Zuständen und Gefühlen selbst in Beziehung zu sein, sodass diese tragfähige Beziehung auch als emotionale und soziale Kompetenz in der Alltagskommunikation möglich und sichtbar wird. Durch die spirituelle Praxis entsteht somit das Fundament für eine heilsame Alltagskommunikation. Was wir nicht bei uns selbst entdecken, für das wir als Menschen einen heilsamen Umgang finden, können wir auch nicht authentisch unseren Mitmenschen anbieten und in unsere Kommunikation einbringen. Unser Wissen mag dann ein gespeichertes Kopfwissen sein und der Aufwertung und Bestätigung unserer abgespaltenen Ersatzidentität dienen, doch ist es nicht authentisch, weil uns die Ganzheit fehlt, indem wir sie weiterhin abspalten. Wenn wir aber die in unserem gegenwärtigen Geistes- und Bewusstseinszustand präsente Abspaltungsdynamik in unserer Kommunikation zum Ausdruck bringen, dann gewinnen wir unsere Authentizität und Ganzheit zurück.

9.3 Ebenen der Alltagskommunikation

Kommunikation vollzieht sich auf mehreren Ebenen unseres Seins und nach dem Kommunikationsmodell von Friedemann Schulz von Thun sind es vier Ebenen: die Sachebene, die Beziehungsebene, der Selbstausdruck und den Appell.[56]

Dieses Modell eignet sich gut zum Verständnis von Ganzheit und ihrer vierfachen Abspaltung in der Alltagskommunikation. Im Zuge innerpsy-

56 vgl. Wikipedia »Vier-Seiten-Modell« nach F. Schulz von Thun, 1981.

chischer Abspaltungen wird die Sachebene bewusst wahrgenommen und kommuniziert, denn ihre unpersönliche Ebene ermöglicht sichere Kommunikation auf Basis der ökologischen Spaltung. Je nach der Qualität der Beziehung zwischen Sender und Empfänger kommuniziert der Sender auch den Appell, was er vom Empfänger will. Dieser Appell kann z. B. hierarchisch-autoritär, schamhaft verklausuliert oder wertschätzend auf Augenhöhe formuliert werden. Dadurch wird auch der Selbstausdruck immer implizit sichtbar. Typischerweise fehlen jedoch der Selbstausdruck und die Beziehungsebene in der expliziten Kommunikation. Diese beiden Ebenen fließen dann unbewusst in die Kommunikation ein, der Sender und der Empfänger einer Kommunikation verhalten sich so, als ob sie nicht existieren würden. Denn sie transportieren unsichere und ggf. konfliktbehaftete persönliche Gefühle unterhalb der sicheren rationalen Oberfläche eines unpersönlichen Sachthemas, die jederzeit angetriggert werden können. Den Gefühlen kommt jedoch eine Schlüsselrolle für die Kommunikation zu, denn sie beinhalten sowohl den Selbstausdruck des Senders als auch die Beziehungsebene des Senders zum Empfänger. Wie die Gesprächspartner nun mit unangenehmen Gefühlen umgehen, entscheidet darüber, ob tatsächlich eine Beziehung und Verbindung zwischen ihnen zustande kommt oder eine trennende Abspaltung, indem die unangenehmen Gefühle über ihre emotionale Abspaltung voreinander verborgen, unterdrückt und durch das gegenseitige Verschaffen von positiven Gefühlen überspielt werden. Ist das der Fall, wird der eigene Selbstausdruck verleugnet und abgeschnitten. Diese spirituelle Spaltung führt zusammen mit der emotionalen Spaltung zu einer inneren Verunsicherung, die vom Gesprächspartner nicht gesehen werden soll und die durch angenehme Gefühle und Empfindungen kompensiert werden soll. Die soziale Spaltung auf der Beziehungsebene ist dann die weitere Folge, es sei denn, auf der Beziehungsebene ist so viel Vertrauen vorhanden, dass das eigene Innenleben mit dem Unwohlsein und der Unsicherheit der unangenehmen Gefühle dem Gesprächspartner offenbart und zugemutet wird. Häufig geschieht das leider erst in therapeutischen Kontexten statt in den jeweiligen Beziehungen selbst.

Ganzheit und Authentizität ist in alltäglichen über den Kopf geführten Sachgesprächen nicht möglich, in denen über die Abspaltung von Gefühlen auch der Selbstausdruck und die Beziehungsebene abgespalten werden. Dem Umgang mit Gefühlen kommt also in der Kommunikation eine zentrale Bedeutung zu, indem dieser Umgang über die Kommunikation Abspaltung oder Ganzheit verbreitet. Im Falle der Abspaltung der Gefühle verstärkt die emotionale Abspaltung über den unauthentischen Selbstausdruck die spirituelle Spaltung und über die unauthentische Beziehungsebene die soziale Spaltung.

9.4 Abspaltende Alltagskommunikation

> *»Das einzige, was das Ego wahrnimmt, ist ein separates Ganzes, ohne Beziehungen, die das Sein ausmachen. Somit ist das Ego gegen die Kommunikation – außer dann, wenn diese dazu verwendet wird, Getrenntheit herzustellen anstatt sie abzuschaffen.«*[57]

Die Alltagskommunikation dient dem Hauptzweck, dass wir uns gegenseitig unsere vergangenheits- und verlustbezogenen Ersatzidentitäten bestätigen, vor allem durch die gängige Selbstaufwertung über die Fremdabwertung von Dritten, wodurch soziale Spaltungen verursacht werden. Durch das ständige Wiederholen (»*Downloading*«, s. »Levels of Listening« im nächsten Abschnitt) dessen, was wir über uns und die Außenwelt bereits objektiv und rational zu wissen meinen und glauben, bestätigen wir unser konditioniertes Selbstbild, das auf der Anpassung an das mechanistische Welt- und Menschenbild beruht. Durch das Downloading reduzieren wir unsere Identität auf den Kopf und unseren Kopf auf einen Festplattenspeicher, als ob das unser ganzes Wesen und Sein wäre.

Diese alltäglich fast überall so stattfindende Abspaltungs-Kommunikation verschließt den innerpsychischen Raum, um etwas wirklich Neues zu erleben und sich auf einen oder mehrere Gesprächspartner tatsächlich einzulassen. In diesem Kommunikationsmodus sind wir durch den Kontakt mit dem Gesprächspartner emotional getriggert und laden wie auf Knopfdruck gespeicherte Informationen aus unserem Gedächtnis herunter, wie ein Computer, der auf seine Festplatte zugreift. Durch dieses Downloading von Kopf-Informationen schneiden wir die Wahrnehmung der Gefühle in

57 Ein Kurs in Wundern, Textbuch, Kapitel 4, Abschnitt VII, Absatz 2, Satz 1

unserem Bauch ab und damit unseren Selbstausdruck. Aufgrund dieser fehlenden inneren Verbindung ist auch keine gegenwärtige Verbindung mit dem Gesprächspartner mehr möglich. Der Informationsaustausch bezieht sich dann notwendigerweise auf vergangene oder fiktive Personen und Sachthemen, wie z. B. Wirtschaft, Politik und Sport, die in der gegenwärtigen Begegnung gar nicht vorhanden sind. Er dient primär der gegenseitigen Selbstbestätigung der eigenen Identität über das Wissen und die Meinungen, die man sich angeeignet hat. Die Identifikation mit der eigenen Meinung verhindert jedoch, die Menschen und Dinge so zu sehen, wie sie wirklich sind, denn das ist nur mit einem für seine Gegenwart offenen und präsenten Bewusstsein möglich. Die eigene vergangenheitsbezogene Meinung über die Realität wird aufgrund der notwendigen Selbstbestätigung wichtiger als die Realität an sich und steht somit der Erkenntnis der Realität im Weg, sodass eine Entkopplung von Meinung und Realität stattfindet. Das Interesse an der Realität reduziert sich im Wesentlichen auf die Aspekte, die über unsere passende Meinung unser Selbstbild bestätigen. Die Wissbegierde über neue Fakten ändert nichts an dieser Grundhaltung, solange sich das Neue im sicheren mechanistischen Rahmen der Rationalität und Objektivität mit der emotionalen Abspaltung von Gefühlen und der spirituellen Abspaltung des Selbstausdrucks bewegt.

Der Vorteil dieser identitätsbestätigenden Sach- und Fachkommunikation ist ein Gefühl von Sicherheit über die Vermeidung von Unsicherheit im Umgang mit Gefühlen. Auf der Sachebene kann ein unverbindlicher Austausch erfolgen, ohne dass es das eigene Innenleben betrifft. Gegenseitige Zustimmung ist möglich, ohne emotionale Herausforderungen bewältigen zu müssen. Dennoch sind es die eigenen »Beziehungsfühler«, die unserem Bewusstsein eine Sympathie oder Antipathie für den Gesprächspartner rückmelden und darüber bestimmen, ob eine solche Kommunikation anregend oder zäh verläuft. Dies muss aber unbewusst und unkommuniziert bleiben, denn in sich gegenseitig bestätigender Kommunikation ist nur gegenseitige Zustimmung möglich. Das kann zwar auch eine interessante Sachdiskussion beinhalten, die jedoch so unpersönlich sein muss, dass dabei keine tieferen Gefühle von Angriff auf die eigene Meinung und Identität getriggert werden. Für Gegensätze und Widersprüche, die emotionale Konflikte auslösen, gibt es in der Sach- und Fachkommunikation keinen gemeinsamen Raum und keine Kompetenzen, mit deren Hilfe Angriffsgefühle und Geistesgifte ausgesprochen und geklärt werden können. Typisch ist die Übereinstimmung in negativen Meinungen über Dritte, der »Beschwerdemodus«. Hier findet eine Verbindung als gemeinsames Verbünden auf Kosten Dritter statt, die nicht anwesend sind und sich auch nicht dagegen wehren können. Über den Beschwerdemodus erfolgt zwar eine Selbstaufwertung über die Fremdabwertung, aber dadurch wird das Trauma des eigenen Opferseins und der eigenen Ohnmacht unbewusst bestätigt. Das eigene Opfersein soll die eigene Unschuld wiederherstellen, die aufgrund des Urtraumas der spirituellen Spaltung zusammen mit der Abspaltung der Identität verloren wurde. Die Opferhaltung bewirkt aber keine Heilung und Transformation der Schuld und des Verlusts, sondern bewirkt sozial spaltende Schuldzuweisungen auf Kosten der Mitmenschen. Der dafür selbst zu zahlende Preis ist die eigene Unmündigkeit durch die Aufgabe von selbstwirksamen Einfluss- und Gestaltungsmöglichkeiten auf das eigene Leben.

Wir können also nicht vermeiden, dass die Art und Weise unserer Alltagskommunikation unsere selbstbeschränkende Konditionierung widerspiegelt, sowohl unsere Prägung durch das mechanistische Welt- und Menschenbild als auch unsere resultierende Unmündigkeit als Bürger und Souveräne der Demokratie. Die in unserer individuellen und kollektiven Psyche bestehende und fortwirkende Traumatisierung durch die vierfache Spaltung steht dem entgegen. Weiterentwicklung ist nur jenseits dieser Konditionierung möglich, was eine über die oben beschriebene Alltagskommunikation hinausgehende bewusste Kommunikation erfordert, die einen gemeinsamen Raum für ganzheitliche Begegnungen und Verbindungen öffnet.

Sich selbst beim Sprechen zu fühlen und sich dabei nicht im Kopf zu verlieren, der die Gedanken erzeugt, die zu Worten werden, ist mehr als ein erster wichtiger Schritt raus aus dem kognitiven Lock-in der bestehenden Konditionierung, die dazu führt, dass wir den objektiven Gesprächsthemen die Wichtigkeit und Bedeutung geben, die uns dadurch selbst fehlt. Dadurch werten wir uns selbst und unsere Gesprächspartner ständig unbewusst ab. Durch die Aufwertung der Materie als Objekt und die Abwertung der Menschen als Subjekte halten wir das tote mechanistische Welt- und Menschenbild mit all seinen Abspaltungen am Leben. Obwohl unsere Gesprächsabsicht ist, durch die Kommunikation miteinander Verbindung aufzunehmen, unterdrücken wir über das Downloading der Kopf-Kommunikation innerpsychische Prozesse und zwischenmenschliche Gefühle. Dadurch verhindern wir die Beziehungen und Verbindungen, nach denen wir uns sehnen.

9.5 »Four Levels of Listening«

Otto Scharmer hat mit den »Four Levels of Listening« ein wertvolles Konzept als Orientierungshilfe für die Kommunikation gegeben und mit dem U-Prozess verbunden.

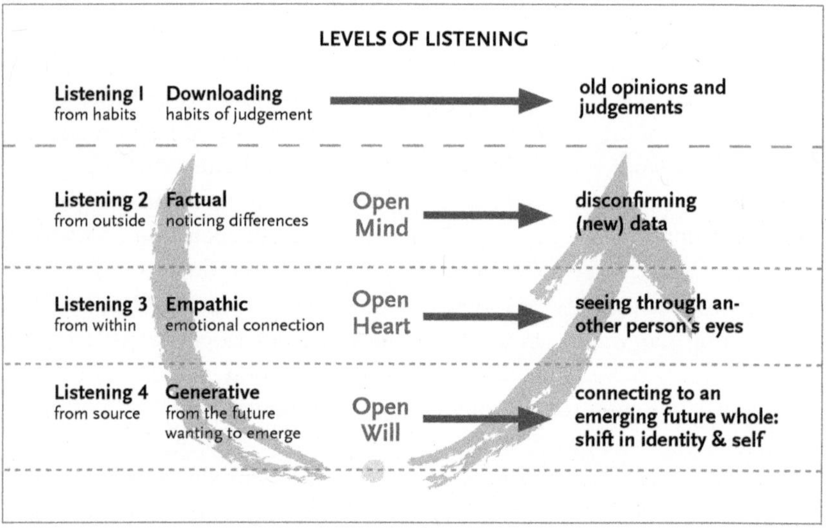

Abb. 26: Four Levels of Listening; CC BY-SA O. Scharmer, Presencing Institute

Die ersten beiden Levels of Listening, »Downloading« und »Factual Listening«, sind reine Sachebenen und füttern wie oben erwähnt unsere emotionale und spirituelle Spaltung, indem wir unsere Gefühle und unsere Identität abspalten. Sie sind Trauma-Bewältigungsstrategien, um nicht verletzt zu werden. Sie verstecken die Gefühle von Angst und Unsicherheit auf den Ebenen der sozialen und ökologischen Spaltung hinter bekanntem Wissen und unpersönlichen Sachthemen. Über das »Downloading« kommunizieren wir unbewusst die eigene vierfache Abspaltung, indem wir uns in unsere gespeicherte Vergangenheit zurückziehen und diese Vergangenheit zu unserem Schutz zwischen uns und unsere Unsicherheit in der gegenwärtigen Kommunikation und Beziehung stellen. Dadurch werden die Beziehungen als Lebewesen auf allen vier Abspaltungsebenen von uns verhindert. Das »Factual Listening« zeigt dagegen eine erste Bereitschaft, sich zu öffnen und einen Schritt auf den Gesprächspartner zuzugehen, jedoch nur im Rahmen des vertrauten Denksystems.

Beziehungen und Verbindungen sind dadurch nur oberflächlich möglich und werden in der Tiefe verhindert. Als unverfänglicher Small Talk sind »Downloading« und »Factual Listening« im Privat- und Berufsleben weit verbreitet, über den Gespräche häufig nicht hinausgehen. Dafür braucht es eine Bereitschaft, sich als ganzer Mensch zu öffnen und zu zeigen, und dafür ein Selbstbewusstsein mit einer Selbstakzeptanz, die den Gesprächspartner in seinem Sein ebenfalls akzeptiert und miteinschließt.

Erst im 3. Level of Listening, dem empathischen Zuhören (»Empathic Listening«), erreicht die Kommunikation die Beziehungsebene. Die Gesprächspartner öffnen und verbinden sich emotional. Sie überwinden die emotionale Spaltung. Damit geht ein Wandel der gegenseitigen Wahrnehmung der Gesprächspartner vom fremdartigen mechanistischen Objekt zum gleichartigen lebendigen Subjekt einher. Lassen sich die Gesprächspartner noch tiefergehend auf eine innere und zwischenmenschliche Verbindung ein, dann ist über das generative Zuhören (»Generative Listening«) ein co-kreativer transformierender Dialog möglich, in dem die miteinander Kommunizierenden gleichzeitig mit sich selbst und miteinander verbunden sind, diese Verbindung bewusst mit ihrer gemeinsam Schöpferkraft kreieren und darüber mit Liebe und Freude kommunizieren. Sie erfahren und kommunizieren die Überwindung ihrer spirituellen Spaltung.

9.5.1 Übersicht der Abspaltungsebenen und Kommunikationsmodelle

Diese Tabelle dient zur Übersicht der zuvor beschriebenen Zusammenhänge der Abspaltungsebenen und Kommunikationsmodelle. Durch eine Bereitschaft zur Öffnung der Kommunikation auf der Beziehungsebene und im Selbstausdruck ist eine empathische und generative Kommunikation möglich, die bestehende Abspaltungen transformiert.

vier Abspaltungsebenen	vier Kommunikationsebenen (Friedemann Schulz von Thun)	Four Levels of Listening (Otto Scharmer)
Ökologische Spaltung	Sachebene	Downloading
Soziale Spaltung	Appell	Factual Listening
Emotionale Spaltung	Beziehungsebene	Empathic Listening
Spirituelle Spaltung	Selbstausdruck	Generative Listening

Tabelle 7: Übersicht der Abspaltungsebenen und Kommunikationsmodelle; eigene Darstellung

9.5.2 Kommunikationsübungen zur Sachebene und zur Beziehungsebene

Die folgende Kommunikationsübung dient der Veranschaulichung der Abspaltungswirkungen des Downloadings und Factual Listenings. Bitte suchen Sie sich einen Übungspartner und simulieren Sie die folgenden Gesprächssituationen.

Sachebene (Downloading & Factual Listening)
Kommunikationsrahmen: sachlich und rational innerhalb des vorhandenen Faktenwissens und der zulässigen Ansichten im Rahmen des mechanistischen Welt- und Menschenbildes bleiben

Kommunikationsziele: sichere Verbindung, Vermeidung von unangenehmen Gefühlen, gegenseitige Selbstbestätigung

Ausführung: Bestimmen Sie unter sich Person A und Person B und entwickeln Sie kreativ die folgenden Gesprächsabläufe.
Dauer: je nach Gesprächsdynamik jeweils 2 bis 3 Minuten

- Person A hat eine positive Meinung zu einem Thema und Person B bestätigt diese Meinung.
- Person A eine negative Meinung zu einem Thema und Person B bestätigt diese Meinung.

- Person A hat eine Meinung zu einem Thema und Person B widerspricht ihr mit einer gegenteiligen Meinung.

Bei Bedarf können Sie im Anschluss gerne die Rollen tauschen.

Beziehungs- und Seinsebene (Empathic & Generative Listening)
Kommunikationsrahmen: in bewusster Verbindung mit den eigenen Gefühlen als Mensch und Lebewesen

Kommunikationsziele: entwicklungsoffene lebendige Beziehung zu sich selbst und dem Gesprächspartner, Selbstausdruck von Ganzheit & Fülle, gegenseitiges Empowerment

Ausführung: Bestimmen Sie unter sich Person A und Person B und entwickeln Sie kreativ die folgenden Gesprächsabläufe.

Dauer: je nach Gesprächsdynamik jeweils 2 bis 3 Minuten

- Person A hat eine positive Meinung zu einem Thema und Person B öffnet den Raum für die Gefühle und Beziehungen hinter dieser Meinung.
- Person A hat eine negative Meinung zu einem Thema und Person B öffnet den Raum für die Gefühle und Beziehungen hinter dieser Meinung.
- Person A hat eine Idee und Person B co-kreiert mit Person A eine Vision aus dieser Idee. Dazu versetzt sich B in A und ihre/s Idee bestmöglich hinein, fühlt mit und stellt A Fragen, die der Entwicklung der Idee zu einer ganzheitlichen und lebendigen Vision dienen.

Bei Bedarf können Sie im Anschluss gerne die Rollen tauschen.

Nachbereitung der beiden Kommunikationsübungen:

- In welcher Gesprächskonstellation war eine gemeinsame Verbindung spürbar?
- Was hat diese Verbindung ermöglicht und was war in ihr nicht möglich?
- Wann war keine gemeinsame Verbindung spürbar?
- Wodurch wurde ggf. eine gemeinsame Verbindung unterbrochen?
- Gab es aufkommende Gefühle und wie wurde jeweils mit ihnen umgegangen?

9.6 Heilsame Kommunikation durch Achtsamkeit, Fühlbarkeit & Transformierbarkeit

Für eine heilsame Alltagskommunikation habe ich bislang keine bestehende Methode kennengelernt, die ein ausreichendes Verständnis für die tiefe innerpsychische Struktur der vierfachen Spaltung der Traumatisierung hat und diese Spaltung transformieren könnte. Es gibt achtsame und gewaltfreie Kommunikationstechniken, doch erfolgen sie in der Regel auf der Basis bestehender Konditionierungen ohne sie in der Tiefe zu transformieren. Selbst bei intensiven Schweigeretreats in verschiedenen buddhistischen Traditionen habe ich wahrgenommen, dass der Alltagsgeist nach dem Ende der »Edlen Stille« unmittelbar wieder anspringt und die konditionierte Identität durch Messen und Vergleichen von spirituellen Lebenserfahrungen bestärkt, die man im Retreat zuvor noch überwinden wollte. Schnell drehen sich die Gespräche darum, welche spirituellen Lehrer man kennt, wie man sie findet und in welchen Ländern und Meditationszentren man schon war.

Es ist also für mich ein vollkommenes Neuland, eine solche Methode zu entwickeln. Meine Erfahrungen und Einsichten hierzu gewinne ich aus der Reflexion meiner Alltagskommunikation, vor allem mit meiner Partnerin.

Persönliche Erfahrung:
Wir bauen ständig Interventionen ein, wenn der Kopf dem Herz und Bauch davonzueilen droht. Dann stellen wir uns gegenseitige die Frage: »Was fühlst du?« Wir geben diesem Fühlen Raum durch viel Stille, um uns den eigenen inneren Vorgängen bewusst zu werden. Stille ist ein fester Bestandteil unserer Mahlzeiten, da das Essen schon reichliche Informationen enthält, die zu verdauen sind. Verdauen findet nicht im Kopf statt, sondern unten im Bauch. Daher kommunizieren wir als Antwort auf die Frage »Was fühlst du?« in erster Linie Bauchgefühle miteinander, die wir über den Kopf in Worte fassen. Über dieses innere Gewahrsein wird uns auch unser Geisteszustand leichter bewusst, insbesondere unheilsame Angriffsenergien und Geistesgifte.

Diese inneren Vorgänge zu kommunizieren erfordert ständige Überwindung der gewohnten Abspaltungskommunikation. Desto größer und desto weniger vertraut eine Gruppe von Menschen ist, desto größer sind üblicherweise die Anpassungen und Abspaltungen der Beteiligten in der gemeinsamen Kommunikation. Sie folgen dann dem Monkey Mind und machen ein Themenhopping wie ein Nachrichten- und Rundfunksender, der eine Information kurz anreißt und dann zur nächsten übergeht. Immer auf der Jagd nach einer kurzfristigen Stimulation ansonsten abgespaltener Gefühle. Diese Art der Kommunikation erreicht niemals eine tiefere Beziehungsebene, in der ein authentischer Selbstausdruck mit Gefühlen möglich ist.

Anwendung:
Ich schlage aus meiner eigenen Praxis zwei Kriterien für Interventionen bei abspaltenden Kommunikationsdynamiken vor: Überprüfen Sie die Relevanz und Fühlbarkeit einer Information mithilfe der Ihnen möglichen Achtsamkeit. Ist diese Information für Sie als Sender oder Empfänger relevant, d. h. betrifft Sie die Information wirklich? Falls ja, können Sie mit Ihrem ganzen Sein einen Kontext für diese Information herstellen? Können Sie als fühlendes Lebewesen mit dieser Information in Beziehung treten? Dann können Sie auch die dazugehörigen Wirkungen in Herz und Bauch wahrnehmen, so wie das in der angeleiteten Meditation in Abschnitt 8.4.2 beschrieben ist. Wenn Sie diese Wirkungen nicht wahrnehmen können, können Sie dann die jeweiligen Abspaltungsebenen dieser Information wahrnehmen und benennen?

Praxisempfehlung:
Machen Sie sich auf der Grundlage Ihrer spirituellen Praxis, wie ich Sie zuvor in Abschnitt 9.2 »Anwendungsmöglichkeiten der Achtsamkeitspraxis« beschrieben habe, die Wirkungen einer Information auf Ihr ganzes spirituelles, emotionales, soziales und ökologisches Sein in Ihrem Geist, Ihrer Psyche und Identität bewusst und trauen Sie sich, diese zu kommunizieren. Suchen Sie sich dafür zunächst eine sichere Beziehung mit einer vertrauten Person, mit der sie ein gemeinsames Verständnis für die Relevanz und Fühlbarkeit einer Kommunikation durch gemeinsame Übung entwickeln können. Dehnen Sie Ihren Anwendungskreis dann behutsam auf weitere Personen und Situationen aus. Sie werden beim Üben voraussichtlich auf viele Irritationen der bestehenden Konditionierung Ihrer Identität und Kommunikationsmuster treffen, mit denen Sie sich identifiziert haben. Hier zeigen Sie Ihre Transformierbarkeit in direkter Kommunikation und Interaktion. Lernen Sie, sich dabei selbst zu begegnen und trauen Sie sich, diese Begegnung auszudrücken. Es ist Ihr eigener Selbstausdruck, durch den Sie Ihr eigenes Selbst wiederfinden werden.

Ein weiterer Entwicklungsschritt einer gegenseitig befähigenden bewussten Kommunikation ist die Offenlegung von Anliegen und Bedürfnissen zu Beginn eines Gesprächs. Erst wenn Sie Ihre jeweiligen Anliegen und Bedürfnisse klären, können Sie auch das Gespräch führen, das Sie tatsächlich führen wollen. Ansonsten konkurrieren die nicht geklärten unterschiedlichen Anliegen und Bedürfnisse auf der Sachebene, indem die Gesprächsteilnehmer mithilfe ihrer kommunikativen Überlebensstrategien versuchen, v. a. über Themenwechsel, Selbstdarstellung und Fremdabwertung, das Gespräch zu dominieren und die Aufmerksamkeit auf sich zu lenken, um ihre Bedürfnisse nach Selbstbestätigung und Anerkennung durch die Gruppe zu erfüllen. Diese Dynamik ist typisch für die unbewusste Alltagskommunikation in Gruppen, jedoch auch schon in Zwiegesprächen sehr ausgeprägt.

Wenn Sie dagegen die Anliegen und Bedürfnisse klären, können Sie bewusst ein gemeinsames Gespräch co-kreieren, d. h. so gestalten und strukturieren, dass Sie Ihren jeweiligen Bedürfnissen bewussten Raum durch Ausdruck und Anerkennung geben. Wenn Sie sich als Mensch öffnen, beinhaltet die Sachebene auf ganz natürliche Weise Ihr Menschsein mit der gegenwärtigen Lebendigkeit Ihrer Beziehungsebene und Ihres Selbstausdrucks, anstatt sich selbst spirituell, emotional und sozial abzuspalten. So transformieren Sie über Ihre Alltagskommunikation Ihr traumakonditioniertes Sein.

10 Transformation im gemeinsamen Handeln

Wie ich mithilfe der Konzepte des Psychotraumas, seiner Erweiterung durch die vierfache Traumaspaltung und deren Anwendung auf die Organisation von Wirtschaft und Gesellschaft aufgezeigt habe, ist ein nachhaltiger und umfassend wirksamer Schutz des Lebens in der gegenwärtigen Konditionierung von Individuum und Gesellschaft nicht möglich. Das gilt gleichermaßen für die Umwelt, das Klima oder Corona. Denn dazu braucht es unsere Ganzheit und Beziehungsfähigkeit als Lebewesen. Diese spalten wir jedoch zur Bewältigung von Traumaerfahrungen innerpsychisch ab und verdrängen sowohl die traumatisierte als auch die gesunde Psyche. Fortan identifizieren wir uns mit der Überlebenspsyche und ihren Trauma-Überlebensstrategien, an denen auch die Strukturen des Zusammenlebens in Gesellschaft, Wirtschaft und Politik ausgerichtet sind. Dadurch werden wir als Menschen bereits in Traumastrukturen hineingeboren, die im Wesentlichen über das mechanistische Welt- und Menschenbild legitimiert werden, und lernen, uns an diese anzupassen. Der Rückzug in die Rationalität des Kopfes und eine spirituelle, emotionale, soziale und ökologische Beziehungsarmut sind die innerpsychisch und in der Außenwelt sichtbaren Folgen dieses Anpassungs- und Abspaltungsprozesses. Für die Veränderung dieses Zustandes ist die innerpsychische Transformation ursächlich, die nachhaltige Systeme und Strukturen in Gesellschaft, Wirtschaft und Politik erst ermöglicht. Die bestehende Außenfixierung bewirkt einen systemimmanenten blinden Fleck im gegenwärtigen Nachhaltigkeitsverständnis, den Mind-Behaviour-Gap, ohne dessen Überwindung weiterhin Wichtiges und Wertvolles über Nachhaltigkeit geschrieben und gefordert werden wird ohne eine realistische Umsetzbarkeit.

Lediglich Teilerfolge sind innerhalb einer gespaltenen Psyche und Identität und ihrem Überlebensmodus möglich. Im »Survival of the Fittest« erfordert der wachsende Wohlstand der Gewinner die Exklusion und Armut der Verlierer. Teilerfolge gibt es auch im Umweltschutz. Jetzt geht es aber in unserer Menschheitsentwicklung um das große Ganze, so wie beim Erhalt eines zukunftsfähigen Klimas. Teillösungen sind hier unwirksam. Politische Lösungen sind und bleiben Teillösungen, solange sie nicht auf gemeinsamer Ganzheit basieren. Ohne Ganzheit in unserer Innenwelt werden wir keine

Ganzheit in unserer Außenwelt hervorbringen. Wenn die systemischen Zusammenhänge von Innenwelt und Außenwelt verstanden werden, ist klar, dass sie einander bedingen.

Transformation beginnt in der eigenen Psyche. Um die vierfache Abspaltung in sich zu entdecken und zu überwinden, empfehle ich die Geistesschulung von Präsenz und Achtsamkeit durch eine regelmäßige spirituelle Praxis im Alltag. Für die Gestaltung und Ausdehnung eines durch spirituelle Praxis und heilsame Alltagskommunikation kultivierten Transformationsfeldes ist zusätzlich eine visionär-transformative Führung erforderlich. Das ist die dritte und objektive Dimension der inneren Nachhaltigkeit, die Vision für das gemeinsame Handeln. Für dieses Handeln braucht es Organisationen der Zivilgesellschaft, die sich im Einklang mit der Entwicklung von Ganzheit als Menschen organisieren. Das können private und öffentliche Unternehmen sein, NGOs, Vereine und Verbände, die gemeinnützig oder profiterstrebend tätig sind.

Wie ich über den schrittweisen Aufbau dieses Transformationsleitbildes erarbeitet und aufgezeigt habe, hat die Heilung der vierfachen Spaltung, durch die wir unsere Ganzheit wiedererlangen, die Schlüsselrolle bei der tiefensystemischen Nachhaltigkeit und Transformation. Die hierfür erforderliche visionäre Führung habe ich in der Grafik zur Transformationsstufe IIIb in Abschnitt 6.5 als drittes Auge bildlich dargestellt. Diese Führung kommt als Entwicklungssprung von transformationsbereiten Menschen aus ihren eigenen Erfahrungen heraus, selbst durch das Nadelöhr ihrer Transformation zu gehen und darüber ihre Ganzheit wieder zu entdecken. Nicht die Politiker, Manager und Vordenker, die die Identifikation mit dem rationalen Verstand gemäß der bestehenden Systemkonditionierung am Laufen halten, sondern die transformationsbereiten Menschen sind die Bewusstseinsgestalter und Brückenbauer der demokratischen Gesellschaft und ihrer Wirtschaft in eine nachhaltige Zukunft.

Ich setze also meine Hoffnungen nicht auf politische Mehrheiten innerhalb der bestehenden Traumakonditionierung, um Gesellschaft, Wirtschaft und Politik nachhaltig zu verändern. Die Hoffnung auf derartige Mehrheiten halte ich angesichts kollektiver Traumatisierung für Illusionen mit dem Ergebnis, dass heutzutage keine »mehrheits- und regierungsfähige« Partei ernsthaft eine Postwachstums- oder Gemeinwohl-Ökonomie anstrebt. Ein wirklicher Systemwechsel ist eine innere Wahl für Ganzheit und Befreiung aus Traumatisierung. Die Anwendung der Erkenntnisse von Systemtheorie und Quantenphysik auf Veränderungsprozesse zeigt, dass keine systemkonformen Mehrheiten nötig sind, sondern die Wirksamkeit derjenigen Energien, Impulse und Ideen, die bei uns Menschen in unserem Denken, Fühlen, Wollen und Sein Anklang finden und aus dieser Ganzheit heraus im Handeln nachhaltige Veränderungen hervorrufen. Wir selbst sind diese Energie- und Impulsträger, die nicht nur durch äußere Systeme und Strukturen beeinflusst werden, sondern diese jederzeit auch selbst beeinflussen. Dafür brauchen wir unsere Ganzheit und Beziehungsfähigkeit zurück, denn sonst verpuffen die Energien, Impulse und Ideen im Kopf und erreichen unser tieferes Sein nicht.

Für die gemeinsame Organisation unseres Handelns wende ich abschließend den in Abschnitt 6.5 aufgezeigten Ansatz einer tiefensystemischen Nachhaltigkeit und Transformation auf Organisationen und ihre Entwicklung an.

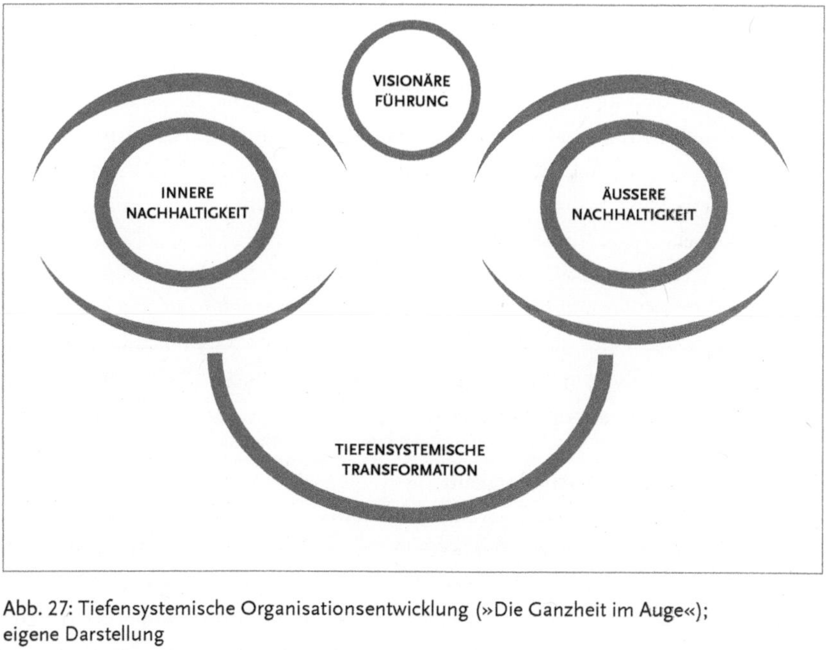

Abb. 27: Tiefensystemische Organisationsentwicklung (»Die Ganzheit im Auge«); eigene Darstellung

Der Ansatz einer tiefensystemischen Organisationsentwicklung gilt für wirtschaftliches und gesellschaftliches Handeln jeglicher Ausrichtung und Form. Das können neben privaten und öffentlichen Unternehmen z. B. auch Vereine, Verbände, Arbeitskreise und Regionalgruppen von Institutionen, Netzwerke und Gemeinschaften sein. Statt dabei unbewusst den jeweiligen Konditionierungen zu folgen und sie zu bestätigen, können solche Aktivitäten und Engagements auch für die Förderung von Ganzheit durch ökologische, soziale, emotionale und spirituelle Beziehungsbildung und Kompetenzaktivierung verwendet werden. Auf drei Ebenen findet eine tiefensystemische Organisationsentwicklung statt:

Visionäre Führung:
Visionäre Führung geht als »Empowering Management & Leadership« aus der eigenen Ganzheit hervor. Der Mut, eigene Erfahrungen zu machen, Wahrnehmungen und Gefühle wohlwollend anzusprechen und dadurch auch gezielte Irritationen auszulösen, ist unabdingbar. Dafür braucht es eine hohe Sensibilität durch ein intensives In-Beziehung-Sein mit sich selbst, den eigenen Gefühlen und den Mitmenschen sowie eine klare Vision für den gemeinsamen Entwicklungsweg. Das heißt nicht, den ganzen Weg bereits im Vorhinein kennen zu müssen, sondern zu lernen, die Richtung der nächsten Schritte in sich zu spüren und ihnen zu vertrauen. Die Fähigkeit zur werte- und beziehungsbasierten Selbstentwicklung und Selbststeuerung ist so ausgeprägt, dass daraus ganz natürlich eine Führungsrolle erwächst. Visionäre Führungskräfte können sowohl ihre Mitarbeiter und Teams weitgehend selbständig fördern und entwickeln als auch Transformations- und Veränderungsprozesse in ihren Bereichen leiten und gestalten. Diese Kompetenzen zur visionären Führung werden im Alltag einer tiefensystemischen Organisationsentwicklung von allen bestehenden und werdenden Führungskräften kontinuierlich trainiert, erweitert und angewendet.

Äußere und innere Nachhaltigkeit:
Die äußere Nachhaltigkeit verlangt von jeder wirtschaftlichen Tätigkeit die Verträglichkeit mit ökologischen Kreisläufen inkl. ihrer Regenerationsfähigkeit sowie mit gesellschaftlichen Werten. Durch innere Nachhaltigkeit werden eine wertebasierte Vision, Kultur und Kommunikation der gegenseitigen Ganzheit, Befähigung, Achtsamkeit und Ermöglichung geschaffen. Das Geschäftsmo-

dell, das Organisationdesign und die Unternehmensstrategie werden daran ausgerichtet, die innere Nachhaltigkeit der Organisation in die Beziehungen, Produkte und Dienstleistungen der äußeren Nachhaltigkeit vollumfänglich einzubringen, sodass die innere und äußere Nachhaltigkeit einander entsprechen. Das Verständnis der Systemzusammenhänge von äußerer und innerer Nachhaltigkeit wird im Alltag einer tiefensystemischen Organisationsentwicklung bei allen Mitarbeitern regelmäßig geschult und von ihnen direkt in ihre Tätigkeiten eingebracht.

Tiefensystemische Transformation:
Die tiefensystemische Transformation ist der individuelle und kollektive Entwicklungsprozess zur Ganzheit, der die vierfache Abspaltung überwindet und darüber ökologische, soziale, emotionale und spirituelle Beziehungskompetenzen aktiviert. Erst die Ganzheit als Mensch ermöglicht, ein einheitliches Ziel und einen einheitlichen Zweck zu verfolgen, ohne sich in inneren Widersprüchen und Konflikten zu verfangen, die sich im Innenleben der Organisation verfestigen und in der Außendarstellung abgespalten werden. Die Bereitschaft, sich als Mensch zu entfalten, wird im Alltag einer tiefensystemischen Organisationsentwicklung bei allen Mitarbeitern durch interne und externe Angebote aktiv gefördert und kompetent begleitet.

Die Herausforderung, unser gemeinsames Handeln auf die Entfaltung unserer Ganzheit auszurichten, erscheint auf jeder Ebene groß und bringt viel Neues mit sich. Doch desto mehr wir uns auf eine tiefensystemische Nachhaltigkeit und Transformation als Personen und Organisationen einlassen, desto klarer wird auch, dass wir als Menschen und Lebewesen alle nötigen Gaben und Fähigkeiten für unser erfolgreiches Gelingen haben. Das einzige Opfer, das wir bringen müssen, ist die Aufgabe unserer vertrauten Identifikationen und Illusionen über uns selbst, für die wir unsere Ganzheit und Identität verdrängt und abgespalten haben.

Lasst uns die innerpsychischen Eisberge gemeinsam abschmelzen, unsere innerpsychischen Spaltungen gemeinsam überwinden, damit wir für uns selbst, unsere gegenwärtigen und zukünftigen Mitmenschen ein lebenswertes Klima und Menschsein erhalten! Wir alle sind es wert und haben es verdient aufgrund dessen, was wir als Menschen und Lebewesen sind – und zwar ganz, nicht nur in Teilen!

Abbildungsverzeichnis

Abb. 1: Einfaches Eisbergmodell; eigene Darstellung ... 20

Abb. 2: Coronavirus als Traumavehikel; eigene Darstellung ... 28

Abb. 3: Coronavirus als Auslöser einer Traumakaskade; eigene Darstellung ... 29

Abb. 4: Traumatisierte Psyche und Identität; eigene Darstellung ... 51

Abb. 5 Vierfache Traumaspaltung; eigene Darstellung ... 71

Abb. 6: Wohlfahrtswirkungen des Marktes; D. Sieben, 2007, S. 75 ... 120

Abb. 7: Donut-Ökonomie-deutsch; Wikipedia »Planetare Grenzen«; CC BY-SA Apfelsamen; Vorlage: K. Raworth, 2018 ... 125

Abb. 8: Mainstream-Modell der Nachhaltigkeit; eigene Darstellung ... 135

Abb. 9: Ökosystemische Nachhaltigkeit der Außenwelt; eigene Darstellung ... 137

Abb. 10: Systemische Nachhaltigkeit der Innen- und Außenwelt; eigene Darstellung ... 142

Abb. 11: Umwandlung in das Zwei-Augen-Modell; eigene Darstellung ... 142

Abb. 12: Fusion von Systemischer Nachhaltigkeit & Transformation; eigene Darstellung ... 145

Abb. 13: Tiefensystemische Nachhaltigkeit & Transformation; eigene Darstellung ... 146

Abb. 14: Komplementäre Nachhaltigkeit; D. Sieben, 2007, S. 217 ... 147

Abb. 15: Ökonomie des Geistes; D. Sieben, 2007, S. 212 ... 161

Abb. 16: Transformatives Welt- und Menschenbild; eigene Darstellung ... 171

Abb. 17: Überblick über die Entwicklung von Organisationsparadigmen; ©Frederic Laloux & Change Factory ... 175

Abb. 18: Moderne vs. Evolutionäre Organisationen; ©Heiligenfeld & Pietzko ... 177

Abb. 19: Transformation der vierfachen Traumaspaltung; eigene Darstellung ... 181

Abb. 20: Eisbergmodell nach Scharmer; eigene Darstellung; Vorlage: O. Scharmer, Presencing Institute ... 183

Abb. 21: Theory U Process; CC BY-SA O. Scharmer, Presencing Institute ... 185

Abb. 22: Presencing & Absencing; CC BY-SA O. Scharmer, Presencing Institute ... 186

Abb. 23: Integration und Erweiterung der dreifachen Spaltung; CC BY-SA O. Scharmer, Presencing Institute & eigene Darstellung ... 188

Abb. 24: Phasen des Veränderungsmanagements: »Tour de Change«; ©Sächsische Staatskanzlei ... 190

Abb. 25: Anwendung des Transformationsprozesses; eigene Darstellung ... 192

Abb. 26: Four Levels of Listening; CC BY-SA O. Scharmer; Presencing Institute ... 216

Abb. 27: Tiefensystemische Organisationsentwicklung; eigene Darstellung ... 225

Tabellenverzeichnis

Tabelle 1: Übersicht der Krisenkonditionierung; eigene Darstellung 26
Tabelle 2: Hierarchie vs. Führung; eigene Darstellung 112
Tabelle 3: Schlüsselqualitäten der inneren und äußeren Nachhaltigkeit; eigene Darstellung 144
Tabelle 4: Dimensionen der Nachhaltigkeit; D. Sieben, 2017, S. 81 148
Tabelle 5: Stufen der Ich-Entwicklung; vgl. Wikipedia "Ich-Entwicklung" nach J. Loevinger, 1977 und 1997 172
Tabelle 6: Presencing und Absencing im Transformationsprozess; eigene Darstellung 193
Tabelle 7: Übersicht der Abspaltungsebenen und Kommunikationsmodelle; eigene Darstellung 218

Literaturverzeichnis

BERNAYS, Edward: »Propaganda – Die Kunst der Public Relations«, 2007 (1928), orange press

Foundation for Inner Peace: »Ein Kurs in Wundern«, 1994, Greuthof

HARVEY, Andrew: »The Hope – A Guide to Sacred Activism«, 2010, Hay House

HÜTHER, Gerald: »Was wir sind und was wir sein könnten – Ein neo-biologischer Mutmacher«, 2017, Fischer

LALOUX, Frederic: »Reinventing Organizations (visuell)«, 2017, Vahlen

LOEVINGER, Jane: »Zur Bedeutung und Messung von Ich-Entwicklung«; in: Döbert, Rainer et al.: Entwicklung des Ichs, S.150-168, 1977, Kiepenheuer & Witsch

LOEVINGER, Jane: »Stages of Personality Development«; in: Hogan, Robert et al.: Handbook of Personality Psychology, S. 199-208, 1997, Academic Press

RAWORTH, Kate: »Die Donut-Ökonomie. Endlich ein Wirtschaftsmodell, das den Planeten nicht zerstört«, 2018, Carl Hanser

RUPPERT, Franz: »Wer bin ich in einer traumatisierten Gesellschaft?«, 2019, Klett-Cotta

Sächsisches Staatsministerium des Innern, Handbuch Prozessmanagement, Version 3.0

SCHARMER, Otto & KÄUFER, Katrin: »Leading from the Emerging Future – From Ego-System to Eco-System Economies«, 2013, Berrett-Koehler

SCHARMER, Otto: »The Essentials of Theory U – Core Principles and Applications«, 2018, Berrett-Koehler

SCHULZ VON THUN, Friedemann: »Miteinander Reden:1. Störungen und Klärungen«, 1981, Rowohlt

SIEBEN, Daniel: »Ökonomie des Geistes – Eine Synthese von Nachhaltigkeit und Bewusstsein«, 2007, VDM Verlag Dr. Müller

SIEBEN, Daniel: »Systemische Nachhaltigkeit«, in: López, Irene: »CSR und Wirtschaftspsychologie – Psychologische Strategien zur Förderung nachhaltiger Managemententscheidungen und Lebensstile«, S. 71 – 88, 2017, Springer

SIEBEN, Daniel: »Niemand ist eine Sache«, Online-Publikation, Rubikon-News, 26.05.2020

ULRICH, Bernd: »Alles wird anders – Das Zeitalter der Ökologie«, 2019, Kiepenheuer & Witsch

World Zionist Organization: »120 years of Zionism«, 2017, exhibition booklet

Geschichten vom Aufbruch

Artensterben, Klimakrise, Armut und Massenmigration – wir stehen unzähligen Herausforderungen gegenüber. Da liegt es nahe, in Schockstarre zu verfallen. Doch diesen lähmenden Entwicklungen zum Trotz haben sich vielfältige Initiativen aufgemacht, um Lösungen für diese Probleme einzufordern oder selbst zu entwickeln. Es gibt sie also, die Geschichten vom Aufbruch. Geschichten, die uns Mut machen, die Dinge zum Positiven zu verändern!

S. Ristig-Bresser

Make. World. Wonder.
Für die Welt, die wir uns wünschen
320 Seiten, Broschur, komplett vierfarbig mit zahlreichen Illustrationen,
26 Euro, ISBN 978-3-96238-259-9

Declan Kennedy – eine Biografie

Declan Kennedy ist ein irischer Architekt, der sich besonders in den Bereichen Nachhaltigkeit, Ökologisches Bauen und Städtebau (Urban Design) international profilierte. Als Hochschullehrer wirkte er an verschiedenen Universitäten und gehört zu den Pionieren der Permakultur in Europa sowie in Nord- und Südamerika. Seine Biografie gibt vor einem familiären und zeitgeschichtlichen Hintergrund spannende Einblicke in seine künstlerische Entwicklung und schildert viele Begegnungen mit bekannten Personen der Zeitgeschichte.

P. Krause

Declan Kennedy
Permakultur leben, die Welt gestalten. Eine Biografie
208 Seiten, Broschur,
22 Euro, ISBN 978-3-96238-241-4

DIE GUTEN SEITEN DER ZUKUNFT oekom